111 GRÜNDE, WALES ZU LIEBEN

*Für Richard S., der jeden
Besuch in Wales zum Abenteuer
macht und selbst doch viel
lieber zum Drachenfels reist.*

*Und mit Dank an alle, die beim
Schreiben geholfen haben.*

Gabriele Haefs

111 Gründe, Wales zu lieben

Eine Liebeserklärung an
das schönste Land der Welt

SCHWARZKOPF & SCHWARZKOPF

Inhalt

Wales, das Land der Sagen, der Drachen und der Liebe – Vorwort 9

1. Ein Land mit vielen Sprachen 13
Weil Wales so leicht zu übersehen ist · Weil man die ganze walisische Küste zu Fuß umrunden kann · Weil Mercia und Powys vor Mexico und den USA einen Grenzwall hatten · Weil Wales so eine schöne Sprache hat · Weil Walisisch eigentlich Kymrisch heißt und wie es nun wirklich ausgesprochen wird · Weil es im Kymrischen so wunderbare Ausdrücke gibt · Weil Kymrisch so eine höfliche Sprache ist · Weil sogar walisische Autofahrer höflich sind · Weil Wales noch eine zweite Sprache hat: Wenglish · Weil es nirgendwo so schöne Ortsnamen gibt wie in Wales · Weil Wales das Land der Spitznamen ist · Weil Kymrisch in zwei Erdteilen gesprochen wird

2. Labskaus und Liebesheilige – walisisches Allerlei . . 39
Weil wunderschöne Brücken nach Wales führen · Weil es in Wales wunderbare Kneipen gibt · Weil sich in walisischen Kneipen überraschende Gespräche ergeben · Weil man in Wales bei Piraten Bier trinken kann · Weil es in Wales wunderbare Hotels gibt · Weil Wales so wunderbare Badeorte hat · Weil in Wales die Liebe durch den Löffel geht · Weil Wales eine eigene Liebesheilige hat · Weil Wales sein ganz eigenes Labskaus hat · Weil es in Wales ungeheuer leckere Suppen gibt · Weil Wales Nachtischland ist

3. König und Kaninchen – lebendige Vergangenheit . . 63
Weil man in Wales heute noch auf den Spuren von König Artus wandeln kann · Weil in Wales die Kaninchen so ganz anders sind · Weil

walisische Kaninchen auch sonst lauter Überraschungen bieten · Weil man in Wales Kaninchen besuchen kann · Weil es in Wales die besten italienischen Eisdielen gibt · Weil walisisches Mineralwasser total hip ist · Weil Wales Gin-Land ist

4. Land und Literatur – eine ganz besondere Reise . . . 81
Weil Wales seine Literatur wirklich fördert · Weil Shakespeare sich von Wales inspirieren ließ · Weil in Wales selbst ein Kongress zum Abenteuer wird · Weil man in Wales in ganz besonderen Häusern schreiben lernen kann · Weil es in Wales interessante Verlage gibt · Weil man in Wales so schön Bücher kaufen kann · Weil Wales das wahre Krimiland ist · Weil Wales so ungefähr das einzige Land ist, das noch nie einen Literaturnobelpreis abbekommen hat · Weil dieser eine Dichter nun mal aus Wales kam · Weil Dichter und Orte in Wales eine seltsame Einheit bilden können

5. Druiden und Drachen, in Wales zum Greifen nah . . 109
Weil es in Wales das Eisteddfod gibt · Weil es in Wales überhaupt aufregende Festivals gibt · Weil Wales die Heimat der Druiden war · Weil Wales das Land der Harfen ist · Weil Wales das Land der Drachen ist · Weil in Wales Drachenromane geschrieben werden · Weil in Wales Drachen die Landschaft prägen · Weil Wales das Land der blauen Lagunen ist · Weil Reisende in Wales so gut informiert werden

6. Sieger und Sänger (und dazu ein paar Invasoren) . . 133
Weil Wales einen Prinzen hat, der eigentlich gar keiner ist · Weil aus Wales eine königliche Dynastie kommt, die Romane und Filme inspiriert wie keine zweite · Weil man in Wales noch immer Schätze suchen kann · Weil Wales Wikingerland ist · Weil Wales eine Menge Volksmusik hat · Weil große Stars in der Unterhaltungswelt aus Wales kommen · Weil aus Wales nicht nur Männerchöre, sondern auch hervorragende OpernsängerInnen stammen · Weil es in Wales so schöne Lieder gibt · Weil hochinteressante Malerinnen aus Wales kommen

7. Römer und Reisende –
die Welt kommt nach Wales und Wales in die Welt . . . 159

Weil Wales ganz besondere Historiker hervorgebracht hat · Weil Wales noch immer ganz besondere Historiker hervorbringt · Weil Menschen aus Wales gern anderswo zu Ruhm gelangen · Weil sogar römische Kaiser aus Wales kamen · Weil es überall in Wales Spuren der Römer gibt · Weil Wales ein archäologisches Paradies ist · Weil Wales Tunnelland ist · Weil Wales Tunnelland ist. Vol. 2 · Weil Wales Burgenland ist · Weil es in Wales so viele uralte Burgen gibt · Weil Wales so schöne auch gefälschte Burgen hat · Weil der wahre Gral in Wales zu finden ist

8. Taffy und Trachten,
ein walisisches Kuriositätenkabinett 191

Weil es in Wales jede Menge interessanter Heiliger gibt · Weil Männer aus Wales Dafydd heißen, oder auch nicht · Weil es in Wales interessante Kleidung gibt · Weil es in Wales grandiose Trachten gibt · Weil man in Wales so viel schöner pilgern kann · Weil man in Wales auf Dichterpfaden wandeln kann · Weil in Wales immer alles extrem sein muss · Weil in Wales wirklich dauernd irgendwas verschwindet

9. Sage und Schreibe,
fremde und vertraute Wesen und Orte 209

Weil in Wales selbst die Unterwelt schöner ist als anderswo · Weil es in Wales sogar fiktive Orte gibt · Weil alle Dörfer in Wales ein Abenteuer sind · Weil es so viele walisische Sagenwesen gibt · Weil das walisische Rumpelstilzchen eine alte Hexe ist · Weil in walisischen Märchen die Zeit so oft stehen bleibt · Weil die rote Fahne erstmals in Wales geweht hat · Weil die Ladies of Llangollen in ganz Europa berühmt waren · Weil walisische Ärzte so gute Ratschläge geben · Weil in Wales der würzigste Lavendel wächst · Weil man eigentlich ganz Wales auf einer Insel erleben kann · Weil auch auf Ynys Môn köstlich gekocht wird. · Weil Ynys Môn das Toffeezentrum der Welt ist · Weil wir auf Ynys Môn unseren Vorfahren ganz nah sein können

10. Gräber und Greifvögel, ein Blick in Flora und Fauna 243

Weil in Wales sogar Hunde prachtvolle Gräber bekommen · Weil in Wales sogar hässliche Häuser als Sehenswürdigkeiten gelten · Weil Wales Pferdeland ist · Weil es nur in Wales das Mari Lwyd gibt · Weil walisische Schafe so schöne Namen haben · Weil in Wales heftig gestrickt wird · Weil Wales ein Vogelparadies ist · Weil in Wales viel für alternative Technologien getan wird

11. Liebe und Leibesübungen – und immer das passende Lied! 267

Weil der walisische Robin Hood viel robinhoodiger ist als der englische · Weil Amerika von Walisern entdeckt wurde · Weil walisische Femmes fatales fataler sind als anderswo · Weil walisische Frauen tapferer sind als französische Soldaten · Weil aus Wales bedeutende Frauenrechtlerinnen stammen · Weil man in Wales irische Geschichte hautnah erleben kann · Weil die Universität von Wales als Volksuniversität gegründet wurde · Weil ganz Wales von der Liebe träumt · Weil Wales das Land der Gesangvereine ist · Weil Wales eine ganz besondere Religion hat · Weil es noch mindestens 111 x 111 weitere Gründe gibt, Wales zu lieben

Anhang 295

Orts- und Personenliste · Quellenangaben · Bildnachweis

Wales, das Land der Sagen, der Drachen und der Liebe

Vorwort

Für viele Deutsche ist Wales ein unbekanntes Land – nur einige vage Bilder sind gespeichert. Einerseits heruntergekommene Zechensiedlungen, die genauso gut im Kohlenpott liegen könnten, wenn im Hintergrund nicht die nebelverhangenen Berge wären. Andererseits Tom Jones in Leopardenunterhose – wir sehen schon, Wales ist ein Land gewaltiger Gegensätze. Wir finden auch seltsame Fehlinformationen: In einem Buch über Schottland mussten wir lesen, die walisischen Burgen seien alle nach demselben Modell erbaut und total langweilig, die schottischen dagegen … aber die brauchen uns hier nicht zu interessieren, wir wollen auch kein böses Wort über die schottischen Burgen verlieren, doch wir werden in diesem Buch beweisen, dass das mit den langweiligen walisischen Burgen ein durch nichts zu rechtfertigendes Vorurteil ist. Dann gibt es noch die Sprache, und kaum ein Reisebericht über Wales kommt ohne einen Verweis auf die »unaussprechlichen« Ortsnamen aus. Alles gelogen, beziehungsweise aus ebenso großer Unkenntnis heraus behauptet wie das mit den Burgen: Denn die walisische Sprache (die eigentlich Kymrisch heißt, aber das erklären wir später noch) ist nicht nur wunderbar klangvoll, sondern auch gar nicht unaussprechlich. Die Rechtschreibung ist sogar sehr regelmäßig, jedenfalls regelmäßiger als die deutsche und viel regelmäßiger als die englische. Wir werden hier einen kleinen Schnellkurs bringen. Wer dieses Buch gelesen hat, wird so schnell vor keinem walisischen Namen zurückschrecken. Bekannt ist schließlich noch der Prinz von Wales, der aber gar kein Prinz ist, sondern, viel schöner, ein Häuptling, das begreift man, wenn man sich ansieht, wie sein Titel auf Kymrisch lautet.

Wie gesagt, Wales ist ein Land der großen Gegensätze. Aber es ist auch ein Land voller Geheimnisse, die es zu entdecken gilt. Dabei versucht es eigentlich gar nicht, seine Geheimnisse sorgsam zu verstecken. Es ist nur so leicht zu übersehen, jedenfalls von Deutschland aus. Es verkriecht sich irgendwie hinter dem viel größeren und mächtigeren England, sitzt da zwischen seinen Bergen und der Irischen See. Die ja eben nicht Walisische See heißt, sonst würde das Land viel mehr auffallen. Ein Schritt zu weit, und schon ist man in Irland, so ungefähr muss es zu erklären sein, dass Wales noch immer eine große Unbekannte ist.

Es ist zudem kein besonders großes Land. An der schmalsten Stelle ist es an die 97 Kilometer breit, an der breitesten auch nicht viel mehr, der Länge nach dagegen kommt es auf stolze 225 Kilometer. Aber wenn man alle Buchten und Felsspitzen einbezieht, misst die Küste nicht weniger als 1.200 Kilometer! Dennoch, wollte man zu Fuß gehen, würde man nach Google Maps für die Querstrecke 15 Stunden 59 Minuten brauchen, und für den Längsweg 55 Stunden.

Aber das will man ja nicht, denn einerseits geht es gar nicht so schnell, überall stehen schließlich Berge im Weg. Und andererseits will man ja verweilen, in urigen Kneipen herumsitzen und walisische Musik hören.

Jedenfalls, auf diesem relativ kleinen Raum gibt es so viel.

Gruselige Burgen, die aus *Game of Thrones* entnommen sein könnten, eine unglaublich dramatische Natur, dann aber wieder Täler von solcher Lieblichkeit, dass man verstehen kann, warum walisische Liebesgeschichten die Weltliteratur entscheidend mitgeprägt haben, denken wir nur an *Tristan und Isolde*. Dass die heutige walisische Literatur auch eine Menge zu bieten hat, auf Kymrisch und auf Englisch, und manchmal sogar ins Deutsche übersetzt wird, müssen wir natürlich auch erwähnen. Übrigens wird Kymrisch auf zwei Kontinenten gesprochen und geschrieben, gar nicht schlecht für eine Sprache, die doch offiziell zu den europäischen Minderheitensprachen gehört. Wales ist vielleicht das einzige Land, in dem ein hässliches Haus als Sehenswürdigkeit gilt. Wales hat einen Drachen im Wappen, und überall im Land finden wir Hinweise auf diese angeblich ausgestorbenen Tiere, die sich derzeit doch international einer nie dagewesenen Beliebtheit erfreuen. Aus Wales stammten ein römischer Kaiser und wirklich fatale Femmes fatales, und sogar einen eigenen Robin Hood hat dieses Land, der natürlich viel kühner und edler war als sein englischer Kollege. Wales hat der Welt eine königliche Familie geschenkt, die noch ein halbes Jahrtausend nach ihrem Ausscheiden aus der Geschichte die Fantasie von Romanschreiberinnen und Historikern in aller Welt inspiriert wie keine andere. In Wales wehte erstmals die rote Fahne, ohne die später kein Arbeitskampf mehr denkbar war, und dass Amerika von einem Waliser entdeckt wurde (jedenfalls war der viele Jahrhunderte vor Kolumbus dort), kann ja jetzt wohl niemanden mehr wundern?

Und wir haben noch mit keinem Wort berühmte walisische Sportler, entsagungsreiche walisische Heilige, auf deren Spuren man noch immer Wallfahrten unternehmen kann, gegen die der Jakobsweg der reine Spaziergang ist (dafür sind sie auch nicht so überlaufen), oder die hervorragende walisische Küche, Welsh Rarebits, sagen wir nur, Caerphillykäse, das in hippen Bars wegen seiner eleganten Flaschen so beliebte Mineralwasser Tŷ Nant oder die vielen kleinen Gin-Destillen erwähnt …

Neugierig geworden?

Dann also, Croeso i Gymru – willkommen in Wales!

Gabriele Haefs

1. Kapitel

Ein Land mit vielen Sprachen

1. Grund

Weil Wales so leicht zu übersehen ist

Das zeigt ja schon ein Blick auf die Landkarte. Man muss gewissermaßen zweimal hinschauen! Wales versteckt sich zwischen den Bergen, die es von England trennen, und dem Meer, und auf der anderen Seite des Meeres liegt gleich Irland. Es ist so leicht, von diesen Bergen aus nach Irland zu blicken – bei besonders gutem Wetter sieht man sogar den einen oder anderen irischen Berg – und gar nicht zu bemerken, dass dazwischen ein wunderbares Land liegt. Reisenden geht es ja auch oft so. Die meisten Reiseberichte über Wales, jedenfalls aus früheren Jahrhunderten, stammen von Reisenden, die eigentlich nach Irland wollten. Dann aber steckten sie fest, weil widriges Wetter die Überfahrt erst einmal unmöglich machte, oder weil sie interessante Bekanntschaften geschlossen hatten – wie die Ladies von Llangollen, s. Grund 87. Und fanden Wales schön und wild und interessant und blieben länger und schrieben ihren Reisebericht. Ein bisschen so ist es noch immer – Wales ist ziemlich unbekannt, auch erfahrene England-, Schottland- und Irlandreisende sagen oft: »Ja, in Wales war ich noch nie, muss ich demnächst auch mal hin«, und gestehen, dass sie über dieses Land nicht viel mehr wissen als die Sache mit den unaussprechlichen Ortsnamen (die also gar nicht unaussprechlich sind, s. Grund 10). Das gibt Wales aber auch einen besonderen Reiz, man hat noch immer das Gefühl, eine Entdeckungsreise zu machen, einen unbekannten Ort zu besuchen, einen Geheimtipp zu erkunden.

Aus der anderen Richtung, von Irland aus gesehen, ist es anders, da sieht man an schönen, klaren Tagen die walisischen Berge (also jedenfalls von der irischen Ostküste aus), und deshalb war Wales immer ein beliebtes Ziel für irische Piraten. Die überfielen regelmäßig das Land, raubten Vieh und Menschen – was bittere Folgen hatte! Auf einem solchen Beutezug wurde ein walisischer Knabe geraubt und als Sklave verkauft, der später entfloh und in die Freiheit zurückkehrte, dann aber beschloss, sich zu rächen. Er kam zurück als Missionar, um die fröhlichen Heiden zum Christentum zu bekehren, und wurde später heiliggesprochen. Tom Jones mit Leopardenunterhose und der Heilige Patrick mit Bischofsstab ... was hat Wales der Welt nicht alles geschenkt!

Die heute so weit verbreitete Vorstellung von Irland und Wales als keltischen Nationen, keltischen Brüdervölkern, ist übrigens noch sehr jung. Jahrtausendelang wollten sie nichts miteinander zu tun haben, bzw. die Iren wollten Wales gern ausplündern, die Waliser wollten in Ruhe gelassen werden, und dass dermaßen unvereinbare Wünsche keine freundlichen nachbarschaftlichen Beziehungen entstehen lassen, liegt auf der Hand. Die keltische Begeisterung – später dann Pankeltismus genannt – kam erst gegen Ende des 18. Jahrhunderts auf, durch die Ossianbegeisterung, die ganz Europa im Griff hatte (aber da sie ihren Ursprung in Schottland hatte, können wir sie hier ganz kurz abhaken). Im Laufe des 19. Jahrhunderts kam es zu einer Annäherung zwischen Irland und Wales, weil es in beiden Ländern Unabhängigkeitsbewegungen gab, deren Vertreter sich im Britischen Parlament gegenseitig unterstützten. Als der größte Teil Irlands dann 1922 unabhängig wurde, fiel diese Unterstützung für Wales weg. Raubzüge waren auch nicht mehr angesagt, der Sklavenhandel war längst verboten, kurzum, auch von Irland aus war Wales nun wieder leicht zu übersehen, sogar an klaren Tagen.

Eins aber hat sich erhalten: Auf Walisisch heißen die Iren noch heute *gwyddel*, also die »Wilden«, die »Barbaren«. Das kommt daher, dass sich das alte irische Wort für Gälisch, nämlich *Goidhelisch*, für das walisische Ohr so anhörte wie das walisische Wort für wild und ungehobelt. Und so verschwammen beide Wörter miteinander und *gwyddeleg* heißt heute noch beides, irisch und barbarisch.

Aber das nur nebenbei. Wir nähern uns Wales ja nun von der anderen Seite, durch die Berge eben.

2. *Grund*

Weil man die ganze walisische Küste zu Fuß umrunden kann

Es fing an 1970 mit dem Pembrokeshire-Küstenpfad; man konnte von Amroth im Süden bis St Dogmaels in Norden 299 Kilometer wandern, meistens an den Klippen entlang. Die Aussichten sind unübertrefflich und die Natur einfach hinreißend: Robben, Delfine, Papageientaucher, eine unendliche Liste. Man wanderte auch am kleinsten Bischofssitz in Großbritannien vorbei, nämlich St Davids, und auch an der kleinen Kapelle der heiligen Non, Mutter des David, die ganz nah am Meer liegt (s. Grund 71). Der Pfad hat erhebliche Touristenmassen nach Pembrokeshire gelockt, besonders wichtig in einer Zeit, wo Tourismus so ungefähr die bedeutsamste Industrie in den ländlichen Gebieten ist.

Es folgte ein ähnlicher Pfad auf Anglesey, und dann kam die geniale Idee auf, einen Weg an der ganzen Küste entlang einzurichten – und nach vielen Jahren der Planung war der walisische Küstenpfad da: Die Eröffnung fand am 5. Mai 2012 statt. Jetzt ist es möglich, von Chepstow in Monmouthshire im Süden bis Queensferry in der Nähe von Chester im Nordosten zu Fuß zu gehen, eine Entfernung von 1.400 Kilometern. Der ganze Pfad ist für Wanderer zugänglich, Teile davon sind auch für Radfahrer, Familien mit Kinderwagen oder Rollstuhlfahrer geeignet.

Auf dem Weg sieht man viele der wichtigen Denkmale der walisischen Kultur – Bergfesten aus der Eisenzeit, die Burgen Edwards I., Leuchttürme, die Telfordbrücken, die viktorianischen Badeorte – und auch viele einladende Kneipen. Etwas für alle!

Es gibt aber ja einen Grund zur Kritik: An manchen Stellen ist es nicht möglich, direkt am Meer zu gehen, wegen der (Groß)Grundbesitzer, die der Öffentlichkeit nicht erlauben, über ihr Land zu wandern. 270 Kilometer des Pfades führen deshalb über normale (obwohl meistens nur kleine Landstraßen) Straßen. Und wenn man einen Rundgang machen will, kann man den Offa's-Dyke-Pfad (siehe Grund 15) zurück nach Norden oder Süden nehmen.

3. Grund

Weil Mercia und Powys vor Mexico und den USA einen Grenzwall hatten

In den guten alten Tagen, wo es weder Wales noch England gab – wenigstens nicht als einheitliche Länder –, herrschte König Offa im englisch sprechenden Mercia, was eigentlich Markland bedeutet, da es an die kymrisch sprechenden Gebiete Powys und Gwent grenzte. Offa war zu der Zeit (er regierte von 757 bis 796) der mächtigste Herrscher unter den englischen Königen und spielte auch eine Rolle in der europäischen Politik – zu seinen Brieffreunden gehörten Karl der Große und auch der Papst. Da die Krieger der kymrischen Länder dauernd in Mercia einfielen, beschloss er, seine Grenze verteidigungsfähig zu machen, weshalb er einen Erdwall über die ganze Länge der Grenze (von der Deemündung im Norden bis zur Severnmündung im Süden) bauen ließ.

Er wurde wie folgt gebaut: Ein tiefer Graben wurde ausgehoben und die dabei anfallende Erdmasse auf der östlichen (Mercianischen) Seite zu einer Verteidigungsstruktur verwendet, die bis zu 20 Meter breit (inklusive Graben) und bis zu sechs Meter hoch war. Und wie wurde das alles bewerkstelligt? Bestimmt nicht mit Baggern, sondern mit Hand und Spaten. Man vermutet, dass der König von Mercia seine Bauern und Leibeigenen zum Frondienst gezwungen hat, um sein Projekt auszuführen, was eigentlich sehr angenehm (für den König, nicht die Bauern, natürlich) war, denn die Arbeiter konnten an dem Teil des Erdwalls arbeiten, der ihren Wohnsitzen am nächsten lag, und brauchten also keine Unterkünfte. Vom Erdwall aus, über seine ganze Länge, hat man ununterbrochen Aussicht auf die kymrischen Länder im Westen – Überwachung ist kein modernes Konzept.

So weit die alte Geschichte. Aber die modernen Historiker und Archäologen geben, wie wir schon wissen, gern den Spielverderber. Erstens scheint es, dass der Wall nicht ohne Mitbestimmung der kymrischen Könige auf der anderen Seite gebaut wurde – seine Linie läuft an manchen Stellen nicht an der Grenze, sondern auf entweder englischer oder kymrischer Seite, je nach dem dortigen Landschaftsbild. Es gibt immer wieder durchlässige Stellen, was bedeuten könnte, dass in den Lücken Grenzübergangsstellen waren, wo man kontrollieren konnte, wer sich über die Grenze bewegte, oder auch um Zoll oder Tribut zu nehmen. Zweitens gibt es Indizien, dass Teile des Walls zwischen 541 und 651 gebaut wurden, also mehr als ein Jahrhundert vor Offas Regierungszeit. Natürlich könnte es sein, dass, wie wir das ja heute auch kennen, der Wallbau länger gedauert hat als vorausgesehen und erst zu Offas Zeiten fertig wurde.

Wie dem auch sei, Teile des Walls sind noch da, und es gibt einen 285 Kilometer langen Wanderweg durch Berg und Tal, mit schönen Kneipen und Übernachtungsmöglichkeiten: Man kann sich in die gute alte Zeit zurückversetzen und mit Freunden oder Kindern Mercia gegen Powys oder Gwent spielen.

4. Grund

Weil Wales so eine schöne Sprache hat

In einer norwegischen Zeitung fanden wir eine kleine Notiz: »Leute aus Wales sind komisch, und das zeigt sich auch an ihrer Sprache. Auf Walisisch heißt Pfirsich *eirin gwlanog,* was übersetzt bedeutet *wollene Pflaume.«* Auf das mit den komischen Walisern wollen wir gar nicht erst eingehen, aber der Rest? Leute, in deren Sprache das Wort für Pfirsich aus dem Deutschen übernommen worden ist und einfach »Apfel aus Persien« bedeutet, sollten lieber die Klappe halten, aber das nur nebenbei. (Und wir wollen auch höflich verschweigen, dass die norwegischen Kollegen nicht lange genug ins Wörterbuch geschaut haben, sonst hätten sie gesehen, dass Eirin auch »Hoden« bedeutet, wir es hier also mit wollenen zu tun haben könnten, was sie sicher erwähnt hätten). Jedenfalls zeigt dieser winzige Zeitungsartikel uns, wie weit verbreitet Vorurteile über die walisische Sprache sind. Weil die Wörter in geschriebenem Zustand auf den ersten Blick kompliziert aussehen können, macht sich kaum jemand die Mühe, sich kurz mit der Aussprache zu befassen, ehe zum Beispiel in einem Reisebericht das unvermeidliche »Orte mit unaussprechlichen Namen« auftaucht.

Andererseits hören wir immer wieder, Walisisch sei die »älteste« Sprache Europas, aber das wäre zu viel der Ehre, denn die ältesten erhaltenen Texte in walisischer Sprache sind auch nicht älter als die ältesten isländischen oder irischen oder baskischen oder englischen oder sogar deutschen ... aber bei einer Sprache, die um ihr Überleben kämpft, macht es sich einfach gut, auf ihr ehrwürdiges Alter hinzuweisen, sozusagen als zusätzliches Argument dafür, dass sie unbedingt erhalten bleiben muss. Weshalb es auf der Hand liegt, dass Englisch nie als »älteste Sprache« von irgendwas bezeichnet wird.

Walisisch ist gar nicht so fremd, wie uns Leute, die keine Ahnung haben, so gern weismachen. Es ist eine indogermanische Sprache, und damit schon mal mit den meisten anderen europäischen Sprachen ziemlich eng verwandt.

Natürlich hat es dabei Entwicklungen gegeben, die man verstehen muss, um die Verwandtschaft zu erkennen, nicht immer ist es so leicht wie bei *gwynt* (Wind). Andere Wörter sind *dant* (»Zahn«, wo das im alten Ausgangswort vorhandene t zum z geworden ist), oder *brawd* (Bruder). Und natürlich *Duw* (»Gott«, da haben wir das lateinische *Deus*, den griechischen Zeus und den leider total in Vergessenheit geratenen alten germanischen Obergott Tiwaz), oder *halen*, das bedeutet »Salz«, (wie in Hallstadt). Und *hen*, das bedeutet »alt«, verwandt mit dem lateinischen »senior«, und *afal* für »Apfel« und *tud* für »Volk« oder »Land«, auf Deutsch wurde das Ursprungswort eben zu – »deutsch«.

Im Rahmen des Indogermanischen gehört es zu den keltischen Sprachen, davon gibt es leider nicht mehr schrecklich viele. In der Antike war das anders, Asterix und Obelix sprachen Gallisch, eine keltische Sprache, die Galather, (die Brieffreunde des Apostels Paulus) hatten eine, und etliche bei der Eroberung durch die Römer ausgerottete Stämme im Rhein-Mosel-Gebiet ebenfalls, um nur wenige zu nennen. Bis heute – oder bis fast heute – überlebt haben zwei keltische Sprachgruppen, die eine besteht aus Irisch, Schottischem Gälisch und Manx (der Sprache der Isle of Man), die andere aus Bretonisch, Kornisch (in Cornwall) und eben Walisisch. Die scheinbar enge Verwandtschaft führt dann wieder zu neuen schönen Geschichten – ein Dichter behauptet zum Beispiel, dass er so gern in der Bretagne Bahn fährt, weil das bretonische Wort für Bahnhof auf Walisisch Bordell bedeutet. Klingt toll, stimmt aber auch nicht. Bahnhof heißt auf Walisisch *gorsaf* und auf Bretonisch *arsaf*, Bordell dagegen heißt *puteindy* (auf Walisisch, wir bitten um Entschuldigung für unsere mangelhaften Bretonischkenntnisse). Jedenfalls zeigt dieses Beispiel, wie wunderbar man Behauptungen über die walisische Sprache aufstellen kann, weil sich so gut wie nie jemand die Mühe gibt, diese Behauptungen zu überprüfen.

Das hier soll aber keine wissenschaftliche Abhandlung werden, also nur kurz ein paar Bemerkungen zum Walisischen heute. Seit Wales kein eigenes Königreich mehr ist, sondern von London aus regiert wird, wurde die Sprache immer mehr zurückgedrängt, sie sollte ja auch nicht gesprochen werden, denn wenn die Eingeborenen diese unbegreifliche Sprache sprechen, können sie sich doch klammheimlich gegen die englische Obrigkeit zusammenrotten!

Natürlich liegt die Frage nahe, wo in Wales vor allem Kymrisch gesprochen wird, und von wem. Ein Problem ist die Frage, woher man die Information bekommt. Heutzutage müssen alle Kinder in walisischen Schulen Kymrisch lernen. Es gibt sogar Schulen, wo Kymrisch die Unterrichtssprache ist: Daher können alle jungen Waliser Kymrisch sprechen. Die Frage ist natürlich, ob sie es auch außerhalb des Klassenzimmers benutzen, und da schweigt die Statistik. Sie kann ohnehin irreführend sein. Wo im Norden und Westen, in Gwynedd, Ceredigion und Caerfyrddin 76,4, 58,8 und 51,5 Prozent der Bevölkerung kymrisch sprechen, sind das eigentlich weniger als die im Süden, wie die 21,8 Prozent in Cardiff: Ceredigion, z.B. hat 43.300 Kymrischsprechende und Cardiff 75.600. Und in Cardiff gibt es eine Menge Leute aus dem Norden und Westen, die wegen der besseren Lage auf dem Arbeitsmarkt dorthin gezogen sind. In ganz Wales behaupten angeblich 874.700 Einwohner, Kymrisch zu sprechen, ein Prozentsatz von 29,3. Es wird bei diesen Erhebungen nie danach gefragt, wie weit außerhalb von Wales Kymrisch gesprochen wird (und wir meinen jetzt nicht Südamerika, s. Grund 12) Eine akademische Studie kam zu dem Ergebnis, dass es in England etwa 100.000 ausgewanderte Waliser sind.

Das Wichtigste aber ist, dass, obwohl in den 60er-Jahren schon vom Aussterben des Kymrischen gesprochen wurde, die alte Sprache noch am Leben ist: Hören Sie einfach zu auf den Märkten in Caernarfon, Machynlleth oder Carmarthen, und Sie werden Leute in jedem Alter und von jeglichem Geschlecht hören, die ihr Leben und ihre Geschäfte auf Kymrisch führen. Und sowie man heute in Wales eintrifft, sieht man die Sprache (selbst wenn man sie nicht hört, weil man in einer Gegend gelandet ist, wo alle Englisch sprechen). Auf Straßenschildern, Informationstafeln, auf Ladenschildern, in Buchläden und in Krankenhäusern, wo jede Station natürlich auch mit ihrem walisischen Namen gekennzeichnet wird, und auf behördlichen Formularen.

5. Grund

Weil Walisisch eigentlich Kymrisch heißt und wie es nun wirklich ausgesprochen wird

Walisische Freunde weisen gern daraufhin, dass Walisisch eigentlich »Kymrisch« heißt, und die deutschsprachige sprachwissenschaftliche Literatur hält sich daran und benutzt grundsätzlich dieses Wort. Aber vermutlich wird sich das im normalen, nicht wissenschaftlichen Sprachgebrauch nicht so leicht durchsetzen. Bei Kymrisch denken die meisten von uns ja doch an Kimbern und Teutonen und damit in die falsche geografische Richtung. Aber wir können es ja versuchen, und deshalb werden wir ab jetzt in diesem Buch nur noch »kymrisch« schreiben.

Wales, also das Land, heißt auf Kymrisch *Cymru*, es liegt auf der Hand, dass die Sprache von Cymru Cymrisch oder Kymrisch heißen muss. Walisisch dagegen? Beim Googeln finden wir, dass angeblich ein keltisches Volk, die Volker, namensgebend war, und deren Name wurde dann auf alle möglichen anderen Völker übertragen (selbst das Schweizer Wallis soll dazugehören): Es gibt auch eine Theorie, dass das Urwort, aus dem später »walisisch«, »welsch« usw. wurde, einfach die Leute bezeichnete, die westlicher wohnten als man selbst. Das wirkt ein bisschen überzeugend, aber kann es stimmen? Wir geben hier jetzt einfach eine Etymologie weiter, wenn danach nicht alle Klarheit restlos beseitigt ist, wissen wir auch keinen Rat mehr.

Walisisch (Adj.) abgeleitet von:

Altenglisch *Wielisc, Wylisc* (West Sächsisch), *Welisc, Wælisc* (Anglisch und Kentisch) ausländisch; britisch, aber nicht angelsächsisch. Welsh: unfrei, leibeigen, zu *Wealh, Walh;* Kelte, Brite, Waliser, nicht-germanischer Ausländer, in germanischen Sprachen auch auf Lateinischsprechende bezogen, vgl. Althochdeutsch *Walh, Walah;* Kelte, Römer, Gallier, und Altnordisch *Val-land;* Frankreich, *Valir;* Gallier, nichtgermanische Bewohner Frankreichs (Danish *vælsk;*

italienisch, französisch, südlich); von Urgermanisch **Walkhiskaz*, abgeleitet von einem keltischen Volk in Südgallien, eben den oben erwähnten Völkern. Als Substantiv bedeutet es: die Briten, aber auch die walisische Sprache, beides aus dem Altenglischen abgeleitet. Das Wort hat sich erhalten in den Wörtern Wales, Cornwall, Wallonisch, Walnuss und in Nachnamen wie Walsh und Wallace. Das Wort wurde als *vlachu* ins Altkirchenslawische übernommen und als Bezeichnung für die Bewohner Rumäniens verwendet, deshalb auch die Walachei. Und ehe wir Graf Dracula nun als Waliser identifizieren, hören wir lieber auf und wenden uns wieder dem schönen Wort kymrisch zu! Ironisch jedenfalls – und sympathisch!, dass sich die Ureinwohner der Inseln mit einem Wort bezeichnen, das »Ausländer« bedeutet.

Cymru klingt schön geheimnisvoll, aber ein Blick ins Lexikon ernüchtert dann gleich wieder. Der Name stammt offenbar von einem alten, in weiteren, inzwischen ausgestorbenen Sprachen vorkommenden Wort *combrogi* her, einfach »die Landsleute«, *Cymru* wäre also das Land der (eigenen) Landsleute, leuchtet doch ein. In der kymrischen Literatur gab es im Mittelalter noch das Wort *brythoniaid*, was »Briten« bedeutet, wie man sofort sieht, aber je mehr sich die Angelsachsen ausbreiteten und sich irgendwann ebenfalls für Briten hielten, umso mehr wurde dieses Wort aufgegeben, und ab dem 12. Jahrhundert nannten sich die Einwohner von Cymru eben nur noch so.

Dass kaum ein Reisebericht darauf verzichten mag, von »unaussprechlichen walisischen Namen« zu sprechen (von Kymrisch steht da nie was), wurde schon erwähnt. Aber so unaussprechlich ist Kymrisch gar nicht. Es ist eigentlich sogar eine sehr regelmäßige Sprache, ganz anders als Englisch, wo der Zusammenhang zwischen Schriftbild und Aussprache oft nicht einmal mit der Lupe zu erkennen ist. Nur gibt es im Kymrischen viel mehr selbstständige Laute als im Englischen oder im Deutschen – nur als Beispiel: Auf Deutsch gibt es »Weg« und »weg«, die Großschreibung hilft, wir wissen, was gemeint ist und wann das e lang und wann kurz gesprochen wird. Doch Deutsch hat nicht wahnsinnig viele solcher aussprachemäßigen Stolpersteine, das Kymrische schon. Das Alphabet aber hat nun mal nur 28 Zeichen. Also müssen die immer neu zusammengesetzt werden, um die Aussprache wiederzugeben. Und das tun sie mit erfreulicher Konsequenz, mit etwas Konzentration kann man die wichtigsten Ausspracheregeln an einem Nachmittag lernen und steht nie wieder hilflos vor einem kymrischen Ortsschild.

Hier sind mal kurz die wichtigsten Ausspracheregeln:

- a = wie a
- â = langes a
- ch = immer wie in »Loch«, nie wie in »ich«
- w = immer u
- ŵ = langes u
- u = immer i
- dd = wie englisch th in *the*
- th = wie englisch th in *thatcher*
- f = immer wie deutsches w
- ff = immer wie f
- si = sch
- aw = weil w = u ist, wird das au
- au, ae = ei

Das ist schon alles. Schwierig ist allein der Spirant, also so eine Art Hauch, beim ll, Engländer, die das nie lernen, sagen oft Kl – chl können Deutsche ja problemlos sagen (es sei denn, sie kommen aus Kölle). Aber Sie sehen schon, von unaussprechlich kann hier wirklich keine Rede sein!

6. *Grund*

Weil es im Kymrischen so wunderbare Ausdrücke gibt

Alle Sprachen haben Wörter, die etwas ausdrücken, was keine andere so einfach sagen könnte. Im Kymrischen gibt es ganz besonders viele davon. Obwohl *hiraeth* oft mit »Sehnsucht« oder »Nostalgie« übersetzt wird, sind damit noch längst nicht alle Gefühle beschrieben, die mit *hiraeth* verbunden sind: Zum Beispiel die eines Exilierten, der nicht einmal im Exil ist, sondern immer noch zu Hause. Noch schwieriger ist *hwyl*, Glück, ja – aber kein stilles Glück. Und kein einsames Glück. *Hwyl* ist, wenn alles beim Rugbyspiel singt, da Wales gegen England gewinnt! *Cwtch* ist ein Wort, das mit »Kuscheln« zu vergleichen ist – aber es bedeutet noch viel mehr – Liebe, Sicherheit, zu Hause angekommen zu sein … Eine andere Bedeutung ist der geschlossene Raum unter der Treppe – oder der Hundekorb: Wenn man einen Hund anschreit »*Cer i'r cwtch*« [in deinen Korb!] ist das normalerweise alles andere als warm und liebevoll. *Cynefin* könnte man vielleicht mit »*natürliche Umgebung*« übersetzen – und in einem Chor zu singen – und am liebsten, in einem Chor von Tieren. Bei Menschen ist es schwieriger: »Gemütlich« ist ein Teil davon, aber es hat auch etwas von »wo ich aufgewachsen bin, mein Zuhause, das Bekannte, Vertraute«.

Ein klangvolles Wort ist *clecs* [Klatsch, Gerüchte], und *hel clecs* [Gerüchte sammeln] ist auch in Wales ein beliebter Zeitvertreib. Wer Mist baut, hat *traed moch* [Schweinefüße]. Ein walisischer Geizhals »hat einen Igel in seiner Tasche«. Wenn ein Waliser etwas aufgibt oder endet, redet er von »*rhoi'r ffidil yn y to*« [die Geige in die Dachkammer stecken], wenn er übertreibt, geht er er »*dros ben llestri*« [über das Geschirr] – wie anderswo der Elefant durch den Porzellanladen.

Wie alle andere Sprachen hat Kymrisch seine Redensarten, und die meisten sind fast die gleichen wie überall. Einige sind aber ungewöhnlich, statt »viel Lärm um nichts« oder »viel Geschrei um wenig Ei« heißt es: »Wie ein Teufel, der ein Schwein schert: mehr Lärm als Wolle.« Und das Beste von allen: statt »geschehen ist geschehen«, sagt man »*Paid a chodi pais ar ol piso*« (Heb den Unterrock nicht nach dem Pissen), weil es dann zu spät ist.

7. Grund

Weil Kymrisch so eine höfliche Sprache ist

Man könnte ja meinen, dass Englisch, das so gleich nebenan gesprochen wird, auf das Kymrische abgefärbt hätte. Aber das ist nicht der Fall. Wobei Englisch streng genommen gar nicht so unhöflich ist, schließlich werden da alle gesiezt. Wenn man die Du-Form sehen will, muss man Shakespeare lesen, und will man sie selbst benutzen, das Vaterunser beten: Our Father, who art in heaven, hallowed be thy name. Im Kymrischen dagegen leben Sie und Du nebeneinander bis auf den heutigen Tag. Oder nicht ganz, »du« heißt ti, und »Sie« heißt hwy, aber hwy wird nicht als Anrede benutzt, da sagt man chwi, also »ihr«. Das ist eigentlich wie früher im Deutschen, ehe die Sie-Form sich ausbreitete, und in vielen deutschen Dialekten ist das »Sie« ja bis heute nicht angekommen und Fremde werden höflicherweise geihrzt. So ist es im Kymrisch, wir haben »du« und »Ihr« als Anrede. Das kann man sich eigentlich leicht merken, es gibt aber kleine feine Unterschiede.

Die sind streng genommen auch nicht so groß, noch um 1900 war es schließlich auch in deutschen Dialekten üblich, die Eltern mit »Ihr« anzureden, und dabei sind wir beim Kern der Sache angelangt. Im Kymrischen wird mit Respekt angeredet, wer immer mit Respekt angeredet werden kann, es genügt schon ein kleiner Unterschied in Alter oder vermeintlicher gesellschaftlicher Stellung. Kinder ihrzen Eltern und Großeltern, Kinder im ersten Schuljahr ihrzen ihre

Leidensgenossen im fünften. Statt lange darüber nachzudenken, ob *ti* oder *chwi* angebracht ist, einfach mit *chwi* anfangen. Wenn das Gegenüber nicht so viel Respekt möchte, wird es das schon sagen.

In der Literatur ist das natürlich ein wunderbarer Kunstgriff, um feine Unterschiede in den Beziehungen der Menschen untereinander deutlich zu machen. Wenn kymrische Literatur ins Englische übersetzt wird, gehen diese Feinheiten verloren, und wenn die englische Übersetzung dann ins Deutsche »übersetzt« wird (was, so skandalös es klingt, immer noch vorkommt), dann ebenfalls, weil aus dem Englischen nicht hervorgeht, wer im Original was zu wem gesagt hat.

Der walisische Dramatiker Meic Povey (1950–2017) zeigt das in seinem Stück *Tair* (»Drei«) ganz deutlich. Es geht dort um Großmutter, Mutter und Tochter – die Tochter ist gerade im rebellischen Alter und lehnt sich gegen die Konventionen auf. Die Mutter sagt zu ihrer eigenen Mutter *chwi* und duzt ihre Tochter. Die Tochter müsste die Mutter ihrzen, weigert sich aber. Die Großmutter nun aber auch zu duzen, so weit geht sie dann doch nicht, die Großmutter ist weiterhin »Ihr«.

Erstaunlich ist, dass bei so viel Höflichkeit ausgerechnet bei Gott eine Ausnahme gemacht wird. Hier sind die ersten beiden Zeilen des Vaterunser auf Kymrisch:

Ein Tad ni, yr hwn ysydd wyt yn y nefoedd,
Cadarnhaer Sancteiddier dy Enw di.

Also, Vater unser, der du bist im Himmel, geheiligt werde dein Name. Auf Englisch haben sich die modernen Anredesitten dagegen auch auf das Gebet des Herrn ausgedehnt. In der nunmehr in der anglikanischen Kirche üblichen revidierten Version heißt es nicht mehr »who art in heaven«, sondern da geht es so los: »Our Father in heaven, hallowed be your name.« Ein prominenter Gegner dieser Reform ist übrigens Prince Charles, der Fürst von Wales (s. Grund 50). Er weist in Interviews zum Thema immer wieder darauf hin, dass er keine Lust hat, Gott zu siezen, sondern bei dem »Du« bleiben möchte. Aber dabei hat er nie gesagt, dass er doch von der kymrischen Fassung her daran gewöhnt ist, auf Du und Du mit dem Allmächtigen zu stehen, was immerhin ein gutes Argument gewesen wäre. Daraus schließen wir, dass Charles nicht in der Sprache seines Landes betet. Aber das ist natürlich seine Sache.

Lesetipp: Meic Povey: *Drei*. Schriftenreihe der Union des Théatres de l'Europe (es wurde auf Kosten der EU in zehn europäische Sprachen übersetzt, eben auch ins Deutsche).

8. Grund

Weil sogar walisische Autofahrer höflich sind

Höfliche Autofahrer, das ist doch wirklich bemerkenswert. Natürlich übertreiben es auch die Autofahrer in Wales nicht – es kommt schon vor, dass man viele Minuten am Straßenrand steht und einfach nicht auf die andere Seite gelangt, weil sie so schnell fahren, dass man sich nicht ins Getümmel traut, und weil sie natürlich lieber stürben, als anzuhalten und jemanden vorüberzulassen. Das spielt sich vor allem an einsamen Landstraßen ab, wo sie, wie eigentlich in allen Ländern, zu denken scheinen, hier ist ja doch niemand, also fahr ich mal wie Sau. Und doch, gerade wenn man sie aus tiefstem Herzen verflucht, hält ein Auto, und die Person hinterm Steuer winkt mit einem so reizenden Lächeln, dass alles vergeben und vergessen ist. Wirklich bemerkenswert aber ist ihr Verhalten in geschlossenen Ortschaften.

Stellen Sie sich ein Dorf mit einer Durchgangsstraße vor, an der alle Geschäfte liegen. Und vor einem hält ein Lastwagen und liefert offenbar irgendwelche Waren an. Und da steht der Lkw, und hinter ihm stehen die anderen Autos. Denn wir sind in einer geschlossenen Ortschaft, und die Straße und die Häuser wurden gebaut, lange, ehe irgendwer sich auch nur in seinen schlimmsten Albträumen die heutigen Verkehrsverhältnisse vorstellen konnte. Deshalb gibt es nur zwei Fahrspuren, in jede Richtung eine, und auf der anderen kommen uns Autos entgegen. Auf die andere Seite wechseln und an dem Lkw vorbeifahren, geht also nicht.

Dieses Szenario kennen natürlich alle – der Unterschied aber zu Harz oder Eifel ist, dass in Wales alle Autos brav warten. Das furchtbare und überaus nutzlose Hupkonzert, das anderswo losbrechen würde, bleibt in Wales aus. Alle sitzen brav in ihren Autos und warten, bis der Lkw-Fahrer seine Geschäfte vollendet hat und wieder einsteigt. Dann fährt er los und die lange Warteschlange hinter ihm ebenfalls. Das zu erleben ist immer wieder bemerkenswert – und so schonend für Nerven und Ohren.

Wobei, zu behaupten, alle säßen »brav« in ihren Autos, ist vielleicht total falsch. Vermutlich stoßen sie die ganze Zeit wunderbare kymrische Flüche aus. Hier folgen zwei, damit Sie auch mitfluchen können, wenn Sie demnächst in einem walisischen Dorf in einer Warteschlange stehen! –

Cont gwirion: verrückte Fotze

Coc oen: Lammschwanz

Aber die meistbenutzten Wörter in diesem Kontext sind eher Euphemismen aus der religiösen Sphäre, wie *esgob mawr* (großer Bischof) statt *Iesu mawr*, (großer Jesus) um Blasphemie zu vermeiden! Wir sehen, Kymrisch ist immer und überall eine höfliche Sprache!

9. Grund

Weil Wales noch eine zweite Sprache hat: Wenglish

Nach jahrhundertelanger Interaktion mit den Nachbarn ist Englisch auch ein Teil der walisischen Kultur. Nur, dass es in Wales bestimmt nicht das Queen's English ist. Die Wenglish genannte Sprachform klingt anders und sieht anders auch aus. Wir hören ja gleich, dass manches aus dem Kymrischen kommt, sowohl in der Grammatik als auch im Wortschatz.

In der Aussprache gilt in beiden walisischen Sprachen ein Singsang, d.h. es geht auf und ab. Wie in vielen anderen englischen Dialekten verliert man das g am Ende des Wortes, wenn es um ein -ing-Partizip geht: *singin'*, *runnin'* usw. Das h wird fast überall ausgelassen (*'ouse* für *house*, *'orse* für *horse*), nur nicht, wenn man von dem Buchstaben selbst redet – dann heißt es *haitch* (wo die Königin *aitch* sagen würde). Und auch in Wörtern, die mit wh- anfangen: Wo die normale Aussprache *wot* für *what* und *wich* für *which* wäre, heißt es auf Wenglish *hwat* oder *hwich*. Man muss auch beim Zuhören vorsichtig sein, wenn die Wörter *year* [Jahr], *here* [hier] und *ear* [Ohr] vorkommen: Alle drei werden zu *jö*.

Die Wörter *cwtch* und *clecs* (s. Grund 6) gibt es auch im Wenglish. Ein neues Wort ist *crachach*, was so ungefähr »Großkotz« bedeutet. Und ohne *tidy* kann man im Wenglishen nicht leben. Anders als in England (wo es nur ordentlich oder aufgeräumt bedeutet) bedeutet es fast alles Positive: Schönheit, Güte, Qualität. Manche Ausdrücke sind nach dem Kymrischen gebildet: *to pull pictures* (kymr. *tynnu lluniau*) = Bilder machen, to lose the bus (kymr. *colli'r bws*) = den Bus verpassen, *to rise money* (kymr. *codi arian*) = Geld abheben.

Ein alter Witz: »Wie sagt man *mañana* in Wales?« – »Keine Ahnung. Es gibt keinen Ausdruck für solche Eile.« Und auf Wenglish ist klar: Wenn man *now in a minute* sagt, bedeutet das nicht, »eine Minute und ich tue es«, sondern »ich werde es irgendwann tun«.

Die Wortfolge kommt manchmal auch von dem Kymrischen:

»A farmer I am, not a fisherman.« – »There's happy she is.«

»In school with us, she was.«

Manchmal sind die Verben anders als erwartet. Wenn etwas immer wieder passiert, benutzt man *do* als Hilfsverb: »He do go to school every day.« Das kann zu witzigen Konstruktionen führen: »He do do too much.«

10. Grund

Weil es nirgendwo so schöne Ortsnamen gibt wie in Wales

Walisische Ortsnamen – da denkt man doch vor allem an den einen, den langen – schwer zu merken, aber immerhin, mit unseren Ausspracheregeln (s. Grund 5) können Sie jetzt gelassen mit den Schultern zucken und Llanfairpwllgwyngyllgogerychwyrndrobwllllantysiliogogogoch sagen, wenn's weiter nichts ist. Es gibt natürlich noch andere schöne Orte, die fast so lange Namen haben, z.B. 3. Llanfair-Mathafarn-Eithaf, oder Llanrhaeadr-ym-Mochnant, doch Sie können auch sicher sein, dass die Bewohner dieser Orte die Namen auch verkürzen. Aber einfach Llanfair zu sagen, geht ja nicht, denn so fangen viele Ortsnamen an. Was aber bedeutet dieser Namensteil, was bedeuten kymrische Ortsnamen überhaupt? Die sind natürlich ebenso variiert wie die Ortsnamen in jedem anderen Land (klingen aber besser als die meisten), aber viele haben Bestandteile, die uns auf walisischen Landkarten immer wieder begegnen – Sie sehen schon, auch hier hilft der Blick auf die Karte Hier folgt deshalb eine kleine Liste oft auftretender Ortsnamenteile.

Welsh	**Deutsch**
aber	Mündung
Afon	Fluss
Bach	klein
Bedd	Grab
Betws	Kirche
blaen, blaenau	Quelle
Bryn	Hügel
Cae	Feld
Caer	Fort
Capel	Kapelle
Cefn	Felsrücken
Coed	Wald
Cors	Moor
Croes	Kreuzung
Cwm	Tal
Din	Bergfort
Dinas	Stadt
dwfr, dŵr	Wasser
Eglwys	Kirche
Ffin	Grenze

Ffordd	Straße	*Pentre*	Dorf
Ffos	Graben	*Pistyll*	Wasserfall
Ffridd	Weideland	*Plas*	Palast
Hafn	Schlucht	*Pont*	Brücke
llan	Pfarre	*Porth*	Hafen
Llyn	See	*Pwll*	Tümpel
Maen	Stein	*Rhaeadr*	Wasserfall
Mawr	groß	*Rhiw*	Hügel
Melin	Mühle	*Rhos*	Vorland
Moel	Felskuppe	*Rhyd*	Fjord
Môr	Meer	*Sarn*	Damm
Morfa	Marsch	*Sir*	Grafschaft
Mynydd	Berg	*Stryd*	Straße
Nant	Bach	*Tafarn*	Schenke
Newydd	neu	*Traeth*	Strand
Parc	Feld	*Tref*	Dorf
Pen	Kopf, Ende	*Tŷ*	Haus
Penrhyn	Vorland	*Ystrad*	Talboden

Damit kommen wir doch schon sehr weit. Der beliebte Ortsnamenanfang Llanfair bedeutet »Pfarre Mariens«, ganz einfach. Die englischen Varianten der Ortsnamen sind meistens nicht halb so schön – nehmen wir Swansea, das bedeutet nämlich nicht »Schwanensee«, was ja sehr nett wäre, sondern »Sveyns Insel«, was auf die Aktivitäten der Wikinger in Wales hinweist (vgl. Grund 53). Auf Kymrisch heißt die Stadt Abertawe, Mündung des Flusses Tawe, na gut, auch nicht gerade poetisch, aber wie ist es damit? Aberystwyth – die »anmutige Mündung«, das ist so unbesiegbar, dass dafür gar nicht erst ein englischer Name ersonnen wurde. Und noch ein Beispiel. Die Insel Anglesey. Der Name, hier sind die Gelehrten mal wieder nicht einig, bedeutet »Insel der Angeln« oder »Insel des Ongli« (und hier wären wir wieder bei den Wikingern). Oder »eckige Insel«. Auf Kymrisch heißt sie »Ynys Môn«, also Insel des Môn. Wer dieser Môn war, wissen wir nicht, aber Ynys Môn war in der Antike ein bedeutendes Zentrum druidischer Gelehrsamkeit, und da können wir uns doch einen würdigen alten Herrn mit langem schlohweißen Bart und Harfe unterm Arm vorstellen. Wie wichtig diese Insel einmal war, zeigt der Ortsname Caernarvon, eine auf dem Festland gelegene Stadt mit vielen Kneipen und einer berühmten Burg, auf der am 1.7. 1969 Prince Charles in sein Amt als Fürst von Wales eingeführt wurde (s. Grund 50). Der Name bedeutet ganz einfach: Stadt, die Môn gegenüber liegt.

Die Stadt mit dem berühmten langen Namen (hier noch mal: Llanfairpwllgwyngyllgogerychwyrndrobwllllantysiliogogogoch) beweist übrigens Humor bei der Auswahl ihrer Partnerstädte in anderen Ländern. Bisher wurden Städtepartnerschaften mit den Orten Ee in Niederländisch-Friesland und Y in Frankreich eingegangen. Eine deutsche Partnerstadt fehlt noch. Wir empfehlen Öd am Niederrhein!

11. Grund

Weil Wales das Land der Spitznamen ist

Spitznamen sind wohl so alt wie die Sprache, und man kennt sie bestimmt aus klassischen Zeiten – der römische General Fabius Cunctator (Verzögerer) ist einer der Berühmtesten. Und im Mittelalter hatten viele Könige und andere interessante Spitznamen. Der englische König Æthelred Unræde [der Ratlose] ist heute allgemein als »the Unready« [der Unbereite] bekannt, und alle kennen Wilhelm den Eroberer – obwohl er in den walisischen Chroniken weniger schmeichelhaft Gwilym Bastart genannt wird (was wir wohl kaum zu übersetzen brauchen). Und die Waliser hatten auch ihre Spitznamen – Owein Lawgoch [Rothand], der letzte Spross der Linie von Llywelyn, der Große von Gwynedd, war ein berühmter Soldat, der im französischen Exil eine Gruppe walisischer Krieger gegen die Engländer führte. Man weiß nicht, woher der Name kommt – vielleicht weil die Hand vom Blut der Feinde troff. Auf der anderen Seite war Hywel y Fwyall [die Streitaxt], so genannt, nach walisischer Tradition, weil er den König von Frankreich bei der Schlacht von Poitiers in 1356 gefangen nahm, indem er dessen Pferd mit seiner Streitaxt den Kopf abhieb. Diese Spitznamen waren gewissermaßen als Ehrentitel anzusehen.

Heutzutage ist es anders, und nicht nur weil die allerwenigsten mit Schwertern und Äxten kämpfen. In selbst dem kleinsten Dorf in Wales gibt es eine Vielfalt von Joneses – genau wie Schmidts im deutschsprachigen Raum. Und viele von diesen Joneses heißen auch Dafydd [David], dessen Kurzform Dai ist. Dasselbe gilt auch für die vielen Williamses, Davieses und Evanses, und um sie voneinander zu unterscheiden, benutzt man eine ganze Reihe von Spitznamen – manche sind ganz harmlos, aber andere vielleicht nicht total charmant.

Ganz einfach sind:

Dai Bread/Jones the Bread – der Dorfbäcker

Evans the Milk – der Mann, der die Milch liefert

Morris the Coal – der die Steinkohle liefert. Dieser Beruf ist in unseren rauchfreien Tagen fast verschwunden.

William Jones Green Peas [grüne Erbsen] – der Gemüsehändler

Mrs Evans Lamppost [Straßenlampe] – weil sie eine Straßenlampe vor dem Haus hatte, die sie von allen anderen Mrs Evans unterschied.

Dai Sbaddwr [kymr.: Kastrierer] – selbsterklärend, er hatte aber nur mit Farmtieren zu tun.

Dai Death [Tod] – der Bestattungsunternehmer (und auch ein Wortspiel, da der Name »Dai« genauso ausgesprochen wird wie *die* – sterbe!)

Dai Bandy – Dai Krummbein

Dai Blinker [Blinzler] – hatte einen Augentremor

Dai Bara Bwngy [kymr: Landbrot] – war wie ein Brot, rechteckig und stämmig

Ernie Smiler [Lächler] – war immer unglücklich

Ein bisschen komplizierter sind:

Dai Bungalow – da er nicht viel im oberen Stockwerk hatte, also, nicht alle Tassen im Schrank

Ianto Ffwl Pelt – das ist eine kymrische Version des englischen Ausdrucks *to run full pelt*, was »volle Pulle rennen« bedeutet. Also war Ianto immer schnellstens unterwegs.

Und least und last:

William Laptop – der arme William war ein Polizist, also ein PC, Police Constable. Aber da er ganz klein war …

12. Grund

Weil Kymrisch in zwei Erdteilen gesprochen wird

Was uns eigentlich egal sein kann, denn wir wollen ja im europäischen Wales herumreisen, aber dennoch ist es interessant. In Patagonien in Argentinien gibt es eine kymrischsprachige Enklave! Für kurze Zeit sprach sich das auch in Europa herum, als während des Falklandkrieges 1982 die britische Armee argentinische Kriegsgefangene vorzeigen konnte, die zu Hause kymrisch sprachen. Aber danach geriet das südamerikanische Kymrisch wieder in Vergessenheit. In Wales natürlich nicht. Sprachforscher fahren gern hin, um sich dieses altertümlich anmutende Kymrisch anzuhören, Leute von dort kommen zum Studium nach Wales, und so besteht inzwischen ein ziemlich regelmäßiger Kontakt.

Das patagonische Wales heißt Y Wladfa (was einfach »Das Land weit weg« bedeutet), und die ersten Siedler kamen 1865 her. Armut, die Unterdrückung ihrer Sprache und Lebensart und der Wunsch, sich noch strengeren Sekten anzuschließen, als damals in Wales florierten, waren Gründe für die Auswanderung. Die walisischen Siedlungen liegen in der Provinz Chubut, der zentrale Ort heiß Trelew – *Tre* ist abgeleitet von *tref*, was, das ist ja nun allgemein bekannt, »Ort« bedeutet (s. Grund 10), Leo nach dem Gründer, Lewis Jones, der damals die argentinische Regierung überredete, die Gründung einer walisischen Kolonie zu gestatten. Schließlich konnte er glaubhaft versichern, dass die kommenden Einwanderer nicht den geringsten Grund hatten, der englischen Krone irgendwelche Loyalität entgegenzubringen.

In einer beklemmenden langen Erzählung des Autors William Owen Roberts, die vom Leben in Wladfa zur Zeit der argentinischen Militärjunta erzählt, fanden wir ein Lied, das die Stimmung der frühen Siedler wiedergibt:

Wo kamt Ihr her?
Sagt mir, Vater, was trieb Euch an,
warum wolltet Ihr siedeln
in Patagoniens Land?
Aus Wales' alten Bergen,
über weite ferne Seen
um die Sprache zu bewahren,
bessere Heimat zu erfahren.
So werden wir die Siedlung lieben,
die unsere Eltern auserkoren,
werden uns hier zu Hause fühlen,
wie in der Heimat, die wir verloren.
Und werden die Muttersprache hüten
Und die reinen Vatersitten,
für uns, die hier geboren,
ein geliebtes Land erstritten.

Den walisischen Drachen trifft man in Y Wladfa eigentlich überall an, z.B. auf der Flagge der Hafenstadt Puerto Madryn, die von walisischen Einwanderern gegründet wurde und beide Sprachen im Namen hat: Puerto ist Spanisch, Madryn Kymrisch. Mindestens eine große Autorin hat Y Wladfa hervorgebracht: Eluned Morgan (1870–1938), die Tochter des Ortsgründers von Trelew. Sie schrieb Romane und Landesbeschreibungen, alles auf Kymrisch, natürlich. In jugendlichem Überschwang reiste sie nach Wales, weil das Schulwesen zu ihrer Zeit in Y Wladfa noch nicht weit entwickelt war. Und dort stellte sie zu ihrem Entsetzen fest, dass es, anders als in Patagonien, keine kymrisch-sprachigen Schulen gab, und dass ein Universitätsstudium auf Kymrisch unmöglich war (das immerhin hat sich im seither vergangenen Jahrhundert in Wales verbessert, in Y Wladfa ist es gleich geblieben). Y Wladfa hat eine eigene Nationalhymne, die fast so heißt wie die von Wales, statt »Hen Wlad Fy Nhadau« (»Altes Land unserer Väter«), nämlich »Gwlad Newydd y Cymry«, »Neues Land der Waliser«. Die Melodie ist dieselbe, und natürlich gibt es in Y Wladfa auch die typisch walisischen Gesangvereine. Selbst ein Eisteddfod findet dort statt, doch das ist neuerdings zweisprachig, Kymrisch und Spanisch.

Das patagonische Kymrisch hat Wörter und Wendungen behalten, die im walisischen Kymrisch längst ausgestorben sind, auch die Aussprache ist teilweise anders und entspricht vermutlich der Art, wie in Wales gesprochen wurde, ehe der Einfluss des Englischen sich gar zu sehr bemerkbar machte. Ganz behutsam übernimmt das patagonische Kymrisch heute aber spanische Elemente: spazieren gehen heißt in Wales *mynd a dro*, in Y Wladfa *mynd i baseando*, und man braucht kein Spanisch zu können, um zu sehen, dass *baseando* eine Verbform aus dieser Sprache ist. Und »Auf Wiedersehen« heißt in Wales *hwyl fawr*, in Y Wladfa aber *Tan to nesaf*, und das ist eine direkte Übersetzung aus dem Spanischen, »bis zum nächsten Mal«.

Die Sprache ändert sich, die Kost nicht, ein walisischer Tea-room in Trelew unterscheidet sich in nichts von einem in z.B. Abergavenny.

Das Lobsgaws, sagen vertrauenswürdige Gewährsleute, ist auch in Y Wladfra vom Feinsten.

Angeblich gibt es auch in Nordamerika eine kymrischsprachige Kolonie, in Tennessee nämlich, da uns darüber aber keine weiteren Informationen vorliegen, sei sie hier nur am Rande erwähnt.

2. *Kapitel*

Labskaus und Liebesheilige – walisisches Allerlei

13. Grund

Weil wunderschöne Brücken nach Wales führen

»A vo ben bid bont «

WER HAUPT(MANN) SEIN WILL, SOLL AUCH BRÜCKE WERDEN

Mit diesem Zitat legt sich der Riese Bendigeidfran fab Llyr über den Fluss Liffey in Irland, damit seine Krieger auf die andere Seite kommen. Und komischerweise hat ein walisischer Ingenieur jetzt vorgeschlagen, die neue Brücke zwischen Ynys Môn (Anglesey) und dem Festland von einem Standbild des alten Helden (oder möglicherweise auch Gottes) tragen zu lassen. Es wird gewaltig aussehen, der Held steht im Wasser und trägt die Brücke sozusagen auf Händen!

Im 19. Jahrhundert waren es Brücken, die viele der Kommunikationsprobleme des Landes lösten: In Wales gibt es sehr viele Flüsse und Flussmündungen, die damals nur mit ziemlich gefährlichen Fähren zu überqueren waren. Oder die Viehhändler, die ihre Herden nach England trieben, mussten ihre Tiere über die Flüsse schwimmen lassen, wobei durchaus auch mal die halbe Herde ertrinken konnte. . Der schnellste Weg von London nach der zweitwichtigsten Stadt des britischen Empires, Dublin, führte durch Wales, und das dauerte zu lange. Der Verlust an Geld und Zeit (von den Tieren ganz zu schweigen) war erheblich. Doch dann kam Thomas Telford, ein schottischer Ingenieur, um die Probleme zu lösen.

Im Menai-Sund, zum Beispiel, war die Strömung so schnell und so reißend, dass man keine normalen Brückenpfeiler in den Flussgrund rammen konnte. Eine Brücke musste auch hoch genug sein, damit Segelschiffe darunter segeln konnten. Telford entwarf also eine neue Art Brücke, die Hängebrücke, um die Fahrt von London nach Holyhead zu beschleunigen. Obwohl nicht die erste Hängebrücke, war die 1826 fertig gebaute Menai-Brücke mit 176 Metern Länge »die erste wichtige moderne Hängebrücke«. Die Türme auf beiden

Seiten des Sunds wurden aus Kalkstein gebaut, und dann kamen die 16 riesigen Ketten, jede aus 935 Eisenbarren, 522,3 Meter lang, mit einem Gewicht von ca. 120 Tonnen. Ihre Tragkraft wurde auf mehr als 2.000 Tonnen geschätzt. Selbst heute sieht sie imponierend aus. Zur selben Zeit baute Telford auch eine Brücke über den Fluss Conwy neben der gleichnamigen Stadt. Diese Brücke ist ebenfalls noch vorhanden, doch man darf sie heute nur zu Fuß betreten.

Das Problem der Severn-Mündung in Süden, wo die Great West Road, jetzt die Autobahn M4, von London nach Cardiff durch eine Fähre unterbrochen wurde, blieb bis 1966 ungelöst, weil hier der Fluss sehr breit und reißend ist. Aber dann wurde die 1.600 Meter lange Brücke (zehnmal so lang wie Telfords Menai-Brücke!) gebaut und von der Königin eröffnet. Der einzige Nachteil? Sie war eine Mautbrücke, und obwohl man zuerst in beiden Richtungen zahlen musste, entschied die Obrigkeit aus finanziellen Gründen, die Maut nur in Richtung Westen zu erheben. Der Protest ließ nicht auf sich warten – die Maut wurde von walisischer Seite als »Eintrittssteuer für Wales« bezeichnet. Im Dezember 2018, 52 Jahre später, hat die Regierung den Zoll abgeschafft, und wenn Sie dieses Buch in der Hand halten, dürfen Sie ganz kostenfrei über den Severn fahren. 30 Jahre nach der ersten wurde eine neue, noch schönere Severn-Brücke gebaut, die jetzt auch umsonst zu benutzen ist. Und es lohnt sich wirklich, über die schöne neue Brücke zu fahren – erstens weil man auf beiden Seiten eine hervorragende Aussicht hat, flussaufwärts über die Landschaft und flussabwärts über das Meer und die Küsten von England und Wales, und zweitens, wenn man in die westliche Richtung fährt, weil man aus England ins Land des Gesangs entkommt.

Es gibt natürlich auch andere, ältere Brücken, wie man aus der Vielfalt der Ortsnamen schließen kann, die das Wort *Pont* (Brücke) enthalten: Pontardawe, Pontypridd, Talybont, Penybont usw. In Snowdonia gibt es sogar eine römische Brücke auf der römischen Straße, die nach Caernarfon (Lat. Segontium) führt, und die alte Brücke in Llanrwst wurde angeblich 1636 von Inigo Jones entworfen, dem ersten bedeutenden [britischen] Architekten der Moderne, der auch die Hofmaskenspiele für König Charles I. inszenierte – und wie sein Name verrät, war auch er walisischer Herkunft.

14. Grund

Weil es in Wales wunderbare Kneipen gibt

Die gibt es wirklich, das braucht vielleicht nicht einmal erwähnt zu werden, wir befinden uns schließlich auf den Britischen Inseln. Aber es gibt in Wales ganz besondere Kneipen, geheime sozusagen. Vielleicht sind Sie schon einmal im Sommer durch Wales gefahren, waren durstig oder allgemein kneipenlustig und sahen an einer Wegkreuzung oder in einem netten Dorf ein Haus, das aussah, als ob es eigentlich eine Kneipe beherbergen müsste, davor stand sogar ein Pfahl, an dem eigentlich ein Schild hängen sollte … und dann schlossen Sie daraus, dass hier bis vor Kurzem eine Kneipe war, die aber leider aufgegeben wurde. Schade, denken Sie und fahren weiter.

In solchen Fällen können Sie annehmen, dass Sie es mit einer geheimen Kneipe zu tun haben. Etwas Vergleichbares gibt es in Irland, z.B. in Dublin (haben wir übrigens schon erwähnt, dass es oft gar nicht nötig ist, über die Irische See nach Irland zu reisen, weil Sie das Gleiche auch in Wales haben können?), wo die irisch sprechende Gemeinde sich in Kneipen trifft, die nicht gekennzeichnet sind, der durstige Gast klopft an, sagt auf Irisch sein Begehr, und ihm wird aufgetan. In Wales gibt es das also auch, dort nehmen im Sommer die Kneipiers das Kneipenschild herunter und schenken ihr Bier nur noch an Gäste aus, die wissen, dass hier eine Kneipe ist. Das hat den tieferen Sinn, dass sie dann in aller Ruhe unter sich bleiben und Kymrisch sprechen können. Es klingt im ersten Moment vielleicht ungastlich, aber sie alle haben so ihre Erfahrungen mit Touristen aus englischsprachigen Gefilden, die gerne hereinkommen, um zuzuhören, wie die Eingeborenen ihre komische uralte Bauernsprache reden, um ihnen dann zu erklären, man sei inzwischen im 21. Jahrhundert angekommen, und hier auf diesen Inseln habe man Englisch zu sprechen. Von Einheimischen mitgebrachte Gäste sind aber willkommen und dürfen auch Englisch sprechen, wenn sie eben das Pech haben, sich auf Kymrisch nicht verständigen zu können – wenn sie sich also nicht verhalten wie die oben erwähnten ungebetenen Gäste.

Ein Besuch in einer solchen Kneipe ist ein ganz besonderes Erlebnis – man fühlt sich irgendwie konspirativ und hat das Gefühl, etwas Verbotenes zu tun. Aber verboten ist es wirklich nicht. Dennoch empfiehlt es sich wohl, nicht einfach irgendwo zu klopfen und zu fragen: »Haben Sie zufällig Ihr Kneipenschild abgehängt?«, es ist bestimmt besser, sich mit Einheimischen anzufreunden und mitnehmen zu lassen.

In manchen dieser Kneipen kann man, wenn man Glück hat, »Canu gyda'r tannau« erleben, eine alte Gesangstradition. Übersetzt bedeutet das: »Singen zu den Saiten«, was klingt wie eine esoterische Entspannungstechnik. Wenn man unter diesem Stichwort im Internet sucht, findet man Verweise auf kymrische Liederbücher und für die Harfe gesetzte Melodien, aber das »Canu gyda'r tannau« hat noch eine andere Bedeutung. Es sind vor allem sehr alte Männer, die diesen Stil noch beherrschen. Er stammt aus Zeiten, in denen die walisische Landbevölkerung einfach zu arm war, um sich Instrumente leisten zu können, Harfen schon gar nicht. Deshalb singen sie zu zweit, einer singt einfach Töne, die die Harfenbegleitung illustrieren, macht also die Harfe stimmlich nach. Sein Gegenüber singt dazu lange Balladen in einer Art Sprechgesang. Es ist unklar, wie alt dieser Gesangsstil ist – man hat sofort das Gefühl, diese alten Sänger könnten vorgestern noch König Artus und seine Tafelrunde unterhalten haben –, es ist auch möglich, dass irgendwann vor 200 Jahren ein altertumsbegeisterter Dorfschullehrer alles erfunden und unter die Leute gebracht hat, die eben keine Instrumente, aber ein großes Bedürfnis nach Unterhaltung hatten. Schriftliche Quellen gibt es kaum, die Gelehrten streiten sich noch, aber das kann uns egal sein. Es kommt nicht mehr sehr häufig vor, in Kneipen »Canu gyda'r tannau«-Sänger anzutreffen, die Tradition stirbt aus, junge Leute, die sich dafür interessieren, singen nicht in der geheimen Dorfkneipe, sondern auf dem Eisteddfod (s. Grund 41) und auf Festivals, aber dann ist ihre Version des Canu gyda'r tannau modernisiert, und ihnen traut man keinen direkten Kontakt zu König Artus mehr zu.

15. Grund

Weil sich in walisischen Kneipen überraschende Gespräche ergeben

Das ist einfach so, zumal dann, wenn keine würdigen Greise uralte Gesänge vortragen, sondern man einfach ins Reden kommt. Weil die meisten Kneipen in Wales von Stammgästen leben, fallen Fremde eben auf, werden zunächst beobachtet und dann ins Gespräch gezogen. Und weil in Wales Höflichkeit großgeschrieben wird, fragt man nicht einfach: »He, was seid ihr denn für welche?«, sondern sucht einen Einstieg, der bisweilen dann kurios ist.

Dieses Gespräch trug sich in Knighton zu. Powys, das auf Kymrisch natürlich wieder viel schöner heißt, nämlich Tref-y-Clawdd, liegt größtenteils in der walisischen Grafschaft Powys, der kleinere Teil sowie der Bahnhof jedoch liegen im englischen Shropshire, ein wahrer internationaler Grenzort also. Knighton (das klingt nach Artus und der Tafelrunde, das Wort ist aber mit dem deutschen »Knecht« verwandt, und der Ort wurde vermutlich im ganz frühen Mittelalter von freigelassenen Leibeigenen gegründet). Knighton ist umgeben von Burgruinen aller Art (von der Sorte aber, von denen Wales überläuft, keine wirklich spektakuläre ist dabei) und ist ein idealer Ausgangspunkt für Wanderungen am und auf dem Offa's

Dyke, oder dem Clawdd Offa (der kymrische Name der Stadt bedeutet »Stadt am Wall«). Das ist ein Erdwall, der so ungefähr dem Grenzverlauf zwischen Wales und England folgt, s. Grund 3. Den Namen verdankt er Offa, dem angelsächsischen König von Mercia in der zweiten Hälfte des 8. Jahrhunderts, der angeblich den Bau befohlen hat (was manche Archäologen aber bestreiten, sie halten die Anlage für viel älter), um sein Mercia vom kymrischen Königreich Powys zu trennen. Man kann am Wall entlang bzw. über den Wall von der Liverpool Bay bis zur Severnmündung wandern, der Wanderweg heißt Offa's Dyke Path und ist 283 Kilometer lang.

Wenn man damit nicht genug hat und noch mehr Wall will, dann gibt es gleich nebenan den Wat's Dyke (Clawdd Wat), der parallel zu dem von Offa verläuft und von Basingwork Abbey Norden nach Maesbury in Shropshire verläuft. Er ist manchmal nur wenige Meter von Offa's Dyke entfernt, nie aber mehr als vier Kilometer, und Archäologen erklären ihn für den älteren und technologisch avancierteren der beiden Wälle. Bisher wurde er dem König Aethelbald von Mercia zugeschrieben, der von 716 bis 757 regierte, er war der direkte Vorgänger von Offa. Warum Offa unbedingt einen eigenen Wall wollte, bleibt bisher unklar – und daran ändert sich durch die neueren Untersuchungen, die Wat's Dyke für wesentlich älter halten als bisher angenommen, rein gar nichts.

Dies also trug sich in einer Kneipe in Knighton zu:

Die Fremden setzen sich brav in eine Ecke; da Knighton in den englischsprachigen Marches liegt, wurden die Getränke am Tresen auf Englisch bestellt, dann saßen die Gäste in ihrer Ecke und unterhielten sich über den Tag, den sie soeben hinter sich gebracht hatten. Nun beugte sich jemand vom Tresen vor und fragte: »Was sprecht ihr denn da für eine Sprache?« – »Norwegisch«, sagten die Gäste und freuten sich einen Moment lang auf einen interessanten Austausch mit den Einheimischen. »Norway!«, rief ein Mann und hob sein Pint. »Heil Hitler!« Wir kuckten natürlich blöd, der Zusammenhang war uns nicht klar, und ebenso wenig war uns klar, in was für Gesellschaft wir hier geraten waren. Der Mann am Tresen sah unsere Verwirrung und beeilte sich, die Erklärung nachzuschieben? »Norwegen – war das nicht, wo Hitler war?« Wir kuckten noch immer blöd, aber die Frau neben dem Rufer wies ihn barsch zurecht: »No, you fool, that was Quisling.« Den Namen des norwegischen Obernazis Quisling sprach sie »Kwaisling« aus, was wir wahrlich noch nie gehört hatten. Mit Quisling war der arme Mann aber wohl überfordert, und so verstummte er, und das Gespräch wandte sich leichter verdaulichen Themen zu, zum Beispiel, ob wir meinten, die Bilder an der Kneipenwand müssten anders gehängt werden. Wir sagten, nein, sie seien perfekt so, und das war offenbar die richtige Antwort, denn sofort gab der Wirt uns einen aus!

16. Grund

Weil man in Wales bei Piraten Bier trinken kann

Der Blick auf die Karte, Sie wissen schon … doch dafür, dass es so viel Küste, Buchten, Felsspalten, wo man trefflich auf der Lauer liegen könnte, und Berge, von denen aus man die Beuteschiffe schon aus der Ferne erspäht, gibt, ist in Wales erstaunlich wenig an Piratengeschichten überliefert. Offenbar wirkte es lukrativer, durch falsche Feuersignale Schiffe auf Sandbänke oder Felsenriffs zu locken und sie dann auszuplündern (s. Grund 89), aber statt etwas von »feige« zu murmeln, wollen wir uns freuen, wenn von einem echten Piraten die Rede ist. Wenn man die niedliche Kleinstadt Usk (kymrisch: Brynbuga) in Monmouthshire (kymrisch: Sir Fynwy) besucht, wird man alsbald von einheimischen Bekannten in ein Gasthaus verschleppt, wo der berühmte Pirat Trelawney schon getrunken hat. Trelawney ist ja eigentlich ein typisch kornischer Name, und wo doch in Wales dauernd irgendwelche Anekdoten über Cornwall erzählt werden, fragen wir uns gleich, ob uns hier nicht was vom Pferd erzählt wird. Der Ort Usk/Brynboga hat jedenfalls eine lange Geschichte, ist eine römische Gründung, bekam später natürlich eine normannische Burg, hatte im Mittelalter ein berühmtes Aussätzigenspital und beherbergt heute ein Gefängnis und ein Heimatmuseum. Und Gasthäuser, und irgendwas war also mit dem Piraten Trelawney. Dass er im Royal Hotel getrunken haben soll, wirkt erst einmal wenig überzeugend, das ist noch nicht mal 200 Jahre alt, und da war die Zeit der Piraten doch eigentlich längst vorbei? Vielleicht liegt eine Verwechslung vor mit dem King's Head aus dem 16. Jahrhundert, aber egal, das Royal Hotel hat eine gemütliche Bar mit gutem, nicht zu teuren Essen, Ploughman's Lunch und so (während wir das hier schreiben, ist es allerdings geschlossen, wegen Umbau, da befürchtet man natürlich das Schlimmste). Mehr als dass der Pirat Trelawney hier getrunken hat, ist auch vom Barmann nicht zu erfahren, der runzelt die Stirn und scheint das Thema satt zu haben. Immerhin finden wir nicht weit entfernt eine Gedenktafel für Trelawney, der wir entnehmen können, dass Edward John Trelawney, 1792–1881, Schriftsteller, Abenteurer und Freund von Shelley und Byron, zwölf Jahre in Usk verbracht, in diesem 1839 erbauten Haus gewohnt, sich dann aber in der Nähe ein neues gebaut hat. Interessant, zweifellos, aber dieser Trelawney wurde in England geboren und starb auch dort, und ein Pirat war er auch nicht. Die Einheimischen aber lassen nicht locker und verweisen darauf, der Trelawney aus der Schatzinsel sei gemeint. Der nun wieder war aber nicht aus Wales und auch kein Pirat, und als Vorbild hatte der Autor Robert Louis Stevenson (auch nicht aus Wales) angeblich Edward Trelawney genommen, der von 1738 bis 1752 Gouverneur von Jamaica war. Auch kein Pirat, aber er stammte immerhin aus Cornwall, wie sich das für einen Herrn dieses Namens gehört. Das mit den Piraten in Wales bleibt vorerst ein Mysterium, aber wir wissen ja schon, dass der walisische Robin Hood – s. Grund 101 – durchaus keine Lust hatte, die Reichen zu berauben und den Armen zu geben, und wegelagern wollte er lieber auch nicht, wieso sollten walisische Piraten da tun, was gemeinhin von Piraten erwartet wird? Bleiben wir in Usk, wo die Leute uns also was vom Pferd erzählen. Da das Royal Hotel also umgebaut wird, lohnt sich ein Besuch im Nags Head, einer alten Kutschstation, am Marktplatz Twyn Square gelegen, verwinkelt, mit Blumenkästen vor den Fenstern. Schon im 16. Jahrhundert wurde hier Reisenden zum Pferdwechsel ein köstliches Mahl serviert. Ob hier jemals Piraten waren, wollen wir nun gar nicht mehr wissen. Nag heißt »Gaul«, irgendwie uncharmant, und das Kneipenschild zeigt denn auch ein edles Ross, wie es einem walisischen Ritter wohl anstünde. Hier im Nags Head, das mit Gerichten aus der Region wirbt, gibt es auch endlich Kaninchen – also die pelzige Variante, nicht die aus Käse. Aber seit dem Besuch im Streichelzoo – s. Grund 27 – wirkt Kaninchenbraten weniger attraktiv denn je. Und im Nags Head wird auch eine hervorragende Porreesuppe mit walisischem Käse serviert! S. Grund 22.

17. Grund

Weil es in Wales wunderbare Hotels gibt

Einige davon sind in diesem Buch ja anderweitig erwähnt, das Central Hotel in Llanon, z.B., oder das Royal Hotel in Usk – s. Grund 16, aber das sind die alten, die mitten im Ort stehen, an den alten Hauptstraßen von Norden nach Süden (oder umgekehrt), und die noch heute ganz natürlich ein Sammlungsort im Ort sind. So schön und wichtig diese Hotels sind, es gibt dann noch die anderen. Wir erkennen sie an sehr englischen, oft dem Königshaus verbundenen Namen wie Clarence und Duke of York, oder Namen, die zeigen, dass sie vielleicht lieber nicht in Wales stehen würden, wie Esplanade oder Casino, sondern an der Riviera oder in Monte Carlo oder da jedenfalls, wo sich die mondäne Welt tummelt. Oder tummelte, als diese

Hotels gebaut wurden. Sie stammen meistens aus der Zeit um 1900, wurden von innen vielfach umgebaut, was wahre Irrgärten von Gängen und Treppen mit sich bringt. Die Fassaden aber sind grandios, man kann sich schon vorstellen, dass hier der Duke of York oder der von Clarence abgestiegen sind (sind sie aber nicht, solche Hochwohlgeborenen hatten ihre eigenen Häuser oder fuhren ohnehin gleich an die Riviera). Die Zimmer sind auch sehr unterschiedlich, die nach vorn gelegenen sind hell und geräumig und haben prachtvollen Blick aufs Meer (denn alle diese Hotels stehen in den damals in Mode kommenden Seebädern), die nach hinten gelegenen sind winzig und dunkel und zudem vollgestopft mit allem, was ein modernes Zimmer braucht, Dusche, Fernseher, irgendwie geht alles rein. Die Erklärung für diese Aufteilung ist einfach: Der obere Mittelstand, für den damals die Hotels errichtet wurden, brachte Dienstboten mit, und die wurden in die Kämmerchen gesteckt. Und weil damals dann insgesamt abgerechnet wurde, nicht per Zimmer, sind die Preise noch heute ziemlich gleich. Wenn man sich nicht auskennt oder sich nicht traut zu sagen, dass man aber unbedingt ein Zimmer nach vorn haben will, wird es sehr spannend: Wo wird man wohl untergebracht? Und man kann wunderbar lange in der Hotelbar herumsitzen und aufs Meer schauen und spekulieren, warum der wirklich nicht vornehmer oder reicher aussehende Reisegenosse einen Prachtraum mit Meerespanorama bekommen hat, man selbst, zum gleichen Preis, aber einen düsteren Schuhkarton mit Blick auf die Mülltonnen.

Und ach, die Hotelbars. Alles ist ein bisschen heruntergekommen, fadenscheinig, sorgsam repariert zwar, aber man sieht, das Hotel hat seine großen Zeiten hinter sich. Man fühlt sich wie in einem englischen Roman, in dem die Beamtenfamilie den Sommer zu Hause am Meer verbringt, um dem mörderischen Klima in den Kolonien zu entgehen. Und man kann sich auch vorstellen, dass ein Gast ermordet wird, dass sich ein anderer als zufällig im Hotel weilender Detektiv erweist und alle in die Bibliothek bittet, um den Mörder zu entlarven.

Eine Bibliothek gibt es allerdings nur selten, aber immer ein Regal mit zerlesenen Liebes- und Kriminalromanen, die im Laufe der Jahrzehnte die Gäste hinterlassen haben. In der Hotelbar eben.

So schildert die walisische Autorin Pamela Cockerill ein Hotel dieser Art, irgendwo an der Südküste: »Lucy gefiel das neue Hotel. Es war heruntergekommen und freundlich, und sie saßen in einem Wintergarten mit großen schmutzigen Fenstern. ... Es zog durch einen Spalt im Fenster des Zimmers, das sie sich teilen mussten, ganz oben, wo der schäbige graue Teppich in einen noch schäbigeren braunen überging. Niemand merkte sich ihren Namen, und nie lag die *Times* aus, immer nur Zeitungen mit unanständigen Fotos.«

Der letzte Satz muss dichterische Freiheit sein, solche Zeitungen haben wir in solchen Hotels noch nie gesehen.

Zurück zur Hotelbar, diesem wichtigen Sammelpunkt. Dort gibt es abends manchmal Unterhaltung – Bingo, oder einen Alleinunterhalter mit Hammondorgel, und wenn man ganz viel Glück hat sogar eine lokale Band mit einem schönen Namen wie Nashville Angels, der gleich auf das Repertoire hinweist. Dann darf sogar getanzt werden, aber das traut sich kaum jemand, und wenn sich doch jemand traut, geht ein Seufzen durch die Menge, und alle schauen betreten weg, damit niemand auf die Idee kommt, sie etwa aufzufordern. Am nächsten Morgen beim Frühstück schauen alle erst recht betreten weg, wenn also jemand irgendwen aufgefordert hat, als hätte man sich gegenseitig bei einem furchtbaren Fauxpas beobachtet.

Wenn man aber nicht tanzen will, sondern Bridge spielen, ist man hier total richtig, Bridgepartner werden immer gesucht. Nur: Vorsicht, hier haben wir es mit Leuten zu tun, die seit Jahrzehnten am Bridgetisch brillieren, ein aus Abenteuerlust in Castrop-Rauxel absolvierter Bridgekurs reicht einfach nicht. Wenn man sich in einem Hotel der Sorte Duke of York oder Esplanade nicht total unmöglich machen will, muss man schon sehr geübt sein!

Lesetipp: Pamela Cockerill: *Die siebte Welle*, in: *Sommermeerchen*, hrsg. Karoline Adler, DTV, 2014

18. Grund

Weil Wales so wunderbare Badeorte hat

Das mit den Badeorten ergibt sich sozusagen von selbst, bzw. wie so oft sagt ein Blick auf die Landkarte mehr als 1000 Worte: So viel Meer, so viele Buchten, so viele Sandstrände, so viele Geröllstrände, so viele Wiesen dicht am Meer, klar muss es in Wales wunderbare Badeorte geben. Die gibt es auch, weit mehr als 111 sogar. Aber dann gibt es auch noch andere, solche, wo irgendwas schiefgegangen ist, die aber trotzig darauf beharren, ein Badeort zu sein. Gwbert z.B, gelegen an der Mündung des Tyfi in Ceredigion. In Reisebüchern wird es oft als »Möchtegern-Badeort« bezeichnet, aber das sagt man besser nicht laut, wenn man dann dort ist, voller Neugier, weil man eigentlich noch nie in einem Möchtegern-Badeort war. Gwbert hat knapp unter 2000 Einwohner und keinen englischen Namen, auch auf Englisch wird das kymrische Gwbert benutzt. Der Name stammt von einem Heiligen, Cwbert eben, der im ganz frühen Mittelalter hier gelebt haben soll. Anders als seine sämtlichen Kollegen hat er aber nicht einmal die allerkleinste Kirchenruine hinterlassen, (also gibt es keine Wallfahrten und keinen Pilgerweg), jedenfalls nicht in Gwbert, sondern in Cornwall, ausgerechnet, auch das sagt man in Gwbert lieber nicht laut, da in Wales so ungefähr alle Einheimischen nichts unversucht lassen, um Reisenden Cornwall als Reiseziel auszureden, das nach dieser Darstellung die Hölle auf Erden zu sein scheint, bewohnt von Schurken und Betrügern, und dann noch Kornisch, diese alberne Sprache, die doch eigentlich nur ein heruntergekommenes Kymrisch ist … egal. Vergessen wir den Heiligen, über den auch sonst nichts bekannt ist.

Dass der Ort Gwbert ziemlich alt ist, beweisen archäologische Funde. Im Mittelalter scheint hier viel getöpfert worden zu sein, eine bestimmte Art von Irdenware heißt sogar »Gwbert Ware«; die in Gwbert hergestellten Gefäße sind körnig, ziemlich grob geformt und so gut wie nicht glasiert oder verziert. Beispiele sind im Cardigan Heritage Centre in der Stadt Cardigan zu sehen, aber hinterlassen keinen besonderen Eindruck. An berühmten Persönlichkeiten kann nur der Prediger Caleb Morris (1800–1865) genannt werden, der allerdings in London predigte und sein Haus in Gwbert nur ab und zu zu Erholungszwecken aufsuchte. 1911 wurde ein Krönungsfest für den englischen König George V. veranstaltet, der ließ sich jedoch nicht blicken, da es auch in London eins gab, wo er seine Anwesenheit für nötiger befand. Das war nun schon die Zeit, in der Gwbert Seebad wurde. Seebäder waren groß in Mode (s. Grund 17), nun wollten die Leute von Cardigan auch eins und entschieden sich für Gwbert. Ein großes Hotel wurde gebaut (das leider nicht mehr existiert), und alles wurde getan, um den Badebetrieb anzukurbeln. Nur eins hatten die Gründer übersehen: Gwbert liegt hoch oben auf einer Steilküste, und unten sind auf der einen Seite die Tyfi-Mündung, auf der anderen das Meer, und wenn man also die einzigen, sehr schmalen und steinigen, Badestellen erreichen will, muss man einen sehr steilen und unwegsamen Felspfad hinabkraxeln. Was in einem Land mit so vielen perfekten Naturstränden niemanden so recht verlocken kann, und wer kraxeln will, findet in der Nähe in den allgegenwärtigen Bergen jede Menge Möglichkeit dazu. Aber Gwbert hat anderes zu bieten, und deshalb gibt es heute wieder einige Hotels und einen großen Campingplatz. Die Aussicht ist spektakulär, in der Bucht tummeln sich Tümmler, Delfine, Wale, und gelegentlich wird sogar ein Riesenhai gesehen (auch ein Grund, aufs Baden zu verzichten). In den Felsen nisten Vögel, die in Wales ja wieder angesiedelten Greifvögel (s. Grund 99), viele Watvögel und Feldlerchen. Und trotz des Namens, der ja auf ganz andere Gegenden zu verweisen scheint, besonders wohl fühlt sich in Gwbert die in Europa selten gewordene Alpenkrähe. Dass es in Gwbert keinen Laden, keine Schule, keine Post und keine Kirche gibt, und dass nur äußerst selten ein Bus nach Cardigan fährt, ist da egal – und Speis und Trank gibt es schließlich auch in den Hotels.

19. Grund

Weil in Wales die Liebe durch den Löffel geht

Es gibt vielleicht ein walisischeres Souvenir als einen Liebeslöffel, Love Spoon oder Llwy Garu. Wenn Sie noch keinen gesehen haben: Das sind kunstvoll mit Schnitzwerk verzierte Holzlöffel, bisweilen so reich verziert, dass man sie wirklich nur noch an die Wand hängen und stumm bewundern kann, essen oder eine Suppe umrühren kann man damit nicht. Solche Löffel schnitzte also in früheren Zeiten der walisische Jüngling, um sie seiner Angebeteten zu überreichen. Natürlich liegt es irgendwie nahe, wenn man schon Holzlöffel hat, diese auch zu verzieren, und wenn einer besonders schön geworden ist, verschenkt man ihn. Folglich gibt es ähnliche Löffel auch in anderen Ländern, bekannt sind schöne Exemplare aus Schweden, aus den Sagas wissen wir, dass sich die Wikinger mit Löffelschnitzen die langen Winter vertrieben, und wenn wir uns in die Liebeslöffelforschung stürzen, stellen wir bald entsetzt fest, dass das älteste erhaltene Exemplar aus – Deutschland stammt, datiert wird es auf das Jahr 1664. So genau wollten wir das nun wirklich nicht wissen und wenden uns schnell wieder dem walisischen Liebeslöffel zu, dem Llwy Garu.

Es gibt diese Löffel zuhauf in walisischen Museen, doch leider haben die frühen Sammler sie offenbar nicht weiter wichtig genommen. Die Löffelsammlungen sind nicht datiert, die Löffel nicht nach Herkunft sortiert, wir können also nichts darüber sagen, ob es regional unterschiedliche Muster gibt. Wir wissen auch nichts darüber, von wem die Löffel einer Sammlung stammen – alle von demselben Schnitzer vielleicht, der ein großer Herzensbrecher war, oder so erfolglos, dass er es immer wieder mit einem neuen Löffel probierte, aber bei keiner Dame landen konnte. Das ist frustrierend, aber nicht zu ändern. Offenbar schien der schöne Brauch des Löffelverschenkens um die Wende zum 20. Jahrhundert so stark zurückzugehen, dass eifrige Sammler alles zusammenrafften, was sie kriegen konnten, ohne sich um die Archivierungsarbeit zu scheren. Und so klagt der Volkskundler Trefor M. Owens in einer Untersuchung über die Love Spoons: »Es gibt kaum einen walisischen Volksbrauch, über den wir so wenig wissen wie über das Verschenken von Liebeslöffeln.«

Allerdings sah es nur so aus, als ob der Brauch zurückginge, aus heutiger Sicht kann man sagen, dass er auf sein altes Niveau zurückfiel. Während des 19. Jahrhunderts gab es nämlich einen gewaltigen Aufschwung im Löffelschnitzen. Das hatte leider keine romantischen Gründe, sondern religiöse. Wales wurde damals von mehreren Wellen von Erweckungsbewegungen heimgesucht, Sekten breiteten sich aus und gewannen immer neue Anhänger, und wenn sie sich auch in der Auslegung der Heiligen Schrift hier und da unterschieden, so hatten diese oft pietistischen Sekten eins gemeinsam: So ungefähr alles, was Spaß machte, war verboten, Musik, Tanz, Kartenspiel, Nachtfreierei, die Liebe, der Leichtsinn, der Suff, alles sündhaft und damit untersagt. Zu Hause sitzen und einen schönen Löffel schnitzen, das durfte ein tugendhafter Jüngling aber doch noch, denn damit konnte er zeigen, dass er ein arbeitsamer Bursche war, und das konnte dann wiederum zu einem Verlöbnis führen und ein bisschen Frohsinn ins Leben bringen. Im frühen 20. Jahrhundert ließ der Einfluss der Sekten langsam nach, und neue Vergnügungen lenkten die bisher tugendhaften Jünglinge ab. Warum auch mühsam Löffel schnitzen, wenn man die Angebetete ins Kino einladen kann?

Aber in Wales werden weiterhin Liebeslöffel geschnitzt, wenn auch nicht nur zu Verführungszwecken. Eigentlich gibt es an jedem besseren Andenkenkiosk eine gute Auswahl, auch wenn es sich um eher schlichtere Modelle handelt – die wirklich kunstfertigen sind nicht zu bezahlen, und folglich werden sie für die große Liebe reserviert, oder sie werden beim entsprechenden Wettbewerb auf dem Eisteddfod (s. Grund 41) vorgeführt. Es gibt dabei unglaubliche Mengen von Verzierungen. Interessant ist, dass fast immer der eigentliche Löffelteil, Laffe genannt, schlicht bleibt, als sollte man mit dem Löffel auch dann noch Suppe essen können, wenn es eigentlich unmöglich ist – weil z.B. drei Laffen an einem mit vielen Figuren verzierten Stiel befestigt sind. Es gibt geometrische Verzierungen, aber auch Figuren, Männlein, Weiblein, Tierlein, Blumen, Ritter und holde Damen, edle Rösser, walisische Drachen, Schiffe, ach, es gibt einfach alles. Oft ist der Stiel mit Schnitzwerk versehen, aber die wahren elaborierten Ornamente sind darüber angebracht, an einer Art hölzernen Platte, an der der Stiel befestigt ist, sodass der Löffel gleich an die Wand gehängt werden kann. Interessanterweise ist selbst dann die Laffe glatt und schlicht. Eine Erklärung dafür kann nicht einmal der gelehrte Forscher Owens liefern.

Verschenken kann man so einen Llwy Garu immer, aber ein Tag bietet sich ganz besonders dazu an, nämlich der 25. Januar.

20. Grund

Weil Wales eine eigene Liebesheilige hat

Liebesgöttinnen kennen wir ja viele, Venus, oder Freya bei den alten Germanen, aber eine Liebesheilige? Die gibt es natürlich nur in Wales – und der gestrenge Papst Johannes Paul II. hat sie mit einem ganzen Haufen anderer wirklich nützlicher Heiliger aus dem Heiligenkalender gestrichen, aber zum Glück interessiert das niemanden, und die Heilige übt weiter – das bezeugen jedenfalls zuverlässige Gewährsleute – ihr wunderbares Handwerk aus.

Dwynwen war keine klassische Jungfrau und Märtyrin, aber doch fast. Es gibt eine Menge Geschichten über sie, genauer gesagt, viele Varianten der einen Geschichte, und die geht ungefähr so:

Angeblich war es im 5. Jahrhundert, und Wales war noch nicht einmal richtig christianisiert, da lebte also die schöne Dwynwen, und sie verliebte sich in den ebenso schönen Maelon Dafodrill. Aber es war wie tausend Jahre später mit Romeo und Julia, ihre Sippen waren verfeindet, und eine Heirat der beiden war ausgeschlossen, beide Väter hatten auch schon andere Verlöbnisse für die beiden arrangiert. Dwynwen, die aus einer christlichen Familie stammte, flehte Gott an, sie wieder zu entlieben, und floh in den Wald, um dem von der Sippe ausgesuchten unerwünschten Bräutigam zu entkommen. Maelon dagegen, der offenbar nicht inbrünstig genug gebetet hatte, wurde in einen Eisblock verwandelt, denn den könnte Dwynwen schließlich nicht lieben. Ihr erschien ein Engel, der ihr drei Wünsche freigab. Sie wünschte sich Folgendes: Maelon solle aufgetaut werden, Gott solle ihr gestatten, sich niemals zu verheiraten, und er solle ihr die Macht geben, unglücklich Liebenden zu helfen. Warum sie sich nicht gewünscht hat, Maelon doch noch heiraten zu dürfen, verraten die Heiligenchroniken nicht. Wir wissen auch nicht, was danach aus dem aufgetauten Maelon wurde.

Die drei Wünsche wurden erfüllt. Dwynwen begab sich auf eine namenlose kleine Insel bei der großen Insel Ynys Môn und baute sich dort eine Kirche, die den Namen Llanddwyn erhielt, also »Kirche der Dwynwen«. Die Insel, eigentlich eine bei Ebbe erreichbare Halbinsel, heißt heute ebenso. Die Ruinen der Kirche sind noch heute zu sehen. Angeblich ist Dwynwen dort auch begraben, aber ihr Grab ließ sich bisher nicht nachweisen. Es gibt dort auch einen Brunnen, in dem heilige Fische schwimmen, deren Flossenschläge angeblich die Zukunft der um Hilfe bittenden Paare voraussagen können (wir konnten nicht herausfinden, wie das funktioniert). Wenn das Wasser im Brunnen ins Sieden gerät, wenn man hineinschaut, kann man mit Glück in der Liebe rechnen.

Wie mit vielen Bräuchen ging es auch mit dem St.-Dwynwen-Kult im Laufe der Jahrhunderte auf und ab, aber es ist natürlich klar, dass einer so dringend notwendigen Heiligen nicht einmal die Reformation etwas anhaben konnte. Gegen Ende des 19. Jahrhunderts sah es allerdings so aus, als werde ihr der frisch aus dem Nachbarland importierte Valentinstag den Rang ablaufen. So weit kam es zum Glück nicht. Am 25. Januar ist St.-Dwynwen-Tag, der Dydd Santes Dwynwen, und seit einigen Jahren steigt seine Beliebtheit unaufhörlich. Das Bwrdd yr Iaith Gymraeg oder Welsh Language Board ist daran nicht unschuldig. Im Jahre 2003 ließ es 50.000 Gratiskarten zum Tage in den Filialen einer Supermarktkette verteilen, verbunden mit Vorschlägen, wie der Tag begangen werden könnte. Karten verschicken, klar, einen Singles-Abend im lokalen Pub arrangieren, in selbigem Pub selbst verfasste Liebesgedichte vortragen. Eine kleine Pilgerfahrt zur Insel Llanddwyn wäre ja auch nicht verkehrt, aber man sollte vielleicht bis zu den Sommermonaten warten. Und dann findet man, wie gesagt, bei Ebbe den Weg nach Llanddwyn gleich hinter dem Dorf Newborough im Nordosten von Anglesey.

Die touristische Website Visit Wales rät ebenfalls von Pilgerfahrten bei eisiger Kälte ab und schlägt vor, stattdessen vor einem warmen Kaminfeuer einen romantischen Liebeslöffel zu schnitzen und dabei die verführerischste Unterwäsche zu tragen, die man überhaupt hat, »just in case«.

21. Grund

Weil Wales sein ganz eigenes Labskaus hat

Das walisische Labskaus hat natürlich auch einen walisischen Namen: Lobsgaws! In Wörterbüchern finden wir die Erklärung, dieses Wort sei aus dem Norwegischen übernommen, in norwegischen Wörterbüchern (denn auch in Norwegen gibt es Labskaus, das genauso heißt!) heißt es, das Wort stamme aus dem Niederdeutschen, und dort nun wieder wird nach Norwegen verwiesen, was es ursprünglich bedeutet, scheint niemand zu wissen. Egal. Das walisische Labskaus hat absolut keinerlei Gemeinsamkeiten mit dem deutschen, schmeckt aber genauso gut – und es wird angedichtet! Hier ist ein schönes Labskausgedicht der Schriftstellerin und Theaterfrau Ness Owen, die auf der Insel Ynys Môn lebt:

Lobsgaws	Lobsgows
Nain is boiling the bones of	Nain kocht die Knochen
some unfortunate creature	irgendeines unbekannten Geschöpfs
on tip toes I peer into	auf Zehenspitzen luge ich in
the shineless pot	den glanzlosen Topf
blue and smooth they	blau und glatt hüpfen
bob up and down like	sie auf und ab als ob
they're fighting for their	sie um die letzte
last chance to escape	Fluchtmöglichkeit kämpfen
She says I'm as deep as	Sie sagt, ich sei so tief
the ocean when I ask	Wie der Ozean, als ich frage
what animal they're from	von welchem Tier sie stammen
lifts my chin with warm	hebt mein Kinn mit warmen
crooked fingers	krummen Fingern
there are some things	es gibt Dinge
we don't need to know	die wir nicht wissen müssen
at the window I watch	am Fenster sehe ich zu
steam drops falling	wie Dampftropfen fallen
stopping some half-	auf halber Strecke innehalten
way like I'm their god	als wäre ich ihre Göttin
she quietens me in a	sie lässt mich verstummen in einer
language of side-glances	Sprache aus Seitenblicken
with onions carrots,	Mit Zwiebeln, Möhren,
rwdan she silences the pot.	Rwdan bringt sie den Topf zum Schweigen.

Die kymrischen Wörter im Gedicht: Nain = Oma, rwdan = Steckrübe, und Lobsgows = natürlich Labskaus.

Und hier ein echtes Lobsgows-Rezept!

Man nehme (das soll für zwei Portionen reichen!):

- 1 Möhre (oder ein Stück Steckrübe, wenn man bei dem Gedicht von Ness Owen bleiben will),
- zwei mittelgroße Zwiebeln,
- 5 mittelgroße mehlige Kartoffeln oder so viele Kartoffeln wie möglich (dann reicht es auch für mehr als zwei Portionen)
- 300 Gramm Lammfleisch, egal, welches, allerdings gibt es noch extra feinen Geschmack, wenn ein Knochen dabei ist, sehr viel frisch gemahlenen schwarzen Pfeffer, eine Prise Salz, zwei Spritzer Worcestersoße, einen Brühwürfel (es darf sogar Maggie sein, auch wenn manche Leute das anders sehen!)

Zubereitung:

- Zwiebeln, Möhre und Kartoffeln schälen und klein schneiden, in den Topf geben.
- Das Fleisch in mundgerechte Stücke schneiden und überflüssiges Fett abtrennen.
- Die Fleischstücke auf beiden Seiten in einer Bratpfanne leicht anbräunen, dann in den Topf geben. Wenn ein Knochen dabei ist, diesen nach der halben Kochzeit entfernen.
- Heißes Wasser in den Topf gießen, den zerkrümelten Maggiewürfel dazugeben und zum Kochen bringen. Salz und Pfeffer hinzufügen.
- Auf mittlere Hitze stellen, den Deckel auf den Kopf legen und das Lobsgows für 1 ½ bis 2 Stunden köcheln lassen. Ab und zu umrühren, damit es nicht am Topfboden klebt oder anbrennt. Wenn Kartoffeln und Möhre richtig mehlig sind und das Fleisch weich und zart, dann ist das Lobsgows fertig.
- In Teller füllen, servieren. Und den Geschmack von Wales genießen!

Mwynhewch eich bwyd! (Und das heißt: Genießen Sie Ihre Mahlzeit).

22. *Grund*

Weil es in Wales ungeheuer leckere Suppen gibt

In Wales wird zwar wie überall auch nur mit Wasser gekocht, aber eben auch mit Porree. Dicke Untersuchungen sind verfasst worden über die walisische Liebe zu diesem Gemüse, das inzwischen ganz offiziell neben dem Drachen zum walisischen Wappentier Nr. 2 avanciert ist. Aber Genaues weiß man nicht, die einen bringen Heilkundige aus dem Mittelalter ins Spiel, wie die Ärzte von Myddfai (s. Grund 87), die im Porree medizinische Wirkung entdeckt hatten, die anderen verweisen auf den Heiligen David, der vor einem Kampf gegen die Angeln riet, die Waliser sollten sich Porreestangen an die Mützen stecken, um sich gegenseitig zu erkennen und sich folglich nicht gegenseitig niederzumetzeln.

Wir wissen ja, das ging nicht gut aus, die Angeln sahen ihrerseits nun sofort, wen sie niedermetzeln sollten, und wurden also nicht aus Britannien vertrieben. Der Beliebtheit des Porrees tat das keinen Abbruch. Das hier ist eine Suppe, die in keinem walisischen Kochbuch fehlt!

Cawl Cennin â Hufen (sahnige Porresuppe)

Man nehme:

- 1 ½ Pfund in Stücke geschnittene Porreestangen
- 50 g Butter
- 1 grob geschnittene Sellerieknolle
- 1 ½ l Hammelbrühe (geht aber auch mit jeder anderen Brühe, nicht einmal Gemüsebrühwürfel richten Schaden an)
- 25 g gehackte Petersilie
- Salz und Pfeffer, 1 Prise Muskat
- ¼ l Sahne

Zubereitung:

- Gemüse in der Butter anbräunen, Brühe dazugeben, eine Stunde köcheln lassen
- Durchsieben oder pürieren, noch einmal aufwärmen und die Petersilie einrühren
- Abschmecken, unmittelbar vor dem Servieren die Sahne dazugeben

Diese Suppe ist einfach ein Hit auf allen Festen, zu denen die Gäste etwas mitbringen sollen. Wenn ein paar mehr Gäste mitessen wollen, als vorherberechnet, kann man die Suppe mit geriebenem Käse bestreuen. Es muss dann natürlich ein walisischer Käse sein, am besten ein Cheddar!

23. Grund

Weil Wales Nachtischland ist

Jetzt haben wir schon Suppe und Hauptgericht vorgestellt, genauer gesagt, sogar zwei Hauptgerichte, fehlt das Dessert. Aber Nachtische gibt es in Wales viele, Pudding in jeder Form, Kuchen, oft mit viel Obst, und diese wunderbare Eiercreme namens Curd – aber dazu liefern wir hier kein Rezept, man braucht unendlich viel Geduld und Übung, um es richtig zu machen und zu verhindern, dass durch den Obstsaft alles gerinnt und klumpt und ekelhaft aussieht, nein, das lassen wir. Lieber etwas, was auch sehr gut schmeckt, wo man aber nichts falsch machen kann. Nämlich einen walisischen Brotpudding, offizieller Name: ***Maidd yr Lâr!***

Man nehme:

- ½ Liter Milch
- 1 Teelöffel Ingwerpulver

- Je eine Prise Muskat und Zimt
- Die geriebene Schale einer Zitrone
- 4 geschlagene Eier
- 75 g Zucker
- 6 dünne Scheiben dick mit Butter bestrichenes Weißbrot

Zubereitung:

- Milch erwärmen, Ingwer, Zimt und Muskat hineinrühren
- Die Zitronenschale hineingeben, eine Stunde ziehen lassen
- Milch über Eier und Zucker gießen
- Umrühren und durchsieben
- Eine mit Butter ausgestrichene Pudding- oder Auflaufform mit den Brotscheiben auslegen. Die Milchmischung darübergießen und alles eine Stunde einweichen lassen
- Mit Backpapier bedecken
- 45–60 Minuten in den Backofen stellen
- Auf Teller verteilen und mit süßer Zitronensoße übergießen.

Klingt doch köstlich, nicht? Und wir schwören, es ist köstlich, und wie gesagt, man kann nichts falsch machen.

3. Kapitel

König und Kaninchen – lebendige Vergangenheit

24. Grund

Weil man in Wales heute noch auf den Spuren von König Artus wandeln kann

Oder auch nicht, denn wie man so schön sagt:
Anoeth byd bet y Arthur – Ein Geheimnis der Welt ist Artus' Grab

In einem der ältesten mittelalterlichen walisischen Gedichte, den *Englynion y Beddau* (Strophen der Gräber), lesen wir, dass niemand weiß, wo Artus begraben liegt. Das hat zu der Sage geführt, dass er irgendwo schläft und darauf wartet, dass er seine Landsleute, die Briten, aus größter Not retten wird. Wer weiß, ob der Brexit diese Notlage herbeibringen wird! In der walisischen Folklore befindet er sich in einer Höhle in Snowdonia – oder in den Bergen in der Nähe des Balasees – und es heißt, dass ein Bauernjunge diese Höhle entdeckte. Da lag Artus, von den Rittern der Tafelrunde umgeben. Da lagen auch Gold, Silber und Juwelen, aber als der Junge sie berührte, wurde einer der Ritter wach. »Ist es Zeit?«, fragte er. »Nein«, stotterte der Junge und lief weg. Da schlief der Ritter wieder ein. Als der Junge am nächsten Tag versuchte, die Höhle wiederzufinden, konnte er keine Spur davon sehen. Und leider ist es auch niemand anderem gelungen, unseren Nationalhelden zu finden oder zu wecken.

Es gibt natürlich Akademiker, die verneinen, dass Artus je existiert hat. Sie weisen darauf hin, dass es fast keine zeitgenössischen Dokumente gibt, die Artus erwähnen, und auch dass es keine archäologische Beweise für sein Dasein gibt – außer natürlich der Fund seines Grabes in Glastonbury im 12. Jahrhundert, was wohl eine fromme Fälschung der Mönche war. Sie betonen, dass Geoffrey of Monmouth, dessen lateinische »Geschichte der Könige Britanniens« schon zu seiner eigenen Zeit als ein Haufen Lügen entlarvt war, vieles, wenn nicht alles, selbst erfunden hat. Dagegen können wir anführen, dass die Geoffrey-kritischen Historiker nicht halb so erfolgreich und beliebt waren wie er. Glücklicherweise brauchen wir nicht auf diese staubtrockenen Theorien einzugehen. Es gibt auch Verrückte, die glauben, Artus habe in ihrem Garten gelebt – oder die sich sogar für seine Reinkarnation halten. Wir wollten uns da lieber auf das Greifbare beschränken, das heißt, auf die Orte, die Artus nach walisischer Tradition besucht hat. Der Llyn Barfog liegt in den Bergen hinter Aberdyfi am Südrand des Snowdonia Nationalparks. Hier soll Artus dem Afanc [ein Wassermonster, das entweder wie ein Krokodil oder wie ein Biber aussah] begegnet sein. Auf seinem treuen Ross Llamrai reitend gelang es ihm nach langem Kampf, den Afanc zu töten, weshalb dieser die Umgebung nicht mehr verwüsten konnte. Der Beweis für die Wahrheit dieser Geschichte ist in der Nähe des Sees zu finden: Llamrais Hufabdruck in einem Stein! In der Artussage waren Seen immer wichtig: Artus hat sein Schwert Excalibur von der Herrin des Sees empfangen, und das Schwert musste nach seinem Tod in den See zurückkehren. Aber in welchen See? In Wales weiß man das ganz genau. Nur dass dieses genaue Wissen sich auf verschiedene Seen bezieht: Ist es Llyn Dinas? Llyn Ogwen? Llyn Llydaw? Alle drei in Snowdonia. Oder könnte der See in Bosherton, Pembrokeshire sein? Ist es überhaupt wichtig? Alle haben ihren eigenen Artus in Gedanken und im Herzen und lokalisieren ihn in ihrer eigenen Nähe. Manchmal ist es aber nur ein Fall von Volksetymologie: Seit dem Mittelalter wurde in dem Ortsnamen Caerfyrddin der kymrische Name, Myrddin, Merlin, gesehen. Wie wir aber wissen (siehe Punkt 63), hieß die kleine romano-britische Siedlung Moridunon, wobei Mor »Meer« bedeutet.

Die meisten mit Artus assoziierten Orte sind entweder natürliche Erscheinungen oder archäologische Stätten. Zum Beispiel, auf dem Gipfel des Snowdon, *yr Wyddfa* [Ruheplatz oder Begräbnisstätte], soll Artus Rhitta Gawr [dem Riesen Rhitta] begegnet sein. Rhittas Ziel im Leben war es, einen Mantel aus den Bärten seiner Feinde weben zu lassen – und das heißt wohl, fast aller Männer, die ihm über dem Weg liefen. Das letzte Stück sollte der Bart des Artus sein. Leider wollte Artus seinen Bart behalten, er nahm sein Schwert und schlug Rhitta mit einem Hieb entzwei. Danach begrub er Rhitta unter einem großen Steinhaufen – und den sehen wir, wenn wir heute dem Pfad von Llanberis zum Gipfel folgen.

Eine ähnliche Geschichte wird in Ruthin erzählt: Da gibt es einen großen Stein, den Stein des Hueil. Hueil vab Caw war ein Bruder des Historikers und später auch Heiligen Gildas. Er hatte dem Artus eine Geliebte ausgespannt (denn Artus wurde erst in späteren Texten keusch und zurückhaltend), was Artus sehr ärgerte. Es kam, wie immer, zum Kampf – Hueil verletzte Artus am Knie, doch sie versöhnten sich unter der Bedingung, dass Hueil die Wunde nie erwähnen würde. Später verkleidete Artus sich als Frau, um ein Mädchen in Ruthin zu besuchen. Er tanzte mit ihr, aber Hueil, der zufällig vorbeikam, erkannte Artus und sagte: »Du könntest viel schöner tanzen, wenn du ein heiles Knie hättest.« Eine solche Gemeinheit konnte Artus nicht hinnehmen. Er schleifte Hueil vor Gericht und ließ ihn auf einem Steinblock enthaupten, der bis heute Maen Hueil (Hueils Stein) heißt.

Viele vorgeschichtliche Dolmen tragen den Namen Coetan Arthur (Wurfring des Artus): zwei in Anglesey, drei in Gwynedd, drei in Pembrokeshire und einer in Carmarthenshire. Sie stehen wohl dort, weil niemand anders sie heben und werfen konnte. Ähnlich verhält es sich mit vielen Wallburgen aus der Eisenzeit wie zum Beispiel Moel Arthur (Hügel des Artus): Nachweislich bewohnt war der Hügel schon in der Bronzezeit. Auf Anglesey gibt es auch den Bwrdd Arthur (Tisch des Artus): diese Wallburg ist ziemlich groß und enthält einen Kalksteindamm, der teilweise aussieht wie eine Reihe von Sitzplätzen – es sind also die Stühle von Artus und seinen Rittern.

In der Römerzeit gibt es kleine Siedlungen wie Caer Gai (Burg des Cai, der Keye des klassischen Artusromans) in Meirionydd. Caer Gai wird in den Artusromanen des Mabinogion erwähnt, vielleicht wegen einer frühen Verbindung mit dem beliebten Keye. Artus hielt bekanntlich gern Hof in Caerllion ar Wysg. Und zwar fortlaufend, für sieben Ostern und fünf Weihnachten …

So fängt die Geschichte von Geraint ab Erbin im Mabinogion an. Und Caerllion ist auch Artus' Hofsitz in der Geschichte von Owain ab Urien. Dieses Caerllion ist das heutige Caerleon, wo sich (s. Grund 63) die größte militärische Siedlung der Römer in Wales befand. Die Ruinen, die bestimmt im Mittelalter viel umfangreicher waren als heute, obwohl sie für ihr Alter von fast 2000 Jahren noch imponierend genug sind, haben bestimmt die einheimische Bevölkerung beeindruckt. Und ohne einen modernen Sinn für Archäologie haben sie sich wohl gefragt, wer hier gewohnt haben mag. Die Antwort liegt auf der Hand – König Artus. Hier im Amphitheater haben seine Ritter geübt und getoastet, hier in den großen Gebäuden hat er gewohnt, und hier in den Bädern hat er sich gewaschen.

Im Süden von Snowdonia, am Rand des Dorfes Corris Uchaf, des zweitnässesten Ortes in Wales (und in Wales regnet es viel), sieht man ein Schild: King Arthur's Labyrinth. Wenn man der Verlockung nachgibt, findet man etwas ganz Besonderes. Wir wollen aber lieber gleich, dass selbst der fiktive Artus nie hier war. Jedoch gibt es hier in einem stillgelegten Schieferbergwerk eine Touristenattraktion, die einen Besuch wert ist. Die Gäste werden in einem Kahn durch einen überfluteten Stollen in eine riesengroße Höhle gebracht – und die Höhlen, woraus der Schiefer abgebaut wurde, sind so groß wie eine Kathedrale. Hier werden Geschichten aus dem Mabinogion und der walisischen Überlieferung erzählt, begleitet von einer imponierenden Ton- und Lichterschau, die mit einem sintflutähnlichen Wassersturz endet. Für Kinder (und für manche Erwachsene) ist es eine magische Erfahrung. Und es gibt auch den Nebengenuss, dass die Dyfi Distillery (siehe Grund 30) ganz in der Nähe ist. Etwas für alle!

25. Grund

Weil in Wales die Kaninchen so ganz anders sind

Auf vielen Speisekarten in Wales findet man Welsh Rarebit. Oh ja, denkt man: Rare heißt »selten«, rarebit muss also »Leckerbissen« bedeuten, etwas ganz Besonderes. Und so ist es auch. Nur dass der Name ursprünglich eher eine Beleidigung war. Im 18. Jahrhundert, als dieses Gericht zuerst schriftlich erwähnt wird, heißt es ausschließlich Welsh Rabbit (walisisches Kaninchen) – damit wollte man sagen, dass die primitiven Waliser so arm waren, dass sie sich nicht einmal das billige Kaninchenfleisch kaufen konnten und sich mit diesem bescheidenen Käsegericht zufrieden geben mussten. Wenn man eine zweisprachige Speisekarte hat, sieht man die Wahrheit: Auf Kymrisch heißt es caws pob, was eigentlich »gekochter Käse« ist.

Aber wie wird diese Delikatesse zubereitet? Wir leben in einem Zeitalter der Gastronomie, mit Michelin-Sternchen und anderem Unsinn, und natürlich wollen die Sterneköche alles aufpeppen und mit haarsträubend ausgefallen Zutaten modernisieren, aber wir ziehen die Rezepte vor, die von mancher *Nain* (Oma) an ihre Enkelkinder überliefert wurden. Ein Beispiel:

Man nehme:

- 225 g starken Käse, ein guter Caerphilly oder ein walisischer Chester, geraspelt
- 1 großes Ei, leicht geschlagen
- 2 Esslöffel Bier – nicht Pils, eher Schwarzbier in Deutschland, oder Guinness, den Rest der Flasche kann man während des Kochens trinken. Abstinenzler können hier Milch benutzen.
- 1 Teelöffel Worcestersauce
- 1 Teelöffel Senf
- Pfeffer nach Geschmack
- Brot nach Wahl zum Toasten

Zubereitung:

- Einen gehäuftem Esslöffel des geraspelten Käses beiseite legen. Den Rest mit Ei, Bier (oder Milch), Worcestersoße, Senf und Pfeffer mischen.
- Das Brot auf einer Seite durchtoasten, und dann auf der anderen leicht toasten.
- Das Brot auf der leicht getoasteten Seite mit der Mischung bestreichen (man kann auch zuerst Butter nehmen).
- Grillen, bis der Käse schmilzt. Sofort auftischen.

Geheimtipp: Im Schloss Harlech gibt es ein neues Café, wo man nicht nur hervorragendes Caws Pob bekommt, sondern auch atemberaubende Aussichten auf das Schloss und die Berge von Snowdonia hat (wenn es nicht regnet, natürlich).

26. Grund

Weil walisische Kaninchen auch sonst lauter Überraschungen bieten

Wir wissen jetzt also, dass walisische Kaninchen aus Käse sind. Das war schon Überraschung genug, aber es gibt auch noch die anderen, die wuschelige Sorte mit Fell, und auch die haben es in sich. Zunächst liegt auf der Hand, dass Wales ein Kaninchenland ist, bei den vielen Tunneln! Und weil es ein Bergwerksland ist, hielten viele Kumpelfamilien sich Kaninchen, irgendwo hinter dem Haus war doch selbst in den engen Zechensiedlungen Platz für einen Stall, und so kam man ein seltenes Mal doch in den Genuss von einem kleinen Braten. Gegessen werden Kaninchen heute in Wales eher selten, jedenfalls nicht solche, die zur Familie gehören (in den feinen Restaurants bekommt man ab und zu welche, aber die sind dann aus besonders edler Zucht). Aber gezüchtet und als Haustiere geliebt werden sie noch immer. Alle walisischen Lokalzeitungen haben ihre Kaninchenspalten, es gibt Unmengen von Foren im Internet, wo Kaninchenfans ihre Erfahrungen austauschen, es gibt Facebookgruppen, und eine kurze Umfrage ergab, dass die derzeit beliebteste Kaninchenrasse die Mini Lops sind, die auch auf Deutsch so heißen. Ganz weit abgeschlagen landen »Rhinelander«, die ursprünglich wirklich aus dem Rheinland kommen, in Deutschland aber total in Vergessenheit geraten sind, wie ein Rhinelanderzüchter der zutiefst getroffenen Interviewerin (Rheinländerin!) mitteilen musste. Richtig heimisch in Wales ist eigentlich gar keine Kaninchenrasse; Zoologen behaupten jedenfalls, es habe vor 1066 in Wales keine gegeben, die Normannen hätten sie mitgebracht. Burgen und Kaninchen, das ist also das Vermächtnis der Normannen in Wales. Das erklärt vielleicht, warum in der ganzen reichhaltigen mittelalterlichen kymrischen Literatur keine Kaninchen auftreten.

Wenn wir heute über das Leben und Treiben der Kaninchen in Wales lesen, ergibt sich kein klares Bild. Epidemien der gefürchteten und zwischenzeitlich für ausgestorben gehaltenen Kaninchenpest Myxomatose werden aufgeführt, die die Kaninchenpopulationen in einigen Gegenden von Wales gewaltig dezimiert haben – andererseits machte das Dorf St. Fagans bei Cardiff Schlagzeilen, weil sich die überlebenden Kaninchen von Wales dort offenbar ein Stelldichein gaben und »sich vermehrten wie die Kaninchen«, so ein irritierter Bewohner. Man könne nicht in den Garten gehen, ohne von Kaninchenscharen angestarrt zu werden, die deutlich der Ansicht seien, das sei ihr Territorium, auf dem Zweibeiner nichts zu suchen hätten. Aber in den Garten gehe man ohnehin nicht mehr gern, da die Kaninchen alle Blumen weggefressen hätten. Einige Nachbarn schafften sich deshalb Plastikblumen an, aber auch die wurden von den Kaninchen angeknabbert, dann zwar als nicht genießbar verworfen, aber schön sehen sie dann nicht mehr aus. Nur eine Frau aus St. Fagans äußert sich sehr zufrieden: Die Kaninchen hätten allen Löwenzahn von ihrem Rasen weggefressen, und Löwenzahn konnte sie noch nie leiden. Den von den Kaninchen terrorisierten Menschen kommt niemand zu Hilfe. Kaninchen gelten nicht als Schädlinge, deshalb lacht die staatliche Schädlingsbekämpfung nur höhnisch, wenn jemand aus St. Fagans einen Einsatz verlangt. Man könnte natürlich eine private Schädlingsbekämpfungsfirma anheuern, aber das ist teuer! Und wer weiß, vielleicht sind es ja ganz seltene Kaninchenrassen, die unter Artenschutz stehen! Der Heilige Ffagan (Fagan ist die englische Namensform) wird manchmal als Apostel Britanniens bezeichnet, schon im 2. Jahrhundert kam er nach Wales, um die heidnischen Einheimischen zu bekehren. In der Nähe von St. Fagans gibt es einen nach ihm benannten Brunnen, dessen wundertätiges Wasser angeblich gegen die Fallsucht hilft. Wieso die Kaninchen das alles so anziehend finden, ist bisher ungeklärt.

»Kaninchen« heißt auf Kymrisch *cwningod*, was absolut nichts mit dem englischen *rabbit* zu tun hat. Ein gelehrtes Werk mit dem Titel *Abhandlungen zur Naturgeschichte, Physik und Oekonomie* aus dem Jahre 1779 teilt mit, »das Blut der Ochsen, Schafe und Kaningen besteht aus Kügelgen, die mit den Blutkügelgen der Menschen in allen, auch in der Grösse übereinstimmen: folglich scheinen diese Kügelgen die Materie, welche das Blut roth färbt, zu sein.« Das ist interessant zu wissen, vor allem sehen wir am Beispiel *cwningod/Kaningen*, dass Kymrisch und Deutsch viel enger miteinander verwandt sind, als viele meinen.

27. Grund

Weil man in Wales Kaninchen besuchen kann

Wenn man erst einmal angefangen hat, sich für walisische Kaningen zu interessieren, findet man so schnell kein Ende. Dass sie auf Caldey am Pfingstmontag gejagt werden (s. Grund 88), nehmen wir eher missbilligend zur Kenntnis, die armen Tiere. Aber wenn man

Lokalzeitungen auf Kaninchenanzeigen durchsieht, stößt man neben Tipps zur Haltung, Gesuchen nach Kaninchen besonderer Rassen, dem Angebot, reizende Tiere in gute Hände abzugeben, immer wieder auf den Hinweis: Dwyfor Rabbit Farm, die hätten nämlich gern Besuch. Nie von der Dwyfor Rabbit Farm gehört, aber die Website verrät, dass es sie schon seit den 80er-Jahren gibt. Und Farm ist nicht ganz richtig, wir würden wohl eher von einem Streichelzoo sprechen. Es gibt dort allerdings eine Menge Kaninchen, aber es gibt auch Lämmer, Pfauen, Fasanen, Enten, Strauße, Ziegen, Alpacas und sogar Kängurus. Die Frage, was Kängurus und Alpacas in Wales zu suchen haben, liegt uns ja auf der Zunge, aber da wir nun wissen, dass die Kaninchen auch noch keine tausend Jahre dort heimisch sind, schlucken wir sie herunter. Und es macht einfach Spaß, Kinder lieben den kleinen Zoo, und sie dürfen wirklich streicheln, Lämmer mit der Flasche füttern, solche Dinge. Sie lernen aber auch, dass die Tiere von selbst kommen müssen, kein Tier wird gezwungen, sich streicheln oder füttern zu lassen. Wenn man gerade kein Tier vor sich hat und mal was anderes sehen möchte, schaut man aufs Meer oder zur Burg hinüber, wir sind ja in Wales, wo Meer und Burg nie weit weg sind. Falls man Probleme mit lebenden Tieren hat, aber doch ein bisschen streicheln möchte, gibt es auch eine riesige Auswahl an Stofftieren.

Es gibt auch ein gemütliches Café, das Caffi Yr Efail. Dort gibt es Baguettes, Panini, Sandwiches, natürlich Kaffee und Tee und Milch und Saft und eine reiche Auswahl an hausgemachten Kuchen und Suppen. Was es nicht gibt, sicher mit Rücksicht auf die Nerven der namensgebenden Tiere, ist Welsh Rabbit in irgendeiner Form.

Gelegen ist die Dwyfor Rabbit Farm übrigens unweit von Cricieith im idyllischen Ort Llanystumdwy (s. Grund 34). Wenn Sie also gerade dort im Tŷ Newydd weilen, um den großen Roman der 20er-Jahre zu verfassen, haben Sie hier den perfekten Ort zum Ausspannen und Inspirierenlassen.

28. Grund

Weil es in Wales die besten italienischen Eisdielen gibt

Dieser Grund klingt vielleicht zuerst kurios – wieso sollen wir in Wales Eis essen? Regnet es da nicht immer? Und bei der wunderbaren walisischen Küche (Porreesuppe! Welsh Rarebit!), sollen wir auch noch Eis essen? Aber es regnet ja gar nicht andauernd, das haben wir nun schon klargestellt, und Eis geht doch immer? Also, die italienischen Eisdielen und wie sie nach Wales kamen. Genau wie überallhin, durch Auswanderung aus Italien eben. Die ging schon im frühen 19. Jahrhundert los, im Zuge der Industrialisierung. In den bitterarmen ländlichen Regionen Italiens sprach es sich herum, dass in Wales Bergarbeiter gesucht und gut bezahlt würden. Die meisten kamen aus der Gegend um Bardi in der Emilia Romagna. Holz aus den Wäldern dieser Region wurde nach Wales verschifft und zu Stützvorrichtungen in den Bergwerken verarbeitet, und die Kunde von den Arbeitsmöglichkeiten in Wales reiste mit den leeren Schiffen zurück und sprach sich langsam herum. Die Bezahlung war dann aber doch nicht so traumhaft, die Arbeit war hart und gefährlich, und so bot es sich doch fast an, ein kleines Restaurant aufzumachen? Die Kumpel mussten schließlich essen, die eigenen Landsleute freuten sich über einen kulinarischen Gruß aus der Heimat, das ist kurz gesagt die Entwicklung. Eine Volkszählung des Jahres 1903 nennt 430 Italiener in der Gegend von Cardiff, der italienische Konsul allerdings hielt diese Zahl für weitaus untertrieben und rechnete mit etwa 1000. Dazu kamen Drehorgelspieler und Maronenverkäufer, die nicht fest in Wales lebten, sondern durch die Lande zogen. Der erste italienische Eismann in Wales war Giacomo Bracchi, der (natürlich) aus Bardi kam. Es gibt sogar ein Musical über ihn, geschrieben 1996 von Emyr Edwards, auf Kymrisch. Später wurde es ins Englische und ins Italienische übersetzt, aufgeführt bisher wurde aber nur die kymrische Version.

Das Musical beginnt mit einer Szene in einem Café in Bardi, die sicher typisch war. Jemand hat gehört, dass es in einem Land namens Wales, das irgendwo hinter England liegt, Gold gibt, und dass Leute gebraucht werden, die dieses Gold aus dem Boden holen. Dass das Gold schwarz ist und Kohle genannt wird, geht im allgemeinen Jubel unter. Danach erleben wir, wie der junge Giacomo nach Wales reist und zum Eiscremekönig wird. Seine Eisdielen wurden zu einem solchen Erfolg, dass »Bracchi« eine Zeit lang in Wales als Bezeichnung für ein Eiscafé üblich war. Warum in Wales ein solcher Eisboom ausbrach, ist noch nicht richtig erforscht. Weil es köstlich schmeckt, das ist natürlich die nächstliegende Erklärung. Ein Grund waren aber offenbar auch die vielen gestrengen Sekten, bei denen so ungefähr alles verboten war, was Spaß macht. Eis aber nicht, das gab es ja noch nicht, als die Sektengründer ihre Regeln ersannen. Und auch bei den nicht ganz so strengen Protestanten war es doch verpönt, sonntags in die Kneipe zu gehen (falls die überhaupt offen hatte), aber die Eisdiele? Ein gottgefälliges Vergnügen für die ganze Familie.

Weil so viele frühe Einwanderer aus derselben Region kamen, war es zunächst leicht, Beziehungen zur weiteren Verwandtschaft und den alten Nachbarn in Italien beizubehalten, und das sicherte dann den Nachschub. Wollte sich der alte Bracchi zur Ruhe setzen, konnte die Cousine aus Bardi garantiert eine Großnichte oder einen Patensohn der Nachbarstochter schicken, und die Kontinuität blieb gewahrt.

Das klingt nach einer wundervollen Erfolgsgeschichte, aber ganz so einfach war es nun doch nicht. In den 20er-Jahren kam es zu allerlei Zerwürfnissen in der italienischen Gemeinde in Wales – Flüchtlinge aus Mussolinis Italien trafen auf Verwandte, die den Duce ganz toll fanden und nichts mit Leuten zu tun haben wollten, die das anders sahen. Nach Beginn des Zweiten Weltkriegs wurden alle Italiener in Wales festgenommen, Antifaschisten, Mussolinifans und ganz und gar unpolitische Eisverkäufer, die noch gar nicht so richtig begriffen hatten, wer nun gegen wen Krieg führte. Zusammen mit deutschen Einwanderern, Flüchtlingen und Nazis wurden sie in Lager gesperrt. Damit die »feindlichen Ausländer« nicht auch vom Lager aus Unruhe stiften könnten, wurde beschlossen, sie nach Übersee zu schaffen. Am 2.7.1940 wurde das Transportschiff Arandora Star auf dem Atlantik von einem deutschen Torpedo versenkt, 865 Menschen kamen ums Leben (vor allem eben italienische und deutsche Internierte und Kriegsgefangene). Es gibt Gedenkstätten in Bardi und in der St. Davids-Kathedrale in Cardiff.

Eine in walisischen Sammlungen gern nachgedruckte Erzählung (*The Pattern* von Rhian Roberts, einer Autorin, über die offenbar so gut wie nichts bekannt ist) schildert die Stimmung in einem walisischen Dorf vor der Tragödie der Arandora Star. Der eigentlich beliebte Cafébesitzer Mr Bracchi ist festgenommen worden, jetzt möchten die Leute aus dem Dorf ihre patriotische Gesinnung zeigen und beschließen, im Café die Fenster einzuwerfen. Ein kleiner Junge, der nicht begreift, wozu das gut sein soll, wird belehrt: Das sind Ausländer, Katholiken, bei denen weiß man ja nie! Er begreift zwar noch immer nicht, was das für ein Grund sein soll, greift aber auch zu einem Stein. – Diese Stimmung änderte sich nach dem Untergang der Arandora Star allerdings, und die Italiener, die noch auf freiem Fuß waren, wurden weitgehend in Ruhe gelassen.

Nach dieser Tragödie dauerte es mindestens ein Jahrzehnt, bis die Einwanderung aus Italien wieder in Schwung kam, aber die alten Eisdielen hatten überlebt. Dann aber ging es in Italien wirtschaftlich bergauf, mit der Kohleindustrie ging es auch in Wales bergab, und die nachbarschaftlichen Verbindungen zu erhalten geht über lange Zeiträume eben doch nicht so einfach. Nach 1980 gab es deshalb viel weniger Einwanderung nach Wales, und viele der alten Eisdielen machten dicht, weil niemand sie übernehmen mochte, oder sie wurden zu walisischen Imbissbuden, wo zwar Tee und Toast angeboten wurden, aber weder ein Tiramisù noch ein schöner starker Espresso.

Aber einige gibt's noch, eigentlich sogar überraschend viele. Hier sind einige Tipps, italienische Eiscafés in Wales, entweder noch immer im Familienbesitz oder im Sinne der ursprünglichen Besitzer fortgeführt!

- Sidoli's Ice Cream in Ystrad Mynach
- Verdi's in Mumbles
- Parisella's in Conwy
- Fecci's in Tenby
- Carpanin's Café in Treorchy

(und das muss doch erwähnt werden: Giovanni's Restaurant in Cardiff ist zwar keine Eisdiele, sondern ein richtig teurer Edelitaliener, aber von vertrauenswürdigen Gewährsleuten haben wir gehört, dass kein Geringerer als Tom Jones dort zu den Stammgästen zählt!)

Buchtipp zum Thema: Giancarlo Gemin: *Café Morelli*. Königskinder Verlag, 2017

29. Grund

Weil walisisches Mineralwasser total hip ist

Stellen Sie sich vor, die europäische Lederschwulenszene macht ein großes Treffen in ihrer Stadt, und die bei Ihnen einquartierten, von weither angereisten Teilnehmer erklären Ihnen voller Überzeugung: Derzeit gibt es nur ein einziges Mineralwasser, das ein Mensch mit Selbstachtung trinken kann. Was erwarten Sie dann? Vermutlich eher kein Wasser aus Wales. Aber besagtes Wasser kommt von dort und hat den wohlklingenden Namen Tŷ Nant. Das heißt übersetzt einfach »Haus am Bach«, und wir sehen daran, dass es ursprünglich nicht von hippen Marketingdesignern benannt worden ist. Es gibt dieses Wasser auch noch nicht lange – na ja, zweifellos gibt es das Wasser schon seit Jahrtausenden, aber entdeckt wurde die in der Nähe von Bethania in Ceredigion erst 1976. Von einem – wir sind in Wales, wo immer ein Hauch Mystik mit ihm Spiel ist – Wünschelrutengänger, den ein Bauernehepaar angeheuert hatte, in der

Hoffnung, eine bessere Wasserversorgung für ihren Hof zu bekommen. Was ja nun geschah, genauer gesagt, den Hof brauchten sie dann vielleicht bald gar nicht mehr, denn die Karriere des Tŷ Nant geheißenen Wassers war märchenhaft. Ab 1989 kam dieses Wasser in den typischen blauen Flaschen auf den Markt, und 30 Jahre nach Entdeckung der Quelle ist es das meistverkaufte britische Mineralwasser! Inzwischen gibt es als Pendant zu den blauen Flaschen auch rotes Tŷ Nant – das ist die Variante ohne Kohlensäure! Die Flaschen sind schön anzusehen, eignen sich, wenn sie leergetrunken sind, wunderbar als Blumenvase. Es schmeckt auch gut – allerdings auch nicht viel anders als Gerolsteiner Sprudel. In Bethania gibt es inzwischen eine hochmoderne neue Abfüllanlage – untypisch für Wales: Mal schnell ein Glas im Vorübergehen trinken kann man dort nicht!

Es gibt übrigens, und vermutlich werden die hippen Leute sich bald darauf stürzen, ein weiteres edles Mineralwasser aus Wales: Llanllyr Water (vor allem beliebt ist Llanyr Tonic Water, zum Mischen von Drinks, es gibt aber auch Tafelwasser mit und ohne Kohlensäure). Ferran Adria, Chefkoch im El Bulli in Katalonien, schwört darauf und serviert es in seinem Restaurant (wohl eines der teuersten in der Welt).

30. Grund

Weil Wales Gin-Land ist

Der Mensch lebt bekanntlich nicht vom Wasser allein, »so ein Gin, der geht noch rin« (Robert Gernhardt), und darauf müssen Sie sich gefasst machen, wenn Sie nach Wales reisen. Der Grund ist nicht ganz klar, aber das ehemals mit Herzoginnen und Offizieren in den Kolonien assoziierte Getränk ist plötzlich das heißeste vom Heißen – in Wales, wohlgemerkt. Wo anderswo jedes Dorf plötzlich sein eigenes Craft Beer braut, schießen in Wales die kleinen Destillen wie Pilze aus dem Boden. Alle walisischen Bekannten fühlen sich verpflichtet, die Gäste in die nächstgelegene und am nächsten Tag in die übernächstgelegene zu führen, und auf diese Weise vergehen die Tage in einem angenehmen Nebel. Es wird eigentlich auch nicht erwartet, dass man bewundernd vor den Apparaturen steht; sich hinzusetzen und die Ware zu kosten, das ist der Sinn der Sache. Die neuen Ginsorten haben schöne Namen, Anti-A-Gin z.B., diesem Gin werden Kräuter beigemischt (Kamille, Brennnessel, Koriander, Engelwurz und Zaubernuss!), die das frühe Altern verhindern sollen, aber das stimmt nicht, ein Blick in den Spiegel nach ausgiebigem Testen beweist das.

Es gibt Gin-Marmalade (Marmalade im englischen Sinn, also bittere Apfelsinenmarmelade), die wirklich schmeckt wie Gin mit einem Schuss O-Saft, man hat das Gefühl, schon zum Frühstück Gin zu trinken, ohne dass es irgendwer merkt. In der Nähe von Hay-on-Wye (s. Grund 36) wird der Gin mit angeblich besonders feinem Mineralwasser hergestellt, das aus dem Naturschutzgebiet Brecon Mountains stammt. Und sogar Öko-Gin gibt es, behauptet jedenfalls die Herstellerfirma, die mit Whiskey angefangen hat – Whiskey assoziiert man ja eher nicht mit Wales, aber es gibt einige wenige walisische Whiskeysorten. Damit man nicht merkt, vermutlich, dass man walisischen Whiskey vor sich hat, nennt sich die Destille »Dá Mhíle«, was Irisch ist und »2000« bedeutet. Die machen also nun Öko-Gin, der zweifellos auch sehr gesund ist. Und nicht nur die Destillen schießen wie Pilze aus dem Boden – auch die Gin-Festivals, seit einigen Jahren gibt es ein Gin-Festival in Cardiff und eins in Swansea, aber nun ziehen die ländlichen Regionen nach, und im Mai 2019 gibt es erstmals das Mid-Wales Gin Festival. Wenn Sie aber nach so viel Gin Abwechslung wünschen, empfehlen wir das Gin and Vodka Festival in Cardiff!

Gin and Tonic wird in Wales so gemischt: Eine Lage Gin ins Glas, eine Lage Tonic, eine Lage Gin, eine Lage Tonic, eine Lage Gin – immer so weiter, je nach Größe des Glases, die oberste Schicht muss

Gin sein. Dadurch kann der Gin seine Wirkung richtig entfalten, und der lästige Tonicgeschmack nimmt nicht überhand. Man kommt sich allerdings ganz schön blöd vor, wenn man nach dem dritten G & T höflich einen weiteren ablehnt, weil es ja erst 17 Uhr ist und man noch einige Stunden durchhalten muss – und wenn die 87-jährige Gastgeberin sich den vierten mischt und verachtungsvoll sagt: »Ihr Continentals könnt aber wirklich nichts vertragen!«

4. Kapitel

Land und Literatur – eine ganz besondere Reise

31. Grund

Weil Wales seine Literatur wirklich fördert

Literatur aus Wales hat es nicht ganz leicht in der Welt, schon gar nicht, wenn sie auf Kymrisch geschrieben worden ist – aber auch Literatur auf Englisch geht leicht unter, verschwindet neben der übermächtigen englischen Literaturszene, und dann gibt es ja auch die ziemlich gewaltige aus Irland (Sie wissen schon, der Blick auf die Karte). Dass ausgerechnet nach Wales noch nie ein Literaturnobelpreis gegangen ist, spricht ja auch Bände (s. Grund 38). Aber es wird viel geschrieben in Wales – das liegt auf der Hand, ein Land, das durch die Artussagen die gesamte Weltliteratur geprägt hat, stellt die Produktion ja nicht einfach ein. Es gibt alles – Theaterstücke, Lyrik, Sachbücher, Romane, Kurzgeschichten, Krimis, Kinderbücher, auf Kymrisch und auf Englisch. Aber diese Bücher müssen nun in die Welt hinaus, und da ist es gut, ein Literaturbüro im Rücken zu haben. Das walisische Literaturbüro heißt Cyfnedwalen Lên Cymru, oder, ganz prosaisch, auf Englisch Wales Literature Exchange. Beheimatet ist es in Aberystwyth, der »inoffiziellen Hauptstadt von Wales«, wie es auf der Website heißt, und die Aufgabe des Büros und der dort Arbeitenden ist es, walisische Literatur in die Welt hinauszubringen und Autoren, Übersetzer und Verlage zusammenzubringen. Auf diese Weise ergeben sich vielfältige Aufgaben. Ein Verlag aus Deutschland z.B. möchte wissen, ob es denn in Wales gerade wunderbare historische Romane gibt, das Büro schickt Empfehlungen los. Ein der EU unterstelltes Institut gibt eine Literaturzeitschrift heraus, das Büro liefert einen Essay über Literatur auf Kymrisch. Ein Verlag irgendwo findet eine kymrische Gedichtsammlung wunderbar und würde sie gern in Übersetzung herausbringen, nur, wer soll übersetzen – das Büro schüttelt eine passende Übersetzerin aus dem Ärmel. Und wenn der Verlag dann alles durchgerechnet hat und traurig feststellen muss, dass die Produktion dann doch seine Mittel übersteigt, kann das Büro lächelnd sagen: Keine Sorge, für können auch einen Zuschuss zu den Übersetzungskosten besorgen.

Um das alles bewerkstelligen zu können, müssen die Menschen, die bei Cyfnedwalen Lên Cymru arbeiten, wie sie selbst sagen, »ein Fenster zwischen Wales und der Welt« sein. Das heißt, sie müssen unglaublich gut im Netzwerken sein, sie müssen Kontakte in aller Welt pflegen, auf Buchmessen zugegen sein und ab und zu einmal mögliche Interessierte nach Wales einladen. Um dann dort, z.B. im Rahmen eines Literaturseminars, Autorinnen, Übersetzer, Verlagsleute und vielleicht auch Presseleute, die in ihren Ländern positiv über Literatur in Wales schreiben können, zusammenzubringen.

Auf der Website kann man sich über neue Übersetzungen informieren, z.B., dass soeben Werke von R. S. Thomas (s. Grund 38) auf Katalanisch und Slowenisch erschienen sind. Man erfährt allerlei über neue Bücher, interessante Autorinnen und Autoren, neue Verlage in Wales – und über Möglichkeiten, Wales zu besuchen und an Seminaren teilzunehmen. Und solche persönlichen Treffen sind immer besonders witzig und lehrreich, immer ergeben sich daraus neue Buch- oder Zeitschriftenprojekte, aber es kommt auch zu wunderbar absurden Situationen, die vielleicht dann wiederum in einer Geschichte auftauchen werden.

Der Schauplatz: eine gesellige Zusammenkunft, als das Seminar eigentlich schon zu Ende ist, die Gäste aus vielen Ländern sind noch da, halten ihr Glas in der Hand und plaudern fröhlich miteinander. Ein walisischer Gast indes hat etwas auf dem Herzen. Er findet, jetzt, da Kymrisch wieder Schulfach ist und alle Straßenschilder zweisprachig sind, könnte es auch reichen. Mehr Sprachenkampf sei nicht nötig, und größere Autonomie brauche Wales wahrlich nicht. Er merkt wohl, dass er nicht unbedingt bei allen Anwesenden auf enthusiastische Zustimmung trifft, lässt den Blick in die Runde schweifen und bei einer deutschen Übersetzerin anhalten. »Sag du«, verlangt er dann mit gebieterischer Stimme. »Was würdet ihr denn in Deutschland sagen, wenn Bayern sich plötzlich für unabhängig erklärte?« – »Dann«, sagt die deutsche Übersetzerin aus ehrlicher Überzeugung, »würden wir alle mindestens eine Woche lang vor Freude sturzbesoffen durch die Straßen torkeln.« Der Mann verstummte und sprach für den Rest des Festes kein Wort mehr mit mir, aber lustig war es trotzdem. Wie alle Veranstaltungen, die das Cyfnedwalen Lên Cymru arrangiert.

32. Grund

Weil Shakespeare sich von Wales inspirieren ließ

Man muss zugeben, dass nicht alle Engländer anti-walisisch sind. Ein gutes Beispiel ist William Shakespeare: Obwohl die Waliser in seinen Dramen furchtbar viel reden, werden alle außer dem aufrührerischen Glendower (Owain Glyndŵr, s. Nachwort) in *Heinrich IV, Teil 1* sehr positiv porträtiert.

Da Glendower die Stabilität des Königreichs gefährdete, musste er in sehr negativem Licht gezeigt werden – er wurde als selbst ernannter Erbe der druidischen Tradition präsentiert, der vorgibt, magische Kräfte zu besitzen. Sein Gegenüber ist sein Komplize, der pragmatische Engländer Hotspur, der sich über ihn lustig macht:

Glendower: Ich rufe Geister aus der wüsten Tiefe.
Hotspur: Ei ja, das kann ich auch, das kann ein jeder.
Doch kommen sie, wenn Ihr nach ihnen ruft?

Trotzdem wird Glendower auch respektvoll behandelt: Als Hotspur ihn wegen seiner kymrischen Sprache beschimpft, antwortet er ganz würdevoll:

Hotspur: So macht, dass ich Euch nicht versteh':
Sagt es auf Wäl'sch!
Glendower: Ich spreche englisch, Herr, so gut wie Ihr,
Ich wurde ja an Englands Hof erzogen,
Wo ich in meiner Jugend zu der Harfe

Manch englisch Liedlein lieblich fein gesetzt
Und so der Zunge reiche Zier geliehn;
Und solche Gabe sah man nie an Euch.

Gut gegeben, da Hotspur aus Nordengland stammt und wegen seines northumbrischen Akzents bestimmt von den Höflingen verspottet wird.

Interessant ist auch, dass in dieser Szene Glendower und seine Tochter miteinander »Wäl'sch« sprechen: in den zeitgenössischen Aufführungen haben sie entweder Unsinn geredet, was kaum wahrscheinlich ist, da es in London so viele Leute gab, die Kymrisch verstanden, oder es gab Schauspieler in Shakespeares Umgebung, die Kymrisch konnten, oder mindestens aussprechen konnten.

Anders als Glendower kann Sir Hugh Evans, der Pfarrer und Schulmeister in *Die Lustigen Weiber von Windsor*, kaum als Praktikant der Sprache des königlichen Hofes gesehen werden. Selbst in der deutschen Übersetzung kann man das sehen, wo der Übersetzer manche der Merkmale der walisischen Aussprache nachgeahmt hat:

Evans: It is petter that friends is the sword and end it; and there is also another device in my prain, which peradventure prings goot discretions with it.

Evans: Viel peßer, wann Freunde tas Schwert sein und es enden; und ta kommt mir noch andrer Einfall in tie Ketanke, ter, wann's klückt, keteihliche Konvenienzen mit sich pringt.

Evans ist einer, der keine zwei Wörter benutzt, wenn es auch mit zehn geht:

Evans: Hier sein drei Schiedsrichter in tieser Sachen, soviel ich's pekreife; tas sein Herr Page, *fidelicet* Herr Page; und tas sein ich selper, *fidelicet* ich selper; und tann sein das tritte Part letztlich und peschließlich mein Herr Wirt vom Hosepand.

Er ist aber eine sympathische Figur, die versucht, Frieden zu stiften, und in der letzten Szene, zusammen mit seinen Schulkindern als Feen verkleidet, Falstaff quält, was zu einer der besten komischen Zeilen Shakespeares führt:

Falstaff: Heavens defend me from that Welsh fairy, lest he transform me to a piece of cheese! (vgl, was über Welsh Rabbit in Grund 25 gesagt wird)

Falstaff: O Himmel! schütz mich vor dem welschen Kobold,/ Daß er mich nicht verhext in ein Stück Käse.

Diese Figur mag wohl auf Thomas Jenkins basieren, dem walisischen Schulmeister in Stratford-on-Avon, wo Shakespeare möglicherweise in seiner Jugend als Hilfslehrer arbeitete; noch ein Grund, warum er freundliche Erinnerungen an Waliser hatte.

Der beste von allen ist aber Fluellen in *Heinrich V.* Shakespeare wollte zeigen, wie unter Heinrich V. alle Länder Britanniens zum allgemeinen Wohl zusammenarbeiteten (oder arbeiten sollten). Daher stellte er vier typische Personen dar: Gower, der vernünftige Engländer; Jamy, der tüchtige Schotte; MacMorris, der jähzornige Ire; und Fluellen, der wortreiche, aber im Grunde solide Waliser.

Der Name Fluellen ist ein Versuch, das kymrische Llewelyn auf Englisch nachzuahmen, da es für Nicht-Waliser schwierig ist, das »ll« auszusprechen (vgl. Grund 5). Es gab sogar 1592 und 1595 einen Fluellen unter den Stratforder Bürgern.

Fluellen ist teilweise eine komische Figur. Erstens wegen seiner Aussprache und des Missbrauchs des Englischen: Er sagt »Alexander the Pig«, worauf Gower antwortet, dass es »Alexander the Great« sein sollte. Dann Fluellen: »Is not pig (d.h. big) great?« (Der Witz geht in der deutschen Übersetzung verloren, wo es »Alexander der Preite/Große« heißt.)

Zweitens wegen seiner weitschweifigen Reden:

Fluellen: Ja, ich denke, es ist in Mazedonien, wo Alexander gepohren ist. Ich sage Euch, Kapitän, wenn Ihr in die Karten der Welt hineinseht, so stehe ich dafür, Ihr werdet bei den Vergleichungen zwischen Mazedonien und Monmouth finden, daß die Lagen, versteht Ihr, von beiden gleich sein. Es befindet sich ein Fluß in Mazedonien, und es befindet sich gleichfalls außerdem ein Fluß zu Monmouth. Zu Monmouth heißt er Wye; aber es will mir nicht in den Kopf fallen, wie der Name des andern Flusses ist; aber es kommt auf eins heraus, es ist sich so gleich, wie diese meine Finger meinen Fingern, und es geben Lachse in beiden.

Die Tudor-Dynastie, die in England zu Shakespeares Zeiten herrschte, versuchte, (s. Grund 51) politisches Kapital aus ihrer walisischen Herkunft (obwohl – oder gerade weil – sie auf krummen Wegen zur Krone gekommen waren) zu machen, ein Konzept, das Shakespeare in diesem Stück schmeichelnd erwähnt:

Fluellen: Eure Majestät sagt sehr wahr; wenn Eure Majestäten dessen erinnerlich sein, die Welschen taten guten Dienst in einem Garten, wo Lauch wuchs, und trugen Lauch auf ihren Monmouther Mützen, welches, wie Eure Majestät weiß, bis auf diese Stunde ein ehrenvolles Feldzeichen ist, und ich glaube, Eure Majestät verschmähn es nicht, das Lauch auf Sankt Davidstag zu tragen.

König Heinrich: Ich trag es als denkwürdiges Ehrenzeichen: Denn ich bin welsch, Ihr wißt es, guter Landsmann.

Und später zwingt Fluellen Pistol, den ehemaligen Gefährten Falstaffs, eine rohe Porreestange zu essen, was seine Standhaftigkeit und seinen Mut beweist.

Das letzte Wort kann man dem König überlassen, der in diesem Fall wohl als Shakespeares Sprachrohr gelten kann:

König Heinrich: Erscheint es gleich ein wenig aus der Mode,
Der Welsche hat viel Sorgsamkeit und Mut.

33. Grund

Weil in Wales selbst ein Kongress zum Abenteuer wird

Jedes Wort in dem hier folgenden Bericht ist wahr, nur haben wir (bis auf den Namen des schottischen Sängers) Orts- und Personennamen, Buchtitel und alles andere geändert, damit sich niemand übergangen fühlen kann.

In Wales gehört zu jeder Mahlzeit Porree, das steht in jedem Kochbuch, und angeblich hat schon der Heilige David beim Predigen bisweilen mit einer Porreestange gewunken. Und so staunt man, wenn es ein Essen ohne Porree gibt, noch dazu in einem Hotel und ganz offiziell, bei einem Kongress. Es gab eine Suppe, es gab Hammelfleisch mit Minzsoße, was ja eigentlich wunderbar ist, aber die anderem am Tisch meinten, es schmecke wie typisch englische (nicht walisische!) Internatskost. Dann gab es einen undefinierbaren Nachtisch. Beim Essen wurden Reden gehalten, es wurden Gedichte vorgetragen. Ein rätoromanischer Lyriker rezitierte seine, das aber nicht auf Rätoromanisch, was doch eine klangvolle Sprache ist, sondern auf Englisch, noch dazu in eigener Übersetzung, und sein Englisch war ungefähr so schrecklich wie das bei den Ansagen in der Deutschen Bahn. Das Englisch des Rätoromanen war so bizarr, dass alle darüber vergaßen, den Nachtisch zu untersuchen. Und es gab nichts zu trinken. Genauer gesagt, es gab pro Gast zwei Glas Wein (0,1) und ein Glas Wasser (0,2). Aber wir waren ja im Hotel, sollten wir da nicht nachbestellen können?

Solange der Rätoromane seine satanischen Verse vortrug, ließ sich kein Kellner sehen (denn in Wales wird die Dichtkunst schließlich geehrt, auch wenn sie es eher verdient hätte, geteert und gefedert zu werden). Ein irischer Kollege erspähte dann aber doch einen Kellner, der zaghaft um die Ecke spinxte, und bat um eine Flasche Mineralwasser. Das Wasser kam – nach langer Zeit –, und wir packten den

Kellner und verlangten Wein. Der Wein kam – nach langer Zeit – zusammen mit der Rechnung für das Wasser. Unser irischer Freund studierte die Rechnung stirnrunzelnd und sagte dann: »Nie im Leben!« Bei edlem alten Maltwhiskey sei der Preis angemessen gewesen, aber nicht bei einer Flasche Tŷ-Nant-Wasser. Eingeschüchtert zog sich der Kellner zurück, nie erfuhren wir, was der Wein gekostet hätte, zu trinken gab es nun endgültig nichts mehr.

Noch am selben Abend rief der Dichter Caradoc Gruffudd an. In der walisischen Literatur gilt er als kommender Mann, und sein Romanzyklus *Môr-Leidyr tân hwyl an ddraig* (»Korsar unter Drachensegel«) wird gerade in mehrere Dutzend Sprachen übersetzt.

Caradoc Gruffudd wollte uns vom Kongress weglocken und zum Essen einladen, wir könnten auch bei ihm übernachten. Begeistert sagten wir zu. Am nächsten Morgen rief er wieder an und wollte geringfügige Änderungen im Programm vorschlagen, Einladung ja, übernachten auch, aber ob wir nicht das Essen mitbringen könnten? Er könne nämlich gar nicht kochen, und außerdem habe er böse Nachrichten erhalten, die in Wein ertränkt werden müssten. Abermals sagten wir zu; die Vorstellung, irgendetwas in Wein zu ertränken, fanden wir nämlich gerade unwiderstehlich.

Wir kauften Lammfleisch, Kartoffeln und Spinat (denn wir wollten ausprobieren, wie lange man in Wales ohne Porree überleben kann). Fuhren zu Caradoc Gruffudd in das idyllische Dorf Tre Taliesin (wo der berühmte Dichter Taliesin geboren wurde). Bekamen ein Glas Wein und noch eins und noch eins und hörten voller Entsetzen, dass der erste Roman der Serie nun in Hollywood verfilmt werden soll, doch die unselige Produktionsfirma hat die Hauptrolle Pierce Brosnan angeboten – kein Wunder, dass wir noch ein Glas brauchten (jeder vernünftige Mensch weiß doch, dass die Figur des edlen Korsaren dem schottischen Sänger Josh MacRae nachempfunden ist!).

Wir tranken dann zur Beruhigung noch einen.

Dann beschlossen wir, Essen zu machen. Kartoffeln wurden geschält, Porree in fingerbreite Stücke geschnitten, Butter zerlassen,

Lammfleisch gesucht … und dann kam uns ein grauenhafter Verdacht, den die weitere Suche schließlich bestätigte: Das Lammfleisch lag zu Hause bzw. im Kongressquartier!

Wir gaben Kartoffeln und Porree in einen Kochtopf und tranken zum Trost noch ein Glas Wein – und immerhin, kein Fleisch, aber auch keine Lyrik! Caradoc Gruffudd jedoch fühlte sich in seiner Ehre als Gastgeber getroffen, zu Unrecht, schließlich gebot er doch über ganze Heerscharen von Weinflaschen! Er durchwühlte seine Speisekammer und fand schließlich einen Apfelstrudel aus dem Supermarkt, in Alufolie gepackt, eine halbe Stunde im Backofen und fertig ist das Schmankerl. Kartoffeln, Porree, Apfelstrudel, ein Dessert, über das sich sicher selbst der Heilige David gefreut hätte.

Vor Freude tranken wir noch einen, zählten alle schrecklichen Rollen von Pierce Brosnan auf, hörten eine alte LP von Josh MacRae, aßen Kartoffeln mit Porree und freuten uns auf den Apfelstrudel, weil wir im Grunde alle noch schrecklichen Hunger hatten. Um uns die Wartezeit zu verkürzen, entkorkte der Gastgeber noch eine Flasche. Und dann wurde die Idylle jählings durch beißenden schwarzen Rauch ruiniert. Vorbei war's mit dem Apfelstrudel! Aber es gab noch genug zu trinken, und so wurde es noch ein wunderbarer, lehrreicher und typisch walisischer Kongressabend!

34. Grund

Weil man in Wales in ganz besonderen Häusern schreiben lernen kann

Das ist jetzt ein bisschen übertrieben. Häuser, die Schreibkurse anbieten oder in denen Autorinnen und Übersetzer eine Weile in Ruhe arbeiten und ihresgleichen treffen können, gibt es natürlich in vielen Ländern – aber ein solches Haus, das einst der Wohnsitz eines britischen Premierministers war, gibt es nur in Wales. Der

Premierminister, von dem hier die Rede ist, ist David Lloyd George (1863–1945), der dieses hohe Amt von 1916 bis 1922 innehatte, er wurde zwar in Manchester geboren, aber das eher durch Zufall, er fühlte sich als Waliser und wurde als Waliser betrachtet. An seinem Haus in Llanystumdwy in Nordwales (in der Nähe von Cricieth, einer der dramatischsten Burgen in Wales) teilt eine Gedenktafel mit, er habe »die irische Frage gelöst« und »den Frauen das Wahlrecht gegeben«. Wobei ja noch die Frage ist, ob die Teilung Irlands eine so gescheite Lösung war, und seine Landsfrau Rachel Barrett (s. Grund 105) würde höhnisch lachen, schließlich mussten sich die britischen Frauen das Wahlrecht mühsam erkämpfen und waren oft genug sauer auf Lloyd George, der ihnen immer wieder Unterstützung zusagte und ihnen dann in den Rücken fiel. 1913 wurde übrigens sein im Bau befindliches Landhaus von der Suffragette Emily Davison in die Luft gesprengt. Das war allerdings ein anderes als das, um das es hier geht. Von seinem prominenten Bewohner sind nur noch ein paar Möbelstücke übrig, wir können ihn eigentlich getrost vergessen, sowie wir sein Haus betreten haben. Es heißt eher langweilig Tŷ Newydd, »Neues Haus« (vielleicht als Erinnerung an das in die Luft gesprengte?), und ist wunderschön gelegen, mit Bergen auf der einen und Meer auf der anderen Seite. Es sieht aus wie einem Film über Leid und Liebe einer britischen Landadelsfamilie entsprungen, aber auch wieder nicht zu protzig, einfach zum Wohlfühlen. Das Haus stammt aus dem 15. Jahrhundert und war ursprünglich ein großes Fachwerkhaus. Es wurde in den folgenden Jahrhunderten vielfach um- und ausgebaut und erhielt seine heutige Gestalt im 18. Jahrhundert. Als Lloyd George dort wohnte, wurde es umfassend renoviert und mit prachtvoll verzierten Fenstern versehen. Verantwortlich für diese Veränderungen war der ausgeflippte Architekt Clough Williams-Ellis, den wir aus Portmeirion kennen (s. Grund 80). In den 60er-Jahren, dem Jahrzehnt der furchtbaren Bausünden, wurde es zu Ferienwohnungen umgebaut – aber schon 20 Jahre später ging allen auf, was für ein Frevel das gewesen war, und es wurde mit öffentlichen Mitteln in den vorherigen Zustand zurückversetzt. Seit 1990 ist es also ein Schriftstellerhaus.

Es gibt dort Tageskurse, auf Kymrisch und Englisch, es gibt Wochenendkurse und längere Kurse zu allen Themen, die mit kreativem Schreiben zu tun haben. Schulklassen kommen oft zu Tageskursen, um mehr über Schreiben und Stilfragen zu lernen. Bei längeren Kursen wohnt man im Haus, kann sich in der Küche selbst verpflegen oder in den Kneipen der Umgebung speisen. Man kann Tŷ Newydd auch mieten, wenn man selbst einen Kurs geben oder ein großes Familienfest feiern möchte. Das ist allerdings nicht ganz billig. Leider sind auch die Kurse oder das Wohnen nicht umsonst, Es gibt zwar eine Menge Zuschüsse und Stipendien, aber die kann man nur bekommen, wenn man in Wales wohnt. Nach Wales übersiedeln, im Tŷ Newydd den großen Roman der 20er-Jahre schreiben und zur Bestsellerautorin werden, was für ein Zukunftsplan!

35. Grund

Weil es in Wales interessante Verlage gibt

Natürlich gibt es in Wales mehr als drei Verlage, aber die können wir nicht alle vorstellen, und diese drei sind deshalb besonders interessant, weil sie sich auf walisische Literatur beschränken – also Bücher über Wales, oder geschrieben von AutorInnen, die aus Wales stammen oder dort leben.

Da haben wir zuerst den Seren Verlag, Seren bedeutet Stern, aber trotz des kymrischen Namens bringt Seren nur Bücher in englischer Sprache. Auf seiner Website bezeichnet Seren sich als führenden unabhängigen Verlag in Wales und weist darauf hin, dass viele ihrer Bücher in England und den USA bedeutende Literaturpreise gewonnen haben. Sie wollen die walisische Kultur fördern, sich davon inspirieren lassen und diese Kultur auch weitertragen. Der Verlag ist zu finden in Bridgend an der Südküste von Wales, auf Kymrisch heißt der Ort Pen-y-Bont ar Ogwr, das bedeutet auch nur »Ende der Brücke über den Ogwr«, der Ogwr heißt auf Englisch Ogmore und ist der Fluss, der durch den Ort fließt. Seren gibt es seit 1981. Es ist nicht immer ganz klar, den walisischen Aspekt der Bücher zu finden, eins z.B. verheißt ganz neue Skandale aus dem Leben von Richard Wagner – doch man fragt sich nachher, was in Bridgend für langweilige Zustände herrschen müssen, wenn das so skandalös sein soll. Demnach war Wagner nämlich in seine Stieftochter Daniela von Bülow verliebt und sehr erleichtert, als sie, damals 18, beschloss, erst mal einige Zeit bei ihrem biologischen Vater Hans von Bülow zu verbringen. Wagner atmete auf, als sie abgereist war, denn nun konnte er sich wieder aufs Komponieren konzentrieren, und es bestand keine Gefahr, dass er Daniela seine Gefühle gestehen und den Familienfrieden durcheinanderbringen könnte. Viel aufregender – und walisischer – geht es dagegen zu in der bisher zehn Bände umfassenden Sammlung *New Stories from the Mabinogion*. Zehn bekannte Autorinnen und Autoren aus Wales nehmen sich jeweils eine Geschichte aus der mittelalterlichen Epensammlung *Mabinogion* vor und versetzen die Handlung in die heutige Zeit, oder sogar noch weiter in die Zukunft, denn in einem Band wird die Handlung sogar auf den Mars verlegt!

Der Verlag Y Lolfa ist beheimatet in Talybont, was »Ende der Brücke« bedeutet, aber es ist ein anderes Brückenende als das von Seren, Talybont liegt in der Nähe von Aberystwyth. Der Verlag Y Lolfa wurde Mitte der 60er-Jahre gegründet, als eine neue Generation von sprachbewussten jungen Leuten fand, es sei nun an der Zeit, auf Kymrisch zu publizieren. Sie fingen an mit der satirischen Zeitschrift *Lol*, was »Spaß« bedeutet – der Einfluss des Kymrischen auf die moderne Internetsprache muss noch geklärt werden, neben LOL können wir noch »wlan« anführen, was »aus Wolle« bedeutet (womit geklärt wäre, woraus das World Wide Web nun wirklich gesponnen ist), es folgten Bücher aller Art, ein Schwerpunkt war und ist das Kinderbuch, und inzwischen sind mehrere Generationen von kymrischsprachigen Kindern mit Bilderbüchern von Y Lolfa aufgewachsen. Y Lolfa bringt heute Bücher auf Kymrisch, auf Englisch und zweisprachige heraus. Der aktuelle Katalog zeigt eine wilde Fantasygeschichte für Teenager, die abermals auf dem *Mabinogion* beruht, gleich zwei Bücher über Geraint Thomas (s. Grund 110), den ersten Waliser, der je die Tour de France gewonnen hat (eins auf Englisch, eins auf Kymrisch, es sind zwei absolut unterschiedliche Bücher, eins von ihm selbst bzw. mit Ghostwriter verfasst, das andere von einem Sportjournalisten) und ein Buch mit Essays und Reden von Adam Price, einem walisischen Politiker, der für die Partei Plaid Cymru in die walisische Nationalversammlung gewählt wurde – und sich dort für größere Autonomie seines Landes und die Belange der kymrischen Sprache engagiert. Sein Buch nennt er passenderweise *Wales – die erste und letzte Kolonie.*

Der Verlag Honno – das bedeutet »die da« – bezeichnet sich als ältesten unabhängigen Frauenverlag in Großbritannien und ist in keinem Brückenende angesiedelt, sondern gleich mitten in Aberystwyth. Gegründet wurde der Verlag 1987, da die damals existierenden walisischen Verlage kaum Autorinnen im Programm hatten und auch kein Interesse zeigten, daran etwas zu ändern. Von Anfang an wurde darauf geachtet, Kymrisch und Englisch gleichermaßen im Programm zu haben. Viele inzwischen zu Erfolg gelangte walisische Autorinnen haben bei Honno angefangen, nicht alle bleiben auf Dauer dort, aber viele kehren dann gern für ein Projekt zurück. Besonders zu empfehlen aus dem Honno-Programm sind die Serien von walisischen Klassikerinnen (Romanautorinnen, Novellistinnen, frühe Journalistinnen, politische Theoretikerinnen, alles ist dort vertreten), und die Anthologien, die in regelmäßigen Abständen erscheinen und in denen bekannte und ganz neue Autorinnen Geschichten zu einem bestimmten Thema vorstellen, z.B. Geschichten über das Essen, über ein Kleidungsstück, über Rache oder über Reisen und sogar über Gespenster. Viele Geschichten aus bei Honno erschienenen Sammlungen gibt es in deutschen Übersetzungen, in deutschen Geschichtensammlungen zu irgendeinem Thema eben. Und wenn Sie nun vorhaben, ein einziges Buch aus Wales zu kaufen, dann empfehlen wir dieses bei Honno erschienene:

Janet Thomas (Hrsg): *Catwomen from Hell*

36. Grund

Weil man in Wales so schön Bücher kaufen kann

In Hay-on-Wye nämlich. Das ist ein Ort in der Südhälfte von Wales, direkt an der englischen Grenze gelegen. Der Ort, auf Kymrisch Y Gelli Glandyll – das bedeutet Ort im Wald, der englische Name dagegen bedeutet Ort im Haag, eigentlich also doch nicht so unterschiedlich – geheißen, ist ziemlich alt. Wegen der Grenzlage war er wichtig, und so wurden von den Normannen im 11. Jahrhundert gleich zwei Burgen gebaut, die eine, Hay Castle, kann sich des ältesten normannischen Burgturms in Wales rühmen. Aber als es mit den Normannen abwärts ging, und als Owain Glyndŵr 1401 Stadt und Burgen verwüstete, ging es bergab mit dem Ort; wenn wir darüber lesen, haben wir das Gefühl, dass erst mal über 500 Jahre nichts passierte. Dann aber wurde Hay-on-Wye aus seinem Dornröschenschlaf geweckt. Der Märchenprinz war ein Buchhändler namens Richard Booth, der aus dem verschlafenen Dorf das erste Buchdorf der Welt machte – überall, wo es möglich war, wurde ein Antiquariat untergebracht, und da das Kundschaft aus aller Welt anlockte, erlebten auch Gaststätten und Hotels einen gewaltigen Aufschwung. Es gibt an die 40 Antiquariate in Hay, wobei nicht alle reine Buchantiquariate sind. Andere verkaufen auch andere alte Dinge: Nachttöpfe, Kleidung, Möbel, Schwerter, was man gern mal mitnimmt, wenn man das gesuchte Buch doch nicht findet. Wobei das mit dem »gesuchten Buch« nicht das Problem ist, irgendwas findet man immer, und heutzutage wird man einen bestimmten Titel eher im Internet suchen, statt eine weite Reise zu machen. Die meisten kommen zum Stöbern her – und damit kann man endlos viel Zeit verbringen (und sich für Generationen verschulden). Manche Läden haben sich spezialisiert, im einen gibt es nur historische Sachbücher, im anderen Bücher auf Kymrisch, im dritten Kitschromane. Aber viele haben eben Bücher in allen Größen und aus allen Genres. Manchmal findet man einen Schatz, der zu spottbilligem Preis zu haben ist, oder eben einen Schatz, der einen Blutpreis kostet, den man aber trotzdem haben muss (es gibt in Hay auch eine Bank, wo man zur Not einen Kredit aufnehmen kann), und es gibt Sonderangebote, denen man einfach nicht widerstehen kann. Z.B. einen Kartoffelsack voller Bücher, oben zugebunden – für ein Britisches Pfund. Die ersten 20 Bücher packt man in steigendem Frust aus und begreift, warum sie im Sack gelandet sind, unvorstellbar, dass irgendwer diesen Mist gekauft hätte, egal, zu welchem Schleuderpreis. Aber dann kommt die große Überraschung, die Sonderausgabe mit den Gedichten einer Lieblingsdichterin, die leicht verständliche Einführung in die Kornische Grammatik, solche Dinge liegen ganz unten im Sack, und man weiß, das Pfund war sehr gut angelegt.

Hay-on-Wye hat zwei Partnerstädte, die eine leuchtet ein – Redu, das belgische Buchdorf in den Ardennen. Die andere ist Timbuktu in Mali; wie dort die Buchladenlage ist, wussten unsere Gesprächspartner in Hay leider nicht. Nach Hay kommen jedenfalls prominente Gäste! Im Hotel Swan, einem malerischen, wunderbar verwinkelten alten Hotel (leider kürzlich für teures Geld modernisiert, was die Preise heftig in die Höhe getrieben hat), hängen Bilder von Tom Jones und George Best! Welche Bücher die Herren sich gekauft haben, wollte der Barmann nicht verraten, auf den Bildern stehen sie an der Bar und heben ihr Glas (die andere Hand, die vermutlich die eben erstandene Platonausgabe hält, ist nicht zu sehen). Die Küche im Swan ist übrigens berühmt für den Nachtisch, ein Curd (das ist eine Creme aus Eiern, Butter und Zucker und irgendeinem Saft, im

Wörterbuch steht oft Quark, aber Quark ist es absolut nicht, wie wir an den Zutaten sehen) mit Limoncello, der italienische Einfluss auf die walisischen Speisegewohnheiten geht eben weit über das Eis hinaus (s. Grund 28)

37. Grund

Weil Wales das wahre Krimiland ist

Muss das überhaupt noch begründet werden? Ein Blick auf die Landkarte genügt doch! Zwischen Bergen und Meer gibt es Möglichkeiten genug, kriminelle Energien zu entfalten bzw. sie zu Romanen auszuspinnen.

Tiefe Felsschluchten laden genauso zum Entsorgen des Opfers ein wie ab und zu ein wegloses Moor; steile Klippen, an denen unten das Meer kocht, bieten sich an; und idyllische Inseln, die nur bei Ebbe zu erreichen sind, eröffnen die Möglichkeit zum lauschigen Picknick, an dessen Ende dann der von der Flut überraschte Picknickgast stillschweigend ins Wasser geschubst wird. Der Polizei kann der verzweifelte Hinterbliebene ja immer noch erzählen, er habe sich leider bei den Gezeitentabellen vertan und Ebbe mit Flut verwechselt. Das mit den Gezeitentabellen hat in der Literatur über Morden in Wales eine lange, ehrwürdige Tradition. Susan Howatch, Autorin von dramatischen Familiensagas (die ihre Karriere als Bestsellerautorin übrigens mit ganz normalen Krimis begann), zeigt in ihrem Roman *The Wheel of Fortune* (auf Deutsch *Der Zauber von Oxmoon* – ein reichlich blöder Titel, aber dafür kann das Buch ja nichts), wie sich aus einem einzigen Versehen beim Ablesen der Gezeitentabellen (um einen unliebsamen Liebhaber aus dem Weg zu schaffen) hundert Jahre lang die Nachkommen der Beteiligten gegenseitig befehden, ohne so recht zu wissen, was damals eigentlich passiert ist, und wie erst nach einem weiteren Mord just an derselben

Stelle (diesmal aber nach genauem Studium der Tabellen) Ruhe in die Sache gebracht werden kann.

Aber zurück zu Wales als Krimiland. An seiner Eignung kann es keine Zweifel geben, und doch … wie so oft wird Wales übersehen und gerät Irland und Schottland gegenüber ins Hintertreffen. Noch gibt es keine international bekannten Bestsellerautorinnen als Gegenstücke zu Val McDermid oder Ann Cleves, noch ist kein Autor in Erscheinung getreten, den wir mit Fug und Recht als »Cymrus Antwort auf Ken Bruen« bezeichnen könnten, und keine Autorin schreibt auf Kymrisch Krimis wie die als »Doyenne des gälischen Kriminalromans« bezeichnete Irin Anna Heussaf. Doch Geduld, das alles ändert sich. Und wenn es um Fernsehserien geht, kann Wales schon heute mithalten. Eine überaus erfolgreiche Serie wurde sogar im deutschen Fernsehen gezeigt: *Y Gwyll – Die Morgendämmerung*. Wenn Ihnen der Titel nichts sagt, dann deshalb, weil dieser Titel den deutschen Fernsehmachern nicht gefiel. Auch der englische, *Hinterland*, der ja logischerweise nicht einmal übersetzt zu werden brauchte, kam nicht an, nein, auf Deutsch hieß die Serie *Inspektor Mathias – Mord in Wales*. Die deutschen Rezensenten, die zwar Kummer gewohnt sind, hatten nun doch genug und wiesen unermüdlich auf den blödsinnigen Titel hin – und auch darauf, dass die Synchronisation selbst die für deutsche Synchronisationen geltenden Tiefstwerte noch einmal unterschreitet. Was vielen Fans gar nicht klar ist: *A Gwyll* wurde in kymrischer Sprache gedreht, und wenn man also eine Möglichkeit hat, irgendwie die Originalfassung mit Untertiteln zu sehen, dann kann man wunderbares Kymrisch hören. Gedreht wurde in und um Aberystwyth, und diese malerische Stadt mit ihrer wilden Küste spielt eine wichtige Rolle in der Handlung. Zudem fließt eine alte Sage von einer vom Teufel verfluchten Brücke in die Geschehnisse ein, denn, s. Grund 82, in Wales ist die Sagenwelt nie weit entfernt!

Wenn auch die internationalen Bestsellerromane bisher fehlen, so besteht an Krimis aus Wales kein Mangel. Wenn man einfach »Welsh crime novels« googelt, findet man schon fast kein Ende mehr an verlockendem Lesestoff. Stellvertretend für alle wollen wir einen Autor vorstellen, von dem die Kritik sagt: »Man könnte meinen, die Idee für seine Krimis stamme von Monty Python.« Aber das tut sie natürlich nicht, sie stammt von Dai Blatchford, der sich im Text allerlei Scherze mit seinem Namen erlaubt. Wird nach dem verschollenen Schatz des englischen Königs Edward II. gesucht (s. Grund 12), dann stoßen die Schatzsucher auf die Spur eines normannischen namens de Blancheford, der den verhassten König damals gehörig an der Nase herumgeführt hat. Und wenn eine kornische Mörderbande ihr Unwesen treibt, die ihre Mordbefehle übrigens auf Kornisch erteilt, dann hilft den Ermittlern ein Horrorroman einer schreibenden Suffragette aus dem 19. Jahrhundert namens Fanny Ratchford auf die Spur. Kornisch, um etwaigen Fragen zuvorzukommen, ist die dem Kymrischen eng verwandte Sprache der Grafschaft Cornwall, also sozusagen eine Halbinsel weiter südlich.

Denn Dai Blatchford siedelt seine Krimis zwar in Wales an, lässt seine Helden – und seine Schurken – aber zu gern Reisen in exotische Mordgefilde antreten, wie Oxford (nicht ganz das richtige Pflaster für einen Waliser), Apulien (geht schon eher, zumal wegen des Weines) oder eben Cornwall.

Beim Lesen lernen wir allerhand über verborgene Reibereien zwischen Wales und Cornwall, was bestimmt ein hochinteressantes Thema ist, aber das müssen wir erst noch erforschen, und im Moment sind wir ja mit Krimilesen beschäftigt. Wir glauben Dai Blatchford nicht alles, einen deutschen Geheimagenten mit dem bizarren Namen Ademar Speight nehmen wir ihm einfach nicht ab, und wenn dem Erzschurken Sebastian Slope (der weder aus Wales noch aus Cornwall stammt, sondern natürlich ein schnöder Engländer ist) in Apulien eine Falle gestellt werden soll (verraten wir zu viel, wenn wir andeuten, dass in einem walisischen Krimi der dramatische Showdown natürlich auch in Wales stattfinden muss?), dann wünschen wir uns, Autor oder Verlag hätten ein Italienisch-Wörterbuch zur

Hand gehabt, wenn italienische Wörter der Sache besonderes Lokalkolorit geben sollen.

Doch wenn Dai Blatchford Wales schildert, dann ist er in seinem Element, und die Landschaft spielt mit, wenn sich das Drama entfaltet: »In einem waldreichen Tal im tiefsten Südwales, am Ende eines Lehmweges, der sich am Ende des regenreichen Sommers in einen Bach verwandelt, stand ein gegen Ende des 18. Jahrhunderts errichtetes Langhaus. Sein niedriges Dach, das von den schweren Schieferplatten im Laufe der Jahre immer weiter eingedrückt worden war, schien sich der Landschaft anzupassen; hier könnte der letzte Drache von Wales seine Wohnung genommen haben. In gewisser Weise hatte er das auch.« (*A Touch of Pigskin*)

Neugierig geworden? Eins ist hier noch wichtig. Wenn oben gesagt wurde, dass die Helden sich wegen des Weines gern in Apulien aufhalten, so bleiben sie in Wales doch gern bei der landestypischen Produktion und trinken Penderyn Red Flag Whisky, nur echt mit dem walisischen Drachen auf dem Etikett, denn Wales ist auch Whiskeyland, wer hätte das gedacht?

38. Grund

Weil Wales so ungefähr das einzige Land ist, das noch nie einen Literaturnobelpreis abbekommen hat

Natürlich gibt es auch noch andere Länder, denen es so geht – Luxemburg? Malta? Aber bei Wales rechnet man einfach nicht damit, alle Welt glaubt eigentlich, dass Dylan Thomas den Literaturnobelpreis bekommen hat. Hat er aber nicht, so seltsam das klingen mag, und jetzt ist auch nicht so leicht dahinterzukommen, wieso eigentlich nicht. Was hat sich das Nobelpreiskomitee damals wohl gedacht? Damals waren sie doch noch nicht in Skandale verwickelt und haben sicher ernsthaft diskutiert. Aber die Sitzungsprotokolle sind nicht öffentlich zugänglich, und Klatsch ist nach so langer Zeit nicht mehr ausfindig zu machen (Dylan Thomas starb 1953).

In Wales wird so viel geschrieben, und so viel wirklich gute, bleibende Literatur, dass man sich ja doch fragt, warum nicht viel mehr Waliser in Nobelpreisverdacht stehen oder gestanden haben. Es gibt noch einen, R. S. Thomas, mit Dylan nicht verwandt – die Leute in Wales haben eine geradezu nervenaufreibende Leidenschaft dafür, mit Nachnamen Jones, Evans oder Thomas zu heißen. Anders als bei Dylan Thomas, dessen Leben fest mit Laugharne verbunden ist (s. Grund 40), gibt es keinen Ort in Wales, wo wir uns R. S. Thomas besonders nahe fühlen können. Er zog mehrmals um, auch rein beruflich, da er viele Jahre als Pastor der Church of Wales in ländlichen Gemeinden tätig war. Dabei lernte er Kymrisch und wurde ein großer Verehrer dieser Sprache, zu seinem Kummer reichten seine Sprachkenntnisse aber nie aus, um auf Kymrisch Lyrik zu schreiben, er dichtete auf Englisch und schrieb kymrische Prosa.

Beide Thomase hätten perfekt zum Nobelpreis gepasst, denn Alfred Nobel hat in seinem Testament geschrieben, der Literaturnobelpreis solle vor allem an Schriftsteller aus Gegenden gehen, deren Literatur es schwer hat, wegen der Sprache oder weil das Land zu weit weg vom Schuss ist, international die Aufmerksamkeit zu finden, die es verdient. Aber sie bekamen ihn nun einmal nicht, und der nächste Anwärter oder die nächste Anwärterin steht noch nicht fest.

Aber einmal dachten alle (und viele glauben es noch), dass R. S. Thomas ihn bekommen würde, oder bekommen sollte. 1996 galt er als aussichtsreicher Kandidat, auf den vielfach gewettet wurde, aber der Preis ging dann an die polnische Lyrikerin Wislawa Szymborska. Im Jahre 2000 aber – da war ganz Wales überzeugt davon: Jetzt kriegt er ihn. Doch R. S. Thomas starb wenige Tage, ehe das Nobelpreiskomitee seine Entscheidung bekannt geben wollte. Das Nobelpreiskomitee teilte nun mit, man sei noch zu keinem Ergebnis gekommen und brauche noch eine Woche. Sofort war allen klar: Er hätte ihn gekriegt, wenn er nur noch ein paar Tage länger gelebt hätte. Als dann das Nobelpreiskomitee den kaum bekannten Chinesen Gao Xingjian aus dem Hut zog und mit dem Literaturnobelpreis krönte, war noch der letzte Zweifler bekehrt: R. S. Thomas war auserwählt gewesen, und Gao Xingjian war nur ein Lückenbüßer. Und so wurde der arme R. S. Thomas zu einer Art Nobelpreisträger der Herzen. Der Leipziger Literaturwissenschaftler Claas Kazzer, vielleicht Deutschlands führender R.-S.-Thomas-Experte, sagt: *»Doch ich bewundere sein Hadern mit Gott (Ähnliches hat später Leonard Cohen auf seine Weise getan), die steinklare, sturmgeklärte Nüchternheit, in die sich doch so oft auch ein bisschen Herz und Wärme mischen. Liebe. Hoffnung auf Vergebung. Ich verbinde ihn sehr mit Wales.«*

Von Dylan Thomas gibt es so viele Übersetzungen ins Deutsche, greifen Sie einfach irgendwo zu. R. S. Thomas wurde bisher nicht so häufig übersetzt, aber es erscheint nun eine wunderschön ausgestattete Reihe von zweisprachigen Ausgaben im Babel Verlag. www.babel-verlag.de

39. Grund

Weil dieser eine Dichter nun mal aus Wales kam

Nun ist er erwähnt, nun stellen wir ihn auch genauer vor. In Wales ist er allgegenwärtig, sein Bild ist überall, es wird mit ihm geworben, egal wofür, Dylan Thomas scheint für alles gut zu sein. Es ist wie mit James Joyce in Irland und Edvard Munch in Norwegen, ein großer Künstler steht sozusagen stellvertretend für das ganze Land, und man kann seinem Bild und Hinweisen auf sein Werk nicht entgehen. Insofern vielleicht kein Wunder, wenn Einheimische die Stirn runzeln, wenn die enthusiastischen Zugereisten Dylan Thomas erwähnen, und murmeln »na ja, kann man auch übertreiben«. Lassen Sie es also lieber, wenn die Sprache auf walisische Literatur kommt, dann nennen Sie Ihre liebste Artus-Geschichte, und alle sind zufrieden. Oder einen von den neueren Namen, Tristan Hughes oder Ness Owen, als Dylan-Thomas-Fan kann man sich immer noch outen, wenn klar ist, wie das Gegenüber das sieht. Dass er allgegenwärtig ist und für jeden Dreck als Werbeträger herhalten muss, ist das eine Problem. Das andere ist, dass er nur auf Englisch geschrieben hat, und so einer wird nun in aller Welt mit walisischer Literatur gleichgesetzt. Ist ja auch nicht richtig.

Dabei hatte er ein aufregendes Leben, ist zudem jung gestorben; es gab Gerüchte, er sei ermordet worden, kurzum, der Stoff, aus dem die Legenden entstehen!

Dylan Thomas wurde 1914 in Swansea geboren, sein Vater war Lehrer, seine Mutter Näherin. Beide kamen aus kymrischsprachigen Familien, sprachen mit ihren Kindern aber konsequent Englisch. Das war damals so, der Weg zum Erfolg ging über die englische Sprache, in der Schule gab es kein Kymrisch, dort wurde den Kindern, die es zu Hause gelernt hatten, diese Sprache systematisch ausgetrieben. Seltsam ist allerdings, dass der Vater zu Hause Privatschüler im Kymrischen unterrichtete, und dass die Eltern sich einen Namen aus dem *Mabinogion* für ihren Sohn aussuchten. Aber Dylan lernte kein Kymrisch (und alte Freunde berichten, dass sein Vater ihm nicht nur kein Kymrisch beigebracht, sondern ihn auch mit tiefer Verachtung dieser Sprache erfüllt hatte), und folglich dichtete er auf Englisch. In Biografien lesen wir, dass er kein besonders guter Schüler war, er verkroch sich lieber in einer Ecke und las. Und später ging er mit seinen Kumpels in die Kneipen von Swansea. Er muss wirklich ein junges Genie gewesen sein, einige von den Gedichten, die unsereins im Englischunterricht lernt, (wie *And Death shall have no dominion*) schrieb er schon als Teenager – und sie wurden gedruckt. Er ging dann nach London, wie alle, die es zu etwas bringen wollten, schrieb für Zeitungen, arbeitete beim Rundfunk, lernte die Tänzerin Caitlin Macnamara kennen – natürlich in einer Kneipe! Vorgestellt wurde sie ihm von ihrem damaligen Liebhaber, dem Maler Augustus John (und Bruder der Malerin Gwen John,

s. Grund 58), über das alles ist unendlich viel geschrieben worden, wir stellen ihn also wirklich nur kurz vor. Es war eine stürmische Ehe, denn er hatte dauernd irgendwelche Affären; wenn Caitlin dahinterkam und mit Scheidung drohte, gab er die aktuelle Affäre auf, und sie versöhnten sich mit ungeheuren Mengen Alkohol. Sie waren so eine Art Bürgerschreck ihrer Zeit, verkörperten das, was sich die braven Bürger unter der Boheme vorstellten – dabei, sagen alte Schulfreunde von Dylan, war er »eigentlich gar nicht so«, hatte furchtbare Angst davor, was die Nachbarn sagen würden, und wollte lieber nicht auffallen. Während es Caitlin offenbar total egal war, was irgendwer für einen Eindruck hatte, und wenn sie Streit wollte, dann flogen die Fetzen, egal, wer vielleicht zuhörte. Politisch standen beide links, Dylan sympathisierte mit den Kommunisten und war später immer stolz darauf, dass er sich an den großen Demonstrationen gegen den englischen Faschistenführer Sir Oswald Mosley beteiligt hatte! Im Zweiten Weltkrieg wurde er nicht eingezogen, weil er an einem hartnäckigen Dauerhusten litt, ab und zu Blut spuckte und seine Lunge ein stetiger Grund zur Sorge war. Also dichtete er weiter, arbeitete für den Rundfunk, soff und verfasste nebenbei Weltliteratur, so kann man das kurz zusammenfassen. 1944 zogen er, Caitlin und die Kinder, Llewelyn Edouard und Aeronwy Bryn, nach Wales, zuerst nach New Quay (s. Grund 76), dann nach Laugharne, dem Ort, der bis heute am stärksten mit ihm assoziiert wird. In seinen letzten Jahren machte er mehrere Lesereisen durch die USA. Im November 1953 traf er zu seiner letzten Tournee in New York ein. Es war ein Monat, in dem der Smog in New York bisher unbekannte Ausmaße erreichte, für Leute mit Lungenschwäche konnte die Luft tödlich sein, Ende des Monats waren 200 Menschen an durch den Smog bedingten Atemschäden gestorben. Dylan Thomas hielt nicht bis zum Ende des Monats durch, am 5. November brach er zusammen; da er aber vorher heftig getrunken hatte, wurde er auf Alkoholvergiftung behandelt. Es hätte aber, das legen alle Untersuchungsberichte nahe, auch nichts mehr geholfen, wenn die Lungenentzündung gleich entdeckt worden wäre. Er fiel ins Koma und starb am 9.11.1953, ohne wieder zu Bewusstsein gekommen zu sein. Dass Caitlin im Suff im Krankenhaus einen Tobsuchtsanfall bekam und drohte, seinen Manager, der die Tournee organisiert hatte, umzubringen, war natürlich gut für die Legendenbildung. Dass er offenbar seine Honorare in Alkohol umgesetzt hatte, auch – allerdings legten die Ärzte, die ihn vor seinem Tod behandelt hatten, Wert auf die Feststellung, von Leberzirrhose hätten sie keine Spur entdeckt! Und dass einer der bedeutendsten Dichter seiner Zeit bei seinem Tod ein Vermögen von insgesamt 100 Britischen Pfund besaß, war sozusagen die Krönung des Gesamtkunstwerkes Dylan Thomas. Aber er hat uns diese unglaublich schönen Gedichte hinterlassen (da mögen seine Landsleute die Stirn runzeln, so viel sie wollen). Und er gibt uns einen Grund, nach Laugharne zu fahren und an seinem Grab zu stehen (s. Grund 40).

40. Grund

Weil Dichter und Orte in Wales eine seltsame Einheit bilden können

Die Rede war schon von Laugharne, und jetzt ist wieder die Rede von diesem Ort, der einfach … seltsam ist. Gleich beim ersten Besuch hat man das Gefühl, dass er etwas ganz Besonderes ausstrahlt. Und das hat nichts mit Dylan Thomas zu tun. Bei meinem ersten Besuch in Laugharne hatte ich keine Ahnung, dass er jemals hier gewesen war, meine Ignoranz war so groß, dass ich auf die Mitteilung: »Heute fahren wir nach Laugharne« zurückgab: »Spinnt ihr denn völlig, das ist doch viel zu weit!« Der Name Laugharne sagte mir nämlich gar nichts, und ich dachte, die Rede sei von Larne in Nordirland (was ähnlich ausgesprochen wird). Aber die Atmosphäre, der Geist des Ortes, hat mich dann sofort gepackt, irgendwas ist da mit dem Wind, dem Licht, es ist anders als anderswo. Und da kann man doch mutmaßen, dass Dylan Thomas das auch gespürt hat und deshalb hergekommen ist, dass also nicht er den Ort geprägt hat, sondern der Ort ihn. So hat er Laugharne beschrieben: »Eine zeitlose, milde, betörende Insel von Stadt.« Er hat gar nicht sehr lange hier gelebt, vor Kriegsbeginn eine kürzere Zeit, und dann von 1949 bis zu seinem Tod. Laugharne, auf Kymrisch Talacharn, ist kein großer Ort, hat keine 1.500 Einwohner, ist aber alt und hat eine interessante Einwanderungsgeschichte: Im 12. Jahrhundert lud Heinrich II. nämlich flämische Siedler ein, die bei einer Sturmflut Haus und Hof verloren hatten, sie sollten das Land an der walisischen Küste befestigen und bebauen, was sie auch taten. Man merkt leider nichts mehr von dem flämischen Einfluss, aber da wir in Wales sind, gibt es eine gewaltige normannische Burg und außerdem eine furchtbar wuchtige Kirche aus dem 14. Jahrhundert, in der sich ein mit nicht ganz entzifferten keltischen Mustern ausgemeißeltes Kreuz befindet, das vermutlich viel älter ist und vor einem Wikingerüberfall gerettet wurde. Ein seltsamer Brauch wird in Laugharne gepflegt, auf Reisende wird dabei nicht unbedingt Rücksicht genommen. Alle drei Jahre gibt es am Pfingstmontag den Marsch von Laugharne, auch »Beating the Bounds« genannt, und alles aus dem Ort, was sicher auf den Beinen steht, macht mit – dazu kommen immer viele Zugereiste. Die Kneipen öffnen an diesem Tag schon um fünf Uhr morgens, und ehe es losgeht, wird also eine Runde gebechert. Dann geht es los, die Strecke ist ungefähr 40 Kilometer lang und wird an diesem Tag zurückgelegt, egal in welcher Verfassung man am Ende ankommt (denn unterwegs wird natürlich auch in alle Kneipen eingekehrt). Wenn der Marsch an einer Sehenswürdigkeit vorbeikommt, wird ein Opfer ausgekuckt, das den Namen der Sehenswürdigkeit nennen muss. Wer das nicht schafft, wird auf den Kopf gestellt und bekommt feierlich drei Schläge auf den Hintern verpasst. Also sollte man entweder die Sehenswürdigkeiten büffeln oder Laugharne an Pfingstmontagen meiden.

Nervenschonender ist das dreitägige Laugharne Festival im Frühling. Es soll nicht zu groß werden, die Kneipen von Laugharne machen mit, was es an Pfarrhallen und Gemeindetreffpunkten gibt, und, so sagen die Veranstalter, ehe es ausufern zu lassen, stellen sie es lieber ein. So weit ist es noch nicht gekommen, und das Festival zieht auch große Namen an, wir wollen da nur Ray Davies und Patti Smith erwähnen! Aber beim Festival wird natürlich auch an Dylan Thomas erinnert. Er hat hier mit seiner Familie im sogenannten Boathouse gewohnt, das eigentlich nie eins war, sondern immer als Wohnhaus gedient hat. Es wurde zu Beginn des 19. Jahrhunderts erbaut, und der Name stammt vermutlich von seiner Lage sehr dicht an Ufer und Klippen, hier wurden Boote vertäut. Eine versteckte Tür hinten im Haus hat angeblich Schmugglern gedient, die ihre Beute im Haus versteckten, leider lässt sich das nicht beweisen. Heute ist es, natürlich, ein Museum, Dylan Thomas gewidmet, mit Café – hier gibt es Welsh Rarebit! – und Kiosk und allem, wir können aber immerhin sein überraschend aufgeräumtes Arbeitszimmer bewundern und die wechselnden Ausstellungen zeitgenössischer Kunst aus Wales besuchen. Gleich nebenan steht ein Wellblechschuppen, das war sein Schreibhäuschen, man kann durch ein Fenster hineinschauen, sieht aber nicht viel, denn sein Schreibtisch wurde ja ins Boathouse-Museum verlegt. Außerdem wird das Schreibhäuschen ab und zu auf Wanderschaft geschickt und dient als mobiles Dylan-Thomas-Minimuseum überall in Großbritannien und Irland.

Begraben ist Dylan Thomas, zusammen mit Caitlin, bei der Kirche von Laugharne. Der norwegische Autor Levi Henriksen schreibt in einem Roman (*Die Geschichte meiner Familie in Äxten und Sägen*) das Grab so:

»Sein Vater hatte einmal gesagt, er wolle keinen Stein auf dem Friedhof. Der Vater hatte über Dylan Thomas gesprochen, der auf dem Friedhof von Laugharne unter einem schlichten weißen Holzkreuz zur letzten Ruhe gebettet worden war. Er hatte Tränen in den

Augen gehabt, als er das Glas gehoben und aus seinem Lieblingsgedicht zitiert hatte: *Do not go gentle into that good night, Old age should burn and rave at close of day; Rage, rage against the dying of the light.*«

Und im Gespräch erinnert sich Levi Henriksen an »andere animierte, aber um einiges ältere Männer in Laugharne. Zerfurchte, wettergegerbte Mannsbilder, die vor der Kneipe ihre Schirmmützen abnahmen und mit Inbrunst das Gedicht *Do not go gentle into that good night* deklamierten. Ein Erlebnis, das noch dadurch verstärkt wurde, dass wir nur einen Steinwurf von dem blauen Häuschen standen, in dem der Autor dieses Gedicht aller Wahrscheinlichkeit nach verfasst hat.« Die Fraktion in Wales, die genervt die Stirn runzelt, wenn schon wieder jemand Dylan Thomas erwähnt (s. Grund 39), wird jetzt behaupten, die wettergegerbten Mannsbilder seien von der Touristeninfo angeheuert, um Laugharne den richtigen Dylan-Thomas-Touch zu geben. Wir wollen das nicht weiter erörtern, fahren Sie hin, und machen Sie sich selbst ein Bild!

5. Kapitel

Druiden und Drachen, in Wales zum Greifen nah

41. Grund

Weil es in Wales das Eisteddfod gibt

In der ersten Augustwoche ist alles, was kriecht und fliegt und das Bein zur Erde biegt – wenn es Kymrisch spricht –, unterwegs. Das Ziel ist das *Eisteddfod Genedlaethol Cymru*, das Nationale Eisteddfod von Wales.

Das Eisteddfod ist ein wichtiger Teil des walisischen Kulturlebens. Obwohl das Wort erst im 14. Jahrhundert belegt ist, soll der Begriff, sehr viel älter sein. Ursprünglich war das Eisteddfod angeblich eine Versammlung der Barden, wo sie die Regeln der Poesie usw. besprachen, Lehrlinge in die Bardenwürde einweihten und Poesiewettbewerbe führten. Das erste historisch belegte Eisteddfod wurde im Jahr 1176 von Rhys ap Gruffydd, König von Deheubarth, in seiner Burg in Cardigan veranstaltet: Es gab Poesie- und Musikwettbewerbe, und zwei Stühle – wohl kunstvoll geschnitzte Holzstühle – wurden für das beste Gedicht und die beste musikalische Aufführung vergeben. Der Stuhl war ein kraftvolles Symbol, denn nur ein Herrscher durfte am Hof auf einem Stuhl mit Armlehnen sitzen.

Dann gibt es eine Lücke in der Geschichte bis zur Tudorzeit. 1523 und 1567 wurden Eisteddfodau in Caerwys in Nordostwales gehalten. Zu der Zeit wurden sie eher als Gelegenheiten gesehen, durch das Ausschließen von Landstreichern, die sich ohne jedes Fachkönnen als Barden ausgaben, um Sitten und Ordnung aufrechtzuerhalten. Sie sollten sich eine feste Beschäftigung finden. Die anderen wurden in verschiedene Klassen eingestuft und mit einem Ausweis versehen, der ihnen öffentliche Auftritte erlaubte. Da die Barden oft Regimegegner waren – oder wenigstens Verteidiger des Kymrischen –, gelang es auf diese Weise, während Heinrich VIII. versuchte, Sprache und Kultur in Wales mit denen in England gleichzuschalten, Getreue zu belohnen und Feinde loszuwerden.

Das Eisteddfod, wie wir es heute erkennen, war das geistige Kind des Druidenverfälschers Iolo Morganwg (siehe Grund 43). Auf genau dieselbe Weise, wie er die Glauben der Druiden erfand, erfand er auch die Rituale der Eisteddfodau – der Chefbarde in diesem System wurde sogar *Archderwydd* (Erzdruide) genannt. Nun wurde für die Barden in ihrem *Gorsedd* (Versammlung, obwohl das Wort eigentlich Thron bedeutet) eine ganze Hierarchie aufgestellt: Die Lehrlinge oder Anwärter trugen grüne Gewänder und wurden *ofydd,* Engl. *ovate* genannt – ein interessantes Wort, das eigentlich vom lateinischen Dichter Ovid stammt, dessen Werke den gebildeten Barden des Mittelalters wohlbekannt waren, obwohl manche versuchen, es von dem Wort *vates* für die klassischen Seher der Kelten abzuleiten. Die Barden trugen blaue Gewänder und Druiden, die ganz oben standen, weiße.

Rituale wurden ausgeführt, mit Blumenmädchen, Horn und Schwert: Am Anfang des Eisteddfod wird Letzteres aus der Scheide gezogen, der Erzdruide ruft: »*A oes heddwch?*« (Gibt es Frieden?), und die Anwesenden antworten: »*Heddwch!* (Es gibt Frieden). Dies geschieht dreimal, und die Veranstaltungen dürfen weitergehen.

Das alles wurde zum ersten Mal zum Herbstäquinoktium 1792 aufgeführt. Aber wo? Eigentlich auf Primrose Hill in London, weil Iolo, nach dem *Gentleman's Magazine,* versuchen wollte, »die einheimischen walisischen Traditionen aufrechtzuerhalten, die so gnadenlos von der neuen Brut der Methodisten ausgemerzt werden«. Zu Hause waren die Druiden nicht so beliebt!

Heutzutage ist das Eisteddfod ganz anders. Die Klassen wurden 2012 abgeschafft, und alle heißen jetzt Druiden; die Farben ihrer Gewänder beziehen sich auf ihr Genre (Literatur, Musik, Kunst, gesellschaftliche oder kulturelle Leistung usw.). Es wird jährlich abwechselnd in Nordwales und Südwales gehalten, und es gibt einen versetzbaren Pavillon, der jedes Jahr auf- und abgebaut werden muss. Das kostet einen Haufen Geld, und daher wurde vorgeschlagen, einen dauerhaften Standort zu wählen – das Problem ist, wo? Wenn es im

Süden ist, klagen die Nordwaliser, und wenn es im Norden ist, sind die aus dem Süden außer sich. Und niemand mag die Mittelwaliser.

Was aber ist ein modernes Eisteddfod? Etwas wie ein Rock-Festival für Erwachsene, nur dass die meisten nicht auf dem Festplatz zelten. Jedes Jahr wohnen um die 150.000 Besucher dem Fest bei. Um den Pavillon herum werden Hunderte von Buden und kleineren Pavillons aufgebaut, alle kulturellen, politischen, künstlerischen und kommerziellen Organisationen sind vertreten. Für die Rock-Fans gibt es auch einen Pavillon für modernere Musik – und die ist keineswegs nur laienhaft: International bekannte Bands wie Catatonia, Stereophonics, Manic Street Preachers und Super Furry Animals fingen alle als walisisch singende Bands an.

Selbst wenn man die Verkleidung ein bisschen lächerlich findet (und ich muss zugestehen, dass ich trotz leidenschaftlichen Engagements für kymrische Sprache und Kultur den Anblick von erwachsenen Menschen mit langen Nachthemden und Geschirrhandtüchern um den Kopf nicht so ganz ernst nehmen kann – besonders wenn es wie fast immer in Wales regnet und sie gezwungen sind, Gummistiefel zu tragen), sind die Zeremonien durchaus imponierend, besonders die zwei wichtigsten, die für die Barden. Ein Jahr vorher werden Themen vergeben, und die Dichter reichen ihre Werke unter Pseudonym ein. Der Stuhl wird für ein Gedicht in der strengen traditionellen, metrischen Form vergeben. Nach der oben beschriebenen Eröffnungszeremonie mit dem Schwert usw. wird gefragt: »Ist (Pseudonym) hier?« Dann warten alle, bis der Sieger aufsteht. Er wird dann zu seinem Stuhl geführt und inthronisiert. Dasselbe geschieht mit der Krone, die für ein frei geschriebenes Gedicht vergeben wird. Es gibt auch eine Prosa-Medaille.

Aber das ist nur ein Teil dessen, was hier geschieht: Es gibt Wettbewerbe für Chöre, für Solisten, für Volkstanzgruppen, für Rezitationen in allen Altersgruppen. Bryn Terfel (s. Grund 56) hat seine Karriere hier begonnen. Und es gibt auch Preise für bildende Künste und Kunsthandwerk.

Willkommen in Wales – Schild an der Autobahn M4.

Oben: Wales ist das Land der Brücken. Hier sieht man die über die Severnmündung (Grund 15).
Unten: Cardiff – die Hauptstadt von Wales.

Eine der vielen Burgen in Wales: Cardiff Castle. Im Vordergrund Osterglocken, die walisischen Nationalblumen.

Oben: Das Cardiff-Millennium-Stadion: Hier wird gesungen und Rugby gespielt (Grund 110).
Unten: Länderspiel Italien gegen Wales: Der Waliser George North in Aktion während des Spiels.

Oben: Walisische Rugbyfans stoßen in Cardiff auf den Sieg an.
Unten: In Wales sind alle Straßenschilder zweisprachig.

Sgwd y Eira – einer der vielen Wasserfälle im Nationalpark Brecon Beacons (Grund 99).

Oben: Megalith-Bauwerk: Dolmen bei Pentre Ifan in Pembrokeshire.
Unten: Bergbau in Wales: Die ehemalige Zeche Blaenavon in Südwales beherbergt heute ein Museum.

Oben: Swansea – eine Ortsgründung des Wikingers Svein Gabelbart (Grund 4 und Grund 53).
Unten: St. Davids – die dem walisischen Nationalheiligen gewidmete Kathedrale (Grund 70).

Unten: Toffee von der Insel Anglesey, langsam auf der Zunge zergehen lassen (Grund 90).
Rechts: Druidenalphabet (Grund 41). **Unten rechts:** Junges Kaninchen auf Skomer Island.

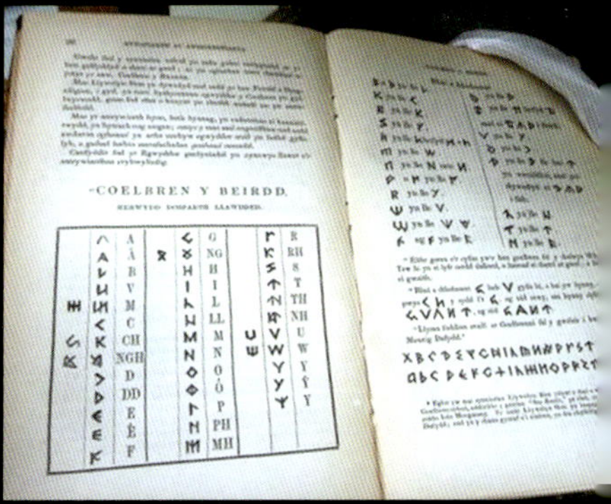

Oben: Die Schreibstube des Dichters Dylan Thomas in Laugharne (Grund 38). **Unten:** Das malerische Küstenstädtchen Tenby. Von hier aus geht die Fähre zur Lavendelinsel Caldey (Grund 87).

Das Dylan-Thomas-Denkmal in Swansea, eins von vielen in Wales.

Die malerische Küste zwischen der Caefal-Bay und St. Nons (Grund 70).

UEFA SUPER CUP
SKOPJE • 8 AUGUST 2017
adidas
Fly
Emirates
11
RMCF

Berühmte Waliser: Linke Seite: Real-Madrid-Star Gareth Bale. **Oben:** Geraint Thomas, der als erster Waliser die Tour de France gewann (Grund 110). **Unten:** Walisische Weltstars – Tom Jones und Shirley Bassey (Grund 55 und Grund 56).

Hay on Wye – ein Dorf voller Buchläden (Grund 36).

Außer dem Nationalen Eisteddfod gibt es eine Reihe anderer: Fast jede Schule in Wales feiert am *Gwyl Ddewi* (Fest des Heiligen David) ein Eisteddfod: Einer unserer Autoren hat 1952 den dritten Preis für Poesie in der Volksschule in Llanrwst gewonnen! Es gibt auch fast überall regionale Eisteddfodau.

Wichtig für die Jugend ist das *Eisteddfod yr Urdd*, das von der Jugendorganisation *Urdd Gobaith Cymru* (Liga der Hoffnung von Wales) organisiert wird. Es gibt regionale Durchgänge und dann ein nationales Finale im Sommer. Wie das nationale Eisteddfod wird dieses auf der walisischen S4C-Canal weitgehend ausgestrahlt.

Als Letztes sollte man auch das Internationale Musikalische Eisteddfod erwähnen, das jeden Sommer in Llangollen gehalten wird. Hier kommen sowohl Volksmusiker als auch klassische Musiker aus aller Welt zusammen. Mehr als 5.000 Teilnehmende aus mehr als 50 Ländern spielen, tanzen und singen eine Woche lang vor mehr als 50.000 Zuschauern über die Festwoche. Unter anderen berühmten Teilnehmern könnte man Luciano Pavarotti nennen, der 1955 hier auftrat – der höchste Preis des Eisteddfods ist nach ihm genannt, der Chor-der-Welt-Pavarotti-Pokal.

42. Grund

Weil es in Wales überhaupt aufregende Festivals gibt

Es ist so leicht, beim Stichwort »Musik in Wales« an Männer im Druidenkostüm zu denken, die betörend auf der Harfe herumklampfen, und die gibt es natürlich auch, und nicht alle spielen gleichermaßen betörend … aber auch Neue Musik hat in Wales ihren Platz, und zu ihrer Förderung wurde UPROAR ins Leben gerufen. Ein erstes großes Konzert fand im Herbst 2018 statt und wirkt absolut wegweisend für die weitere Entwicklung von UPROAR.

Das Kulturzentrum *Chapter* in Cardiff, 1971 in den Räumlichkeiten einer ehemaligen Schule (Canton High School) von Künstlern gegründet, bietet seit fast 50 Jahren alternativer Kunst und Kultur ein Zuhause.

Es war der geeignete Ort für die Lancierung von UPROAR, das einzige professionelle Ensemble in Wales, das sich auf zeitgenössische klassische Musik spezialisiert. Das Konzert 10x10 vom 26.10.2018 war schon Tage zuvor ausverkauft. Es musste sogar noch eine zusätzliche Stuhlreihe aufgestellt werden, um allen Interessenten einen Sitzplatz zu garantieren.

Für diesen Anlass hatte Michael Rafferty, der Gründer und Dirigent des Ensembles, schon vor einem Jahr zehn in Wales schaffende KomponistInnen angefragt, ein kurzes Stück zu schreiben. Das waren die bereits etablierten John Metcalf, Steph Power, Andrew Lewis, Michael Parkin, Guto Pryderi Puw, Lynne Plowman – und die erst aufgehenden Sterne Carlijn Metselaar, Maja Palser, Sarah Lianne Lewis und Gareth Moorcraft. Da die Zusage für die Finanzierung des Projekts erst im Juni 2018 kam und die Größe und Zusammensetzung des Ensembles von dieser abhängig war, entstanden die Werke schließlich im Laufe des Sommers 2018.

An dieser Stelle ein großer Applaus an die Instrumentalisten, die in kürzester Zeit die hochmodernen Werke einübten und virtuos präsentierten. Das sind Joanna Shaw an den Flöten, Michael Whight an den Klarinetten, John Orford an den Fagotten, Torbjorn Hultmark an Trompete und Sopran-Posaune, an der Posaune Douglas Coleman, am Schlagzeug, Julian Warburton, an der Harfe Lucy Wakeford, Miranda Fulleylove an der ersten, Philippa Mo an der zweiten Geige, Fiona Winning an der Bratsche, Sally Pendlebury am Cello und Kenneth Knussen am Kontrabass.

Vor dem Konzert fand ein Podiumsgespräch mit den Komponierenden statt, bei dem sie sich und ihr aktuelles Werk in einem Satz vorstellen sollten, was auch keine geringe Kunst war. Anschließend berichteten zunächst vor allem die Komponisten über das Entstehen ihres Stücks, während sich die Komponistinnen erst auf eine Frage aus dem Publikum aus der Reserve locken ließen, nämlich, was beim aktuellen Werk zuerst gekommen sei, die Musik und dann der Titel oder umgekehrt. Carlijn Metselaar beispielsweise hatte sich zu ihrem Stück *Night Parade of Monsters* von der *Night Parade of One Hundred Demons* des Karikaturisten Kawanabe Kyosai aus der Edo-Periode inspirieren lassen, Maja Palser hingegen schrieb zuerst die Musik und weist mit dem Titel *Aus dem Leeren* auf den Entstehungsprozess derselben hin.

Zum Konzert füllte sich der Theatersaal lückenlos mit Familien und Freunden der Mitwirkenden, aber auch Vertretern und Vertreterinnen der Cardiffer Kunst-, Film- und Theaterszene, dem Royal Welsh College of Music & Drama bzw. Coleg Brenhinol Cerdd a Drama Cymru und dem Musikdepartement der Universität. Das Konzert 10x10 bildete durch die Einheit der Instrumentierung und die vorgegebene Zeit für die einzelnen Stücke (fünf bis sechs Minuten) trotz ganz unterschiedlicher Kompositionen ein Ganzes. Es begann mit John Metcalfs *Air – An Aria*, das beinahe pastoral wirkte, obwohl er als Einziger auf die Harfe verzichtet hatte, während als Nächstes Steph Powers *Semaphore* mit seinen Rhythmisierungen faszinierte. Jedes Stück war etwas für sich und doch Teil des Ganzen. Einen großen Eindruck hinterließ *Murmurations* von Michael Parkin, das den Formationsflug von Staren vertont und erlebbar macht. Auf einer ganz optimistischen Note endete das Konzert mit Lynne Plowmans *Up*. Dass ohne klare Vorgabe oder Planung gleich viele Frauen wie Männer beteiligt waren, sprach natürlich auch für das Projekt!

Zum Schluss wurde in der Eingangshalle ein Aperol ausgeschenkt, eine gute Gelegenheit, Mitwirkenden und Bekannten nach dem Konzert zuzuprosten, auf die Schultern zu klopfen und sich über die Musik auszutauschen. Und das alles soll zum Vorbild für weitere Veranstaltungen dieser Art dienen, und wenn Sie auch nur einen Funken Interesse an zeitgenössischer Klassik haben, halten Sie beim nächsten Besuch in Wales Ausschau nach UPROAR (und wenn nicht, vielleicht trotzdem, dann kommen Sie garantiert auf den Geschmack oder finden Trost im Aperol!).

43. Grund

Weil Wales die Heimat der Druiden war

Der Ort: die Insel Mona. Die Zeit: A.D. 60. Auf der einen Seite der Straße von Menai (Telford hatte seine Brücke noch nicht gebaut): die Römer; auf der anderen Seite, nach Tacitus:

Die Feinde standen in bewaffneten Massen am Ufer entlang. Unter ihnen waren schwarz gekleidete Frauen mit Furien-ähnlichen zerzausten Haaren; nebenbei waren Druiden, ihre Hände zum Himmel gehoben, die fürchterliche Fluchworte ausriefen. Dieses unheimliche Bild entmannte unsere Soldaten, die wie gelähmt ihre Körper den Wunden anboten.

Aber dann, angespornt von den Aufrufen des Generals (und ihrer eigenen), dass sie sich nicht von einer Bande von Frauen und Fanatikern einschüchtern lassen sollten, drängten sie mit ihren Feldzeichen vorwärts, überwältigten die Gegner, die sie mit ihren eigenen Fackeln verbrannten.

Danach wurde Ordnung unter den Besiegten hergestellt, und die Haine, die ihrem grausamen Aberglauben geweiht waren, wurden zerstört. Denn es war die Gewohnheit ihrer Religion, ihre Altäre mit menschlichem Blut zu begießen und die Götter mithilfe von menschlichen Eingeweiden zu befragen.

Das, liebe LeserInnen, ist alles, was wir mit Gewissheit von den Druiden in Wales (oder eher zu der Zeit Britannien) sagen können. Und selbst das ist der Bericht eines Römers, der Interesse daran hatte, die Briten und ihre Religion als primitiv und brutal zu schildern.

Natürlich kann man auch die Berichte klassischer Autoren anführen, die die Religion der Kelten anderswo in Europa beschrieben, aber immer mit dem Vorbehalt, dass diese Autoren keine modernen, unparteiischen Ethnologen waren. Meistens wollten sie beweisen, dass die Nicht-Griechen oder Nicht-Römer Barbaren waren, und die Überlegenheit ihrer eigenen Kultur zeigen, oder, wie Cäsar, ihre Eroberungszüge rechtfertigen. Es ist auch unvertretbar anzunehmen, dass etwas, was für die Einwohner von Anatolien gilt, auch für die in Gallien, dem heutigen Österreich oder Britannien wahr ist. Gab es eine einheitliche keltische Religion? Das können wir nicht wissen.

Nach einigen Überlieferungen waren die Druiden die Gelehrten und Priester verschiedener keltischer Völker. Sie hatten keine Tempel, sondern verehrten ihre Götter in Hainen unter freiem Himmel. Sie glaubten an Reinkarnation. Um Druide zu werden, musste man 20 Jahre studieren und alles auswendig lernen, da sie das Schriftliche verschmähten, was den modernen Druiden sehr gelegen kommt, denn da wir rein gar nichts über den Glauben der Druiden wissen, können sie allerlei Unsinn erdichten – und niemand kann sagen, dass es nicht so war.

Das herkömmliche Bild, das wir von den Druiden haben, zeigt einen Mann mit langem weißen Bart, in lange weiße Gewänder gekleidet, der mit einer goldenen Sichel in Eichenhainen Mistelzweige sammelt – und es hat so sein können. Aber eine andere Frage ist: Waren sie so grausam, wie die Alten sie beschreiben? Den modernen Hippie-Druiden ist das unannehmbar – es muss alles Lüge und Propaganda sein. Doch wissen wir nicht, ob man zu der Zeit so sensibel war, was solche Riten betrifft, wie die moderne »Generation Snowflake«.

Lassen Sie uns aber zu unserem Thema der Druiden in Wales zurückkehren. Es gibt eine Lücke in der Geschichte, die bis ins 18. Jahrhundert dauert. Aber dann kam Edward Williams (1747–1826) – viel besser unter seinem bardischen Namen Iolo Morganwg bekannt. Obwohl er seinem Vater in dessen Beruf als Steinmetz folgte, hatte er ein lebhaftes Interesse an den literarischen und historischen Traditionen seines Landes. Er hat mit bekannten Dichtern Metrik und Poetik studiert und auch viele alte Handschriften gesammelt. Leider, wie sein Zeitgenosse Macpherson in Schottland mit seinen verfälschten Ossian-Gedichten, hat er, wo der gewünschte Stoff in den Handschriften fehlte, seinen eignen dazugedichtet. Erst nach seinem Tode wurde klar, wie viel er erfunden hatte.

Sehr früh beschäftigte er sich mit den Druiden: Er war überzeugt, dass die druidische Tradition die Römerzeit, die Christianisierung und die Verwüstungen der Zeit überlebt hatte. Um diese Ideen zu unterstützen, produzierte er viele Handschriften als Beweis. Er propagierte eine mystische Philosophie, die nach seinen Behauptungen der Lehre der Druiden entstammte. Diese Philosophie hatte einen sehr starken Einfluss auf die neo-druidische Bewegung.

Er hat sogar ein bardisches Alphabet erfunden, das offensichtlich auf dem Runischen basiert.

Aber sein wichtigster Beitrag zur walisischen Kultur ist die *Gorsedd y Beirdd* (Versammlung der Barden), die er 1792 auf Primrose Hill in London gründete. Manche der Verfahren (nach Iolo von den alten Riten der Druiden stammend), die er dort einführte, sind heute noch in Wales lebendig. Jedes Jahr beim *Eisteddfod Genedlaethol* (Nationaler Eisteddfod) führt der Leiter der *Gorsedd y Beirdd*, der *Archderwydd* (Erzdruide), die Riten, die das Eisteddfod eröffnen und schließen, durch – sehr weit von den blutigen Ritualen der historischen Druiden entfernt.

Und zur Sonnenwende im Sommer und im Winter sammeln sich die Horden der modernen Druiden in Stonehenge, ohne die geringste Ahnung, dass sie so viel dem selbst ernannten Druiden Iolo zu verdanken haben.

44. Grund

Weil Wales das Land der Harfen ist

Wäre das nicht ein verheißungsvoller Anfang? »Kein Land ist so mit der Harfe verbunden wie Wales.« Aber in Wirklichkeit ist Wales eigentlich mit gar keinem Instrument verbunden, die Harfe hat ihm Irland weggeschnappt und in sein Wappen gesetzt – wobei die Harfe auch dort nicht auf uralte keltische Traditionen zurückgeht, wie man gern glauben möchte, sondern auf eine relativ neue Entwicklung. Popularisiert und eingeführt als Symbol für Irland wurde die Harfe zu Beginn des 19. Jahrhunderts durch Thomas Moore, der mit seinen sentimentalen Liedern Begründer und Vertreter einer gänzlich unpolitischen Nationalromantik wurde. Immerhin werden in walisischen Märchen Harfen erwähnt, in Texten aus dem Mittelalter kommen sie vor, und in frühen Aufzeichnungen von Liedern und Melodien sind ebenfalls Harfen erwähnt (s. Grund 54) Wie die frühen Harfen ausgesehen haben, wissen wir nicht, aber bestimmt nicht so wie die heutigen. Eigentlich ist das Prinzip der Harfe recht einfach, ein Holzbogen, in den Saiten gespannt werden. Mit den heutigen Konzertharfen und ihren ungeheuer komplizierten Stimmungsmöglichkeiten hat das wenig zu tun, außer eben vom Prinzip her. Die Harfen des Mittelalters hatten sicher größere Ähnlichkeit mit den schlichten bespannten Bögen – allein schon wegen des Gewichts, das eine heutige Konzertharfe hat, das hätte so ein armer, oft blinder Harfner doch überhaupt nicht mit sich herumschleppen können. In irischen Texten aus dem Mittelalter, wo Instrumente viel häufiger vorkommen als in walisischen, ist die Rede von *cruit* – das scheint eine Art Vorläuferin der Harfe gewesen zu sein. Cruit war bis zum 19. Jahrhundert in Wales und Shetland ein mit Leier und Harfe verwandtes kleines Instrument, das zwei bis acht Saiten hatte und mit Bogen oder Plektrum gespielt wurde. Verwandt ist es mit der Crwth, die heute wieder gebaut, verwendet als »typisch keltisch« bezeichnet wird und die eng mit der antiken Leier verwandt ist. Giraldus Cambrensis (s. Grund 59), der die Iren ansonsten für Barbaren hielt, schreibt, sie seien in der Kunst des Harfenspiels jeder anderen Nation überlegen. Nur beschreibt auch er nicht, wie die Harfen ausgesehen haben. In der kymrischen und irischen Literatur vom 12. bis zum 18. Jahrhundert spielt die Harfe eine große Rolle. Sie erscheint als mit magischen Kräften begabt, während sich der Wirkung der Klänge, die ein kunstfertiger Harfner seinem Instrument entlockt, niemand entziehen kann. Die ersten Harfen, von denen wir gegen Ende des Mittelalters Beschreibungen haben, werden, ihrem hohen Ansehen entsprechend, als ganz besonders prächtig und reich verziert beschrieben. Diese Harfen hatten Saiten aus einer Kupfer-Messing-Legierung und waren 30 Zentimeter hoch. Sie wurden gegen die linke Schulter gehalten. Die linke Hand griff die oberen Töne, die rechte die tiefen. Diese Technik war offenbar nur in Irland und in Wales bekannt. Die Harfensaiten wurden mit den Fingernägeln gezupft, die Harfner ließen sich die Nägel deshalb besonders lang wachsen. Die Tripelharfe mit den drei parallelen Saitensätzen, die heute als die typisch walisische gilt, kam erst im 17. Jahrhundert aus Italien über den Umweg über England nach Wales (König Charles I. war ein großer Fan dieser Harfe und ernannte als Erster einen Hofharfner (eine Tradition, die der derzeitige Prince of Wales ja wieder aufgenommen hat, s. Grund 81), allerdings einen Franzosen, aber noch war das neue Instrument ja nicht in Wales angekommen. Und dass es dort nie zum »Volksinstrument« werden konnte, liegt auf der Hand: viel zu teuer und unpraktisch. Die neue Harfe wurde nun mit Darmsaiten bespannt (heute: Nylonsaiten) und mit den Fingerspitzen gezupft, nicht mehr mit den Fingernägeln. Die erste Beschreibung einer Triple Harp aus Wales stammt von dem blinden Harfner John Parry, auf Kymrisch Parri Ddall Rhiwabon, der um 1710 auf der Halbinsel Llŷn in Gwynedd geboren wurde. Der kleine Wunderknabe fand sehr früh reiche Gönner, die ihm aus London eine dieser modernen Harfen besorgten und ihn dann auch an andere Adelshäuser weiterreichten, schließlich trat er sogar in London auf, wo er allerdings die damals moderne Barockmusik spielte. Er diktierte dem Musikforscher Evan Williams etliche Melodien, die Williams dann in seinem Buch *Ancient British Music* veröffentlichte, in dem er auch eine präzise Beschreibung der Harfe unterbrachte. Im Laufe des 19. Jahrhunderts allerdings ebbte das Interesse an der Triple Harp wieder ab, die Pedalharfe war erfunden worden, und um das Jahr 1900 galt die Triple Harp in Wales als ausgestorben (wobei ja zu bedenken ist, dass sie niemals weit verbreitet gewesen war). Die Spielstile und Melodien aber wurden, wie so oft auf den Britischen Inseln, von Travellers-Familien bewahrt, die sie dann im Zuge der Folk-Revivals an die neuen Generationen weitergaben. In Wales ist diese Neuentdeckung vor allem mit dem Namen der Harfnerin Nansi Richard Jones (1888–17979) verbunden. Sie stammte von einem Bauernhof in Pen-y-Bont-Fawr und erzählte später immer, sie habe das Harfenspielen und die Musik von wandernden Erntearbeitern gelernt – deren Instrumente natürlich nicht mit den heute verwendeten Triple Harps verglichen werden können. Sie gewann bei mehreren Eisteddfodau Preise und wurde 1911 Hofharfnerin des Prince of Wales. Diesen Ehrenrang behielt sie bis zu ihrem Tod, danach war erst einmal Schluss, bis der jetzige Fürst von Wales eingriff. Alles, was heute in der walisischen Harfenszene Rang und Namen hat, hat entweder bei Nansi Richard Jones gelernt – oder von ihren Schülern oder Schülerinnen.

Hörtipp: Nansi Richard Jones spielt das Stück *Pen Rhaw*:
www.youtube.com/watch?v=9Dcwa33bxS0

Weil Wales das Land der Drachen ist

Überall gibt es Drachen in Wales, auf der Flagge, in den Tälern, auf den Bergen, in den Sagen … na ja, heutzutage verstecken sie sich oft, und man hat also keine Garantie für eine Drachenbegegnung, wenn man nach Wales reist. Der Schriftsteller J. D. Oswald (s. Grund 46) sagt, dass es Menschen gibt, die an Drachen glauben, und andere, die nicht an Drachen glauben. Da die, die nicht an Drachen glauben, vermutlich niemals einem Drachen begegnen werden, kann ihr Unglaube ihnen aber auch nicht weiter schaden. Das hier soll nur eine winzige Einführung in die Drachenkunde sein. Es ist eine viel erzählte Sage, die die Bedeutung der Drachen erklären und zugleich eine biografische Lücke im Leben des Zauberers Merlin schließen soll. Vermutlich ist die Sage aber erst entstanden, als die Drachen schon das walisische Wappentier waren und irgendeine Erklärung eben hermusste.

Es war so, dass der angelsächsische König Vortigern in Wales eingefallen war und seine Herrschaft festigen wollte, indem er eine Festung errichten ließ. Aber sooft auch mit dem Bau begonnen wurde, immer stürzte über Nacht alles wieder ein. Die Bauarbeiter sagten schließlich dem König, er mache alles falsch, ein Bauwerk könne auf Dauer nur halten, wenn der Grundstein mit dem Blut eines Waisenkindes begossen würde. (Wir kennen das ja aus dem *Schimmelreiter*). Also schickte Vortigern Boten aus, die ein Waisenkind herbeischaffen sollten, aber in Wales herrschte gerade Mangel an solchen. In Carmarthen fanden sie endlich eine Gruppe von ballspielenden Knaben, und einer von denen rief dem Geschicktesten unter ihnen zu: »Du Waisenknabe, bloß, weil du der beste Ballspieler hier bist, wirst du es doch zu nichts bringen!« Die Boten schnappten sich den Knaben und brachten ihn zum König. Doch als dessen Männer nun das Messer wetzten, um den Jungen zu töten, lachte der nur, denn, wie wir schon erraten haben, es war der junge Merlin, der genau wusste, was hier passieren sollte. »Herr König«, sprach er, »lasst Eure Leute tiefer graben, dann werdet Ihr schon sehen, warum das Bauwerk immer wieder einstürzt.« Und sie gruben und gruben, und dann fanden sie eine Höhle, in der zwei schlafende Drachen lagen. Einer war weiß, einer war rot. Die Drachen erwachten natürlich, weil es plötzlich hell, kalt und laut wurde, und fielen sofort übereinander her.

»Was hat das zu bedeuten?«, fragte König Vortigern.

»Das bedeutet«, sprach der junge Merlin, »dass zwei Nationen kämpfen werden. Der weiße Drache ist der Sachse, der rote Drache ist der Waliser.«

»Welcher wird gewinnen?«, schrie König Vortigern außer sich.

Aber Merlin lächelte nur traurig und geheimnisvoll, und die Drachen verschwanden in einem dichten Nebel.

Zunächst denkt man, hier lag Merlin genau richtig mit seinem traurigen Lächeln, der weiße Drache hat doch gewonnen, aber vielleicht sah es nur lange so aus? Denn der rote ist ja noch da, das Kymrische wird stärker, und schließlich sitzen in den Höhlen die Ritter, die herauskommen werden, wenn Wales wirklich in Gefahr ist, um dann ihr Land zu retten, mitsamt den Drachen.

46. Grund

Weil in Wales Drachenromane geschrieben werden

Eine Serie von Romanen aus Wales zu übersetzen ist eigentlich schön! Wenn jedenfalls der erste Band gut ist und man weiß, es kommen noch vier, und man wird lange zu tun haben. Aber wenn dann irgendwann im dritten Band das Unwohlsein überhandnimmt, sitzt die arme Übersetzerin da und muss eben doch durch. Es geht um eine fantastische Serie, *Dreamwalker* oder *The Ballad of Sir Benfro* von J. D. Oswald. Es gibt zwei Welten, in der einen herrschen die Menschen und drangsalieren die Drachen, in der anderen ist es umgekehrt. Früher war es eine einzige Welt, aber zwei Drachenherren konnten sich nicht einigen, wer die schönste Drachin aller Zeiten kriegen sollte, und als sie ihnen mitteilte, sie wolle gar keinen von ihnen und sie sollten mit dem Blödsinn aufhören, trennten sie in ihrer Wut die Welten. Am Ende kommen die Welten natürlich wieder zusammen, aber vorher gibt es über 2000 Seiten wilde Wirrnisse.

Wunderschön ist, dass die Drachen Draigiaith sprechen (Kymrisch für: Drachensprache), die Menschen aber Saesneg (Kymrisch für: Englisch). Draigiaith ist die ältere und vornehmere Sprache, und viele alte und ehrwürdige Wörter auch im Saesneg sind eben auf Kymrisch. Leider fand der deutsche Verlag, das sei zu viel des Guten, das Kymrische wurde vom Lektorat gewaltig reduziert, aber es ist noch genug übrig, um sich zu freuen.

Anderes bietet weniger Grund zur Freude. Der Autor Oswald hat sorgfältig *Game of Thrones* gelesen, immer wieder sehen wir, wo er Inspirationen geholt hat, aber im Vergleich zu seinen beiden Welten ist die Welt von *Game of Thrones* geradezu ein Hort weiblicher Freiheit. Bei den Drachen geht es streng patriarchalisch zu, auch ein pubertärer Drachenbengel darf sich Sir nennen, wenn sein Vater verschollen ist, denn er ist das Oberhaupt der Familie, egal, dass seine Mutter eine im weiten Umkreis hoch geachtete Heilkundige ist. Der eine der streitsüchtigen Drachen wird verflucht, er wird nur weibliche Nachkommen haben, und keine der eigentlich durchaus patenten Drachinnen zuckt mal mit der Schulter und fragt: »Na und?« Der andere hat nur männliche, was ja viel besser und edler zu sein scheint, vermehren können sie sich zwar trotzdem nicht, aber es ist offenbar vorzuziehen, als männliches Geschlecht auszusterben. Oder wie sollen wir das verstehen?

Bei den Menschen ist es auch nicht viel anders. Die Mädchen bleiben brav zu Hause und helfen ihrer Mutter im Haushalt, die Jungs ziehen auf Abenteuer aus. Ausnahme: Martha, die auf den ersten 50 Seiten ungeheure Initiative entwickelt. Dann gerät sie leider in Gefangenschaft bei einem bösen Drachen und sitzt ungefähr 1.500 Seiten lang in einem goldenen Käfig. Danach tut sie auch nicht mehr viel. Dann haben wir Iolwen, die Prinzessin, die zwar die Erbin eines eigenen Reiches ist, aber doch ihr Glück nicht fassen kann, als Dafydd, der Erbe des Nachbarreiches, sie heiraten will, weshalb sie fortan eine holde, schöne und gehorsame Gattin ist. Übrigens wissen wir seit dem ersten Kapitel, daß Iolwen und Dafydd beide Reiche gar nicht rechtmäßig erben, sie erfahren es erst in Band 4 und sind nicht sonderlich beeindruckt, von Verzichtwillen keine Spur. Die dritte Frau im Buch ist Frecknock, eine Drachin, die aufgrund des Fehlens von Drachenknaben (wir wissen ja, der Fluch) daran verzweifelt, je einen Liebhaber zu finden. Sie versucht es mit Zauber und gerät an einen absoluten Mistkerl, der zudem gar kein Drache ist, sondern nur so tut. Viereinhalb Bände lang misshandelt er sie und nutzt sie schamlos aus, dann (hier soll nicht verraten werden, wie) kippt das Verhältnis um, für immer ist er nun in Frecknocks Gewalt, sie kann mit ihm machen, was sie will, und ist sehr zufrieden – und wenn sie nicht die viereinhalb Bände durchgehalten hätte, könnte sie am Ende nicht diesen Triumph genießen. Dann gibt es Beulah, die andere Thronerbin – die tugendhafte Iolwen und ihr Gemahl schicken vier Mörder, weil sie auch auf Beulahs Thron scharf sind. Als Beulah dann den Krieg erklärt und ihre Soldaten die Hauptstadt von Dafydds Reich besetzen, sind beide beleidigt und finden, dass Beulah ihre Befugnisse nun wirklich überschreitet. Wie Frecknock sucht sich Beulah ihren Partner selbst aus, und der ist der wahre Held der Serie, tapfer, klug, gut aussehend und seiner Königin absolut ergeben. Gut, Beulah vergiftet ab und zu mal unliebsame Personen und zeigt erst nach und nach ihre wahren Qualitäten, aber ist das der Grund, warum der allwissende Erzähler die blöde Iolwen vorzieht? Dass eine Frau wie Beulah in den Welten von Draigiaith und Saesneg keine Chance hat, ist klar – aber immerhin kann sie ihren Geliebten und ihre kleine Tochter retten (alle finden, dass Beulah ihre Sache als Königin gut macht, aber alle denken auch: Ach, hätte sie doch einen Sohn bekommen!). Diese geballte Männerwirtschaft nervt total beim Übersetzen, immer wieder kommt Lust auf, ein paar besonders schlimme Sätze wegzulassen, aber das geht ja auch nicht.

Der Autor dankt am Ende jedes Buches seiner »schwer geprüften Lebensgefährtin Barbara«. Frau versteht warum. Aber, Barbara, warum hast du dem Alten nicht mal das Manuskript um die Ohren gehauen und gesagt: »So nicht!« Und dennoch, irgendwo ist da eine Lehre. Nur eine Beulah kriegt einen wirklichen Helden ab, die braven Dulderinnen wie Frecknock kriegen am Ende ihre Rache – und die Tugendsamen sitzen im goldenen Käfig. Lektüre dringend empfohlen.

Die Serie von J. D. Oswald hat die deutschen Titel:
Der Zauber des Drachenvolkes
Das Geheimnis des Magierordens
Die Gefangene des Drachenturms
Das Reich der Drachen
Der Kampf um den Obsidianthron

47. Grund

Weil in Wales Drachen die Landschaft prägen

Natürlich gibt es überall in Wales Felsen, die wie Drachenköpfe geformt sind, egal, wo Sie sich umsehen, Sie werden in Minutenschnelle einen entdecken. Aber besonders berühmt ist eine lange Felszunge vor der Halbinsel Gower, genannt »The Worm« – auf Kymrisch Ynys Werin. Das mit »The Worm« ist in unserem Zusammenhang interessanter, diese dramatische Felsenreihe, die aussieht wie eine sich aufbäumende und ziemlich verärgerte Seeschlange – und dann »Wurm«? Aber wie so oft in Wales waren hier die Wikinger als Namensgeber tätig, der älteste bekannte Name der Felszunge ist Ormr, nahe verwandt mit dem alten deutschen Wort »Lindwurm«, im Altnordischen das Wort für »Drache« (oder Schlange oder alles irgendwie ähnliche Getier, bloß nicht für Wurm). Die Wikinger wussten natürlich auch, dass der Worm einst ein furchterregender echter Drache war, der von einer zauberkundigen Frau überlistet und in Stein gebannt wurde, aber was genau damals passierte, ist leider nicht überliefert. Bei Ebbe kann man den ganzen Worm entlangwandern, über den Rücken des Drachen, seinen Hals, bis auf den Kopf und noch weiter, sozusagen bis an die Nasenspitze, wie immer die bei Drachen heißt, und bei besonders gutem Wetter ein paar irische Berge sehen. Bei Flut geht das alles nicht. Dann werden die tiefer liegenden Teile überspült, und man sitzt fest auf Rücken, Hals oder Nasenspitze. Oder ist schon weggeschwemmt worden und ertrunken. Wenn wir glauben dürfen, was in der Gegend so erzählt wird, werden jeden Sommer ganze Heerscharen von unvorsichtigen Touristen ins Meer gespült, aber das scheint doch ein wenig übertrieben zu sein. In der Literatur sind es gern unerwünschte Liebhaber, die vom eifersüchtigen Ehemann auf den Wurm gelockt werden – oder umgekehrt. Das geht natürlich nur bei Ortsfremden, die keine Ahnung von Strömungen und Gezeiten haben. Bei Einheimischen empfiehlt sich eine leichte Korrektur der Tidentabellen, ein Fliegenklecks an der richtigen Stelle, und der Rivale bildet sich ein, noch zwei Stunden Zeit zu haben, um ein entlaufenes Schaf einzufangen, und hat doch nur 20 Minuten. Der ganze Worm ist knapp über anderthalb Kilometer lang und an der höchsten Stelle 50 Meter hoch. Die Tidentabellen allein reichen nicht aus, um sichergehen zu können, dass man sicher geht – denn die Strömung um die Drachenschnauze kann sich sehr schnell ändern, und dann wird man von einer unerwarteten Welle weggeschwemmt, obwohl das laut Tidentabelle gar nicht passieren dürfte. Das liegt, so die Sage, daran, dass der Worm eigentlich lieber am Stück wäre und auch gar nicht hier herumliegen will, und ab und zu reißt sich der Kopf los, um die Sache zu inspizieren und einen Ausweg zu finden. Kein Wunder, dass es dabei zu hohem Wellengang kommt.

Dylan Thomas, der sich offenbar nicht ausreichend informiert hatte, beschreibt einen Aufenthalt auf dem Worm so: »Ich saß dort von der Abenddämmerung bis Mitternacht, und ich traute mich nicht weiter, wegen der Ratten und wegen Dingen, bei denen es mir peinlich ist, dass ich mich davor fürchte. Dann lugten endlich die ersten Felsspitzen aus dem Wasser, und ganz vorsichtig kletterte ich darüber ans Land.« Wovor er sich gefürchtet hat, verrät er nicht. Es war sicher nicht die Möwenkacke, auch wenn er später berichtet, dass er noch nie so viel Möwenkacke auf einem Haufen gesehen hat wie auf der Nasenspitze des Worm!

Das alles soll Ihnen aber nicht den Spaß am Worm verderben – es ist schon ein ganz besonderes Erlebnis, auf einem Drachen herumzuturnen – aber für die ersten Male ist es sinnvoll, sich einer Führung anzuschließen. Es gibt regelmäßig welche, über die die Touristinformationen auf der Gower-Halbinsel informieren, wenn man will, kann man auch tiefer in die Tasche greifen und sich eine Privatführung maßschneidern lassen, möglich ist alles, und wunderschön auch.

48. Grund

Weil Wales das Land der blauen Lagunen ist

Vielleicht übertreiben wir ein bisschen, bekannt ist eigentlich nur eine blaue Lagune in Wales (aber wer weiß, was sich alles in dem endlosen Höhlensystem verbirgt), und es ist vielleicht streng genommen auch keine Lagune wie die bekannteren in Venedig, Malta oder Island, aber jedenfalls sieht sie so aus, und gegen das Blau ist absolut nichts einzuwenden.

Unsere Lagune liegt nicht weit von Dolgellau entfernt und hat den langweiligen Namen Blue Lake. Sonst ist nichts daran langweilig. Ursprünglich war sie ein Steinbruch, wo Schieferplatten für die typischen walisischen Häuser abgebaut wurden. Als kein Schiefer mehr vorhanden war, wurde der alte, tief gelegene Steinbruch geflutet, inzwischen sind wir im 20. Jahrhundert angekommen, unternehmungslustige Ingenieure dachten, man könnte hier vielleicht ein Wasserkraftwerk anlegen. Man konnte nicht, zu unwegsam ist das Terrain. Also liegt der blaue See da und ist blau. Angeblich ist er auch sehr tief, aber die Tiefe ist umstritten, die Lokalbevölkerung behauptet, er sei tiefer als die Entfernung von der Wasseroberflüche zum höchsten Punkt der den See umgebenden Felsen. Angeblich ist das Wasser sehr kalt, als Badesee eignet er sich also eher nicht. Er ist auch nicht so leicht zu erreichen. Man kann sich z.B. von oben her an der Felswand abseilen und dann eine Runde schwimmen, dann am Seil wieder hochklettern. Wenn man keine Begabung als Bergsteiger hat, geht man vielleicht lieber durch den in die Felsen gehauenen Tunnel (richtig, Tunnel, wir sind hier schließlich in Wales), dann folgt man einem vollkommen ungesicherten schmalen Sims an der Felswand entlang und erreicht dann irgendwann das Wasser. Man kann es auch lassen und einfach von der Straße von Dolgellau nach Fairbourne abbiegen, und zwar bei der einzigen Telefonzelle weit und breit (wir können nur hoffen, dass die nicht auch noch abmontiert wird, weil heutzutage alle Welt ein Mobiltelefon mit sich herumschleppt), da beginnt ein Fußweg, der auf ein Felsplateau führt. Von dort aus kann man in den Talkessel schauen und das unglaublich blaue Wasser bewundern. Zudem hat man einen atemberaubenden Blick auf die Bucht von Barmouth.

Das die blaue Lagune umgebende Land befindet sich in Privatbesitz. Niemand hat etwas dagegen, wenn interessierte Reisende den See besuchen, bewundern und sogar darin baden. Sie werden nur gebeten, ihren Müll danach wieder mitzunehmen. Aber das hätten Sie doch sicher ohnehin getan?

49. Grund

Weil Reisende in Wales so gut informiert werden

Immer wieder schreiben wir in diesem Buch: Informationen gibt es bei den Touristeninfos der Gegend, und diese Infozentren sind wirklich vorbildlich, man wird ausgiebig informiert und kommt auf eine Menge neuer Ideen, und die Leute, die dort arbeiten, wissen immer noch viel mehr über irgendeine Sehenswürdigkeit als selbst das scheinbar bestinformierte Reisehandbuch. Manche Infostätten aber sind auch selbst Sehenswürdigkeiten! So eine ist der Turm Elin's Tower oder Tŵr Elin auf Ynys Môn. Für deutsche Reisende sieht er durchaus vertraut aus – er sieht aus wie die Bismarcktürme, die bei uns seit Ende des 19. Jahrhunderts überall in der Gegend herumstehen. Aber das Gerücht, der Tŵr Elin sei damals billig in Deutschland bei einem Ausverkauf der Überproduktion an Bismarcktürmen zu haben gewesen, ist eine gemeine Lüge. Er wurde um 1830 errichtet und diente zuerst einer reichen Grundbesitzerfamilie als Sommerhaus. Elin – auch Ellin, Ellen oder Helena – hieß die Gemahlin von Macsen Wledig (s. Grund 62), für die er zu gern in Wales geblieben wäre, um ihr zu Ehren prachtvolle Türme zu bauen, aber er musste ja nun mal römischer Kaiser werden. Also bekam Elin anderthalb Jahrtausende später doch noch ihren Turm! Heute beherbergt der Turm neben der Infostelle Ausstellungen über die Insel und das Naturschutzgebiet South Stack.

South Stack, kymrisch Ynys Lawd, ist eine Felseninsel vor Holyhead, auf der ein Leuchtturm Schiffen den Weg um die gefährlichen Klippen zeigt. Die ganze Insel ist Vogelschutzgebiet, von Elins's Tower aus hat man einen wunderbaren Blick auf alles, was da kreucht und fleucht, Ferngläser jeder Art und Größe stehen zur Verfügung. Auf Ynys Law wachsen auch seltene Pflanzen, die allerdings vom Turm aus nicht so gut zu erkennen sind, wir können uns da nur auf die dort erhältlichen Infos verlassen. Ganz besonders selten ist also das Löffelförmige Steppengreiskraut, das in Wales nur an zwei Orten wächst, einer davon ist Ynys Lawd. Ein Café gibt es übrigens auch, aber alles andere wäre doch eine zu große Überraschung. Wir sind ja schließlich in Wales!

6. Kapitel

Sieger und Sänger (und dazu ein paar Invasoren)

50. Grund

Weil Wales einen Prinzen hat, der eigentlich gar keiner ist

Wir reden hier natürlich von Prince Charles, und natürlich ist der ein Prinz, schließlich ist er der Sohn der regierenden Königin und als solcher Kronprinz, und wenn er ganz viel Glück hat, wird er eines Tages auch mal König. Aber auch als König wäre er weiterhin »Prince of Wales«, und in deutschen Klatschzeitungen wird er gern als »Prinz von Wales« bezeichnet. Nur ist »Prinz« auf Deutsch eben eindeutig, man muss der Sohn von Königin oder König sein, um Prinz sein zu dürfen, und zumindest die Chance haben, später König zu werden – aber Wales ist ja kein eigenständiges Königreich. Geht also nicht. Charles ist Fürst von Wales, was ja auch ein schöner Titel ist. Auf Englisch heißt beides »Prince«, das ist das Problem, und das sorgt für lustige oder peinliche Übersetzungswirren, weshalb wir das hier aus purer Lust an der Besserwisserei mal kurz klären wollen. Eleanor Marx z.B. schrieb viel auf Deutsch, und sie verabscheute Bismarck und seine ganze Politik. Sie nannte ihn konsequent »Prinz Bismarck«, womit sie ihm nicht etwa irgendwelche royalen Gelüste unterstellen wollte. Sie hatte nur eben ihr ganzes Leben in England verbracht, und wenn im Hause Marx auch vor allem Deutsch gesprochen wurde, so hatte Eleanor die Sprache nie in einem deutschsprachigen Land sprechen können und diese Feinheiten einfach nicht gelernt. Und wenn eine hochgebildete Frau wie Eleanor Marx diesen Fehler machte, was können wir dann von der deutschen Klatschpresse erwarten? Aber zurück zum Fürsten von Wales. Auf Kymrisch lautet sein Titel *Tywysog Cymru*, das bedeutet »Anführer« oder »Häuptling«, und das klingt doch wirklich gut.

In der Schule haben wir gelernt, dass der Titel von König Edward I. eingeführt wurde, er hatte mit seiner Armee Wales erobert, die walisischen Fürsten waren geschlagen, Wales war nun England unterstellt, und die Begeisterung in Wales hielt sich in Grenzen. Edward soll seinen Untertanen wider Willen angeboten haben, ihnen einen eigenen Fürsten zu geben, der in Wales geboren sei, noch nie einen Fuß auf englischen Boden gesetzt habe und kein Wort Englisch spreche. Die widerstrebenden Untertanen waren entzückt, aber natürlich war alles ein mieser Trick, denn Edward stellte ihnen sein auf Burg Caernarvon (s. Grund 50) geborenes Söhnlein vor, den späteren Edward II. (den mit dem Schatz, s. Grund 12). Der Kleine war erst wenige Wochen alt, und da sprach er natürlich weder Englisch noch eine andere Sprache, und in England war er auch noch nie gewesen. Aber als die Waliser begriffen, wie der König sie betrogen hatte, war es zu spät, und als erobertes Land hatten sie wirklich andere Sorgen.

Es ist eine schöne Geschichte, und wir glauben sie einfach mal, auch wenn sich, wie bei den meisten schönen Geschichten, die Gelehrten schon wieder streiten, ob denn wirklich alles wahr ist, und darauf hinweisen, dass der Titel »Tywysog Cymru« schon von allerlei mittelalterlichen kymrischen Fürsten geführt wurde, die so schöne Namen hatten wie Llywelyn ab Iorwerth, Dafydd at Llywelyn oder Llywelyn ap Gruffydd.

Die Gemahlin des Prinzen heißt Princess of Wales – was ein Problem ist, wenn kein Prince of Wales vorhanden ist, also kein männlicher Thronerbe. Aber weder Victoria noch die derzeit regierende Elizabeth waren je Princess of Wales, da dieser Titel eben für die Gattin des Fürsten vorgesehen ist. Die älteste Prinzessin des englischen Königshauses trägt zumeist den Titel Princess Royal, aber das ist für walisische Zusammenhänge egal. Derzeit, wo die Thronfolgegesetze geändert worden sind und das älteste Kind des Königspaares den Thron erbt, nicht der älteste Sohn, wird noch überlegt, wie die Thronfolgerin dann heißen soll. Wir können im Moment nur noch berichten, dass Charles, auf Kymrisch Siarl Windsor, der 21. Fürst von Wales ist und angeblich der Einzige von der ganzen Bande, der Kymrisch spricht. Wie oft er es tut, wissen wir allerdings nicht. Die offizielle Anredeform ist übrigens »Royal Highness«, auf Kymrisch »Ucheldeb Brenhinol«.

51. Grund

Weil aus Wales eine königliche Dynastie kommt, die Romane und Filme inspiriert wie keine zweite

Das Jahr: 1485. Am 10. August landet Henry Tudor in Milford Haven in Pembrokeshire. Er sammelt Streitkräfte, als er durch Wales nach England marschiert. Am 22. August bei der Schlacht von Bosworth Field besiegt er Richard III., letzter Monarch der York'schen Familie Plantagenet, der auf dem Schlachtfeld getötet wird und dessen Leiche vor Kurzem unter einem Parkplatz in Leicester gefunden wurde – aber das sind ein anderes Land und eine andere Familie. Dass Henry ein ziemlich gemeiner Kerl war, zeigt sich sofort: Er datiert seine Regierungszeit vom 21. August, damit alle, die gegen ihn gekämpft haben, wegen Hochverrat hingerichtet und enteignet werden können.

Aber wie dem auch sei, eine neue Dynastie, deren Angehörige Stoff für so viele Kitschromane und Filme liefern, ist jetzt angekommen: die Tudors. Und sie sind – wenn sie irgendetwas überhaupt sind – walisisch. Denn Henrys Anrecht auf den Thron ist sehr wackelig und basiert auf der weiblichen Linie. Heutzutage kein Problem, aber zu der Zeit höchst verdächtig. Seine Mutter, Lady Margaret Beaufort, war Urenkelin von John of Gaunt, vierter Sohn Edwards III., und seiner dritten Frau, Katherine Swynford, die aber erst nach einem Vierteljahrhundert als seine Mätresse unter die Haube kam. Ihre vier Kinder, obwohl sie nach der Hochzeit ihrer Eltern vom König als ehelich erklärt wurden, waren von Heinrich IV. explizit von der Thronfolge ausgeschlossen. Doch Henry war der letzte lebende Erbe des Hauses Lancaster, nachdem alle anderen in den Rosenkriegen gestorben waren – und er war Waliser.

Sein Großvater, Owen Tudor (kymrisch: Owain ap Maredudd ap Tudur), war Page am Hofe Henry V. gewesen, und nach dem Tode des Königs soll er dessen Witwe, Cathérine de Valois, die französische Prinzessin, insgeheim geheiratet haben. Und wer weiß, ob sie auf den Tod des Königs gewartet haben! Ein Resultat dieser Liaison war Edmund Tudor, Earl von Richmond, Henrys Vater. Die Familie Tudor stammte von Anglesey, und ihre Genealogie reichte angeblich zurück bis zu Cadwaladr (†682), nach Geoffrey von Monmouth letzter König der ganzen Insel Britannien. Henry Tudor selbst wurde in Schloss Pembroke geboren, und hatte also ein doppeltes Recht, sich als Waliser vorzustellen. In Wales wurde er als *mab darogan* (Sohn der Weissagung) angesehen, deren Ankunft von den Barden seit der Zeit Myrddins (der später Merlin wurde) vorhergesagt wurde. Auf seinem Marsch durch Wales strömten seine »Landsleute« zu seiner roten Drachenfahne, die er auch später bei der Bosworth-Schlacht und danach auf seinem Triumphzug durch London führte.

Er heiratete Elizabeth von York, Nichte von Richard III., um beide Seiten des Bürgerkrieges zu einigen, und nannte seinen ersten Sohn Arthur, um seine Verbindung zu Wales noch stärker zu unterstreichen – leider starb dieser mit nur 15 Jahren und wurde als Erbe durch den zweiten Sohn, auch ein Henry, ersetzt. Dessen Geschichte – die Reformation in England, seine sechs Frauen, deren zwei enthauptet wurden – ist bekannt aus Film und Kitschroman, und jedes Jahr kommen noch welche dazu. Aber seine Beziehung zu Wales war eine komplizierte. Er glaubte, dass Wales als ein von England getrenntes Land nur benachteiligt sein würde. Viel besser, die zwei zu vereinigen und den Walisern die gleichen Privilegien wie die Engländer zu gönnen: »Seine Hoheit also aus dem einmaligen Eifer, Liebe und Zuneigung, die Er für die Untertanen in seinem gesagten Dominion Wales hegt, mit der Absicht, sie zu perfekter Ordnung, Verständnis und Kenntnis Seiner Gesetze dieses Königreichs zu bringen und alle fremde Bräuche und Sitten, die sich davon unterscheiden, absolut zu entwurzeln, und um die besagten Untertanen dieses Seines Reiches und Seines Dominions Wales zu einer freundschaftlichen Eintracht und Einheit zu bringen … dass Sein besagtes Land oder Dominion Wales soll von jetzt auf immer mit diesem, Seinem Königreich von England einverleibt, vereinigt und angeschlossen sein.« (Vereinigungserlass 1536) Haben Sie das verstanden? Den Walisern damals ging es ähnlich.

Besser auch, dass alle in beiden Ländern miteinander kommunizieren könnten – und daher eine Einheitssprache haben sollten. Welche Sprache? Englisch, natürlich. »Dass von jetzt an keine Person oder Personen, die die walisische Sprache benutzen, irgendein Amt oder Lohn in diesem Königreich von England, Wales oder anderes Dominion des Königs bekleiden dürfen, und dass sie dieselben Ämter und Löhne verwirken sollen, wenn sie die englische Sprache nicht benutzen und ausüben.«

Aber wie das Dafydd-Iwan-Lied uns sagt, trotz alledem »*Ryn ni yma o hyd*« (Wir – die Waliser – sind noch da), und die Sprache lebt weiter. (s. Grund 62)

In vielen Märchen und Sagen heißen in alten Zeiten übrigens die Helden Tudur, was die kymrische Form von Tudor ist. In neuerer Zeit ist der Name fast verschwunden, aus den Märchen und in der Wirklichkeit. Aber die Dynastie ist ja auch ausgestorben …

52. Grund

Weil man in Wales noch immer Schätze suchen kann

Irische Sagen berichten oft von Schätzen, die irgendwo im Land versteckt sind, aber niemand weiß wo. Denn »als die verdammten Fremden kamen«, so heißt es immer, wobei die Dänen gemeint sein können, die Normannen oder die Engländer, da wurden die Wichtel und Zwerge vertrieben, die dort wie überall in Europa für den Abbau von edlen Bodenschätzen zuständig waren, und auf der Flucht versteckten sie also ihre Preziosen irgendwo. Wer sie findet, darf sie behalten. Leider sind die Auskünfte so vage, dass niemand die

Chance hat, etwas zu finden. Aber wir haben ja schon häufiger angedeutet, dass es nicht nötig ist, übers Meer nach Irland zu reisen, man kann gewissermaßen einen Schritt vorher haltmachen, in Wales eben, und findet dort das Gewünschte.

Wie so oft verrät der Blick auf die Landkarte, warum das so ist. Wales ist geradezu ideal zum Schätzeverstecken! Hohe Berge, die die Schätzeverstecker vor den Blicken ihrer Verfolger schützen, tiefe Täler, noch viel tiefere Bergseen, Höhlen noch und nöcher, dazu in Ufernähe noch mehr Höhlen, die nur bei Ebbe zugänglich sind, Inselchen, von reißender Strömung oder von tückischen Sandbänken umgeben, die nur erreichen kann, wer das Fahrwasser kennt wie die eigene Westentasche, und schließlich unterirdische Gänge. Die Sagen behaupten, dass die vielen im Laufe des Mittelalters in Wales angelegten Burgen allesamt durch unterirdische Gänge miteinander verbunden sind – sehr praktisch, wenn die Burgbewohner fliehen, andere Burgen erobern oder einfach nur ihre Verwandten besuchen wollten, und natürlich, um unterwegs einen Schatz zu verstecken. Viele dieser Gänge sind eingestürzt, viele sind total unbekannt, sie existieren nur in der Sage. Von anderen wissen wir, dass es sie gegeben hat, aber wie genau der Verlauf war, ist (noch) nicht erforscht. Kurzum, Wales ist ideal zum Schätzeverstecken. Damit ist es auch das ideale Land zum Schätzesuchen – das mit dem Finden steht auf einem anderen Blatt, das liegt ja nahe, bei der Menge von Verstecken.

Wenn man ein walisisches Sagenbuch aufschlägt, oder wenn man einfach irgendwelche Bekannten fragt, was denn so in der Gegend über verschollene Schätze erzählt wird, gewinnt man den Eindruck, dass ganz Wales eine gewaltige Schatzkammer sein muss. Doch da die Schätze nie gefunden werden, auch wenn seit Jahrhunderten darüber erzählt wird, müssen sie wahrhaft genial verborgen sein. Wir wollen aber niemanden entmutigen, also, noch einmal: Wales ist eine gewaltige Schatzkammer, also versuchen Sie doch einfach Ihr Glück!

Neben lokalen oder anonymen Schätzen, die irgendein Ritter hinterlassen hat oder die ein Zwerg eigentlich einem Menschen schenken wollte, der Mensch war aber undankbar, worauf der Zwerg den Schatz im nächsten Moor versenkte, gibt es zwei, die überall in Wales erwähnt werden und zu denen möglicherweise mehrere Wege führen.

Der eine ist so ungefähr Wales' Antwort auf den Nibelungenhort, jedenfalls, was seinen Ursprung angeht – und die Unauffindbarkeit. Wir reden hier von König Artus und seiner Tafelrunde, die nämlich nicht einfach gestorben sind, sondern allesamt entrückt wurden. Und offenbar haben sie nicht nur edle Taten begangen und Witwen und Waisen beschützt, als sie noch am Leben waren (und natürlich gegeneinander intrigiert und sich gegenseitig holde Maiden und fesche Knappen ausgespannt), sondern sie haben auch Kostbarkeiten angehäuft, Gold, Edelsteine, Waffen. Artus und seine Ritter sitzen irgendwo tief unter den Bergen von Wales, sie sitzen um einen runden Tisch, natürlich, und schlafen, die Köpfe auf goldenen Tellern ruhend. Damit werden sie weitermachen, bis eines Tages ihrem Land ein furchtbares Schicksal droht, und dann werden sie sich erheben und zu den Waffen greifen und Wales befreien und vor dem bösen Feind retten. Viele Wege führen in dieses unterirdische Versteck, aber sie sind schwer zu finden, offenbar gelingt das nur einmal in jedem Jahrhundert. Die bisherigen Finder aber haben allesamt auf irgendeine Weise versagt, deshalb ist der Artushort noch vollständig vorhanden.

Wenn man den unterirdischen Festsaal betritt, darf man nämlich kein Wort sagen. Man darf auch nicht zu den Waffen der schlafenden Ritter greifen, und schon gar nicht darf man vor lauter Gier versuchen, einem von ihnen den goldenen Teller unter der Wange wegzuziehen. Was man darf: die herumliegenden Goldstücke und Edelsteine und Waffen aufsammeln, einstecken und sich stillschweigend wieder auf den Heimweg machen. Dort angekommen, darf man nie und nimmer auch nur mit einem Sterbenswörtchen verraten, woher man diesen neuen Reichtum hat – wenn man gegen eine dieser Regeln verstößt, zerfällt der Schatz zu Staub, man ist so arm als wie zuvor und findet nie wieder den Weg zur Tafelrunde. Schweigt man aber und nimmt nur mit, was achtlos herumliegt, kann man immer wieder zurückkehren und die Schatzkammer ausräumen. Das aber ist offenbar noch niemandem gelungen, weil die bisherigen erfolgreichen Schatzsucher eben die Klappe nicht halten konnten oder die Ritter mit blöden Sprüchen belästigten oder was auch immer. Aber da Sie nun die Regeln kennen, dürfte einer erfolgreichen Schatzsuche nichts mehr im Wege stehen.

Der zweite berühmte walisische Schatz ist der des englischen Königs Edward II., der zwar in Wales geboren worden war, aber englischer Abstammung ist, und seine englischen Beziehungen können uns im Moment egal sein (s. Grund 12). Er legte sich mit dem englischen Adel an, und seine Eroberungspolitik war auch kein besonderer Erfolg, aber wie gesagt, sein englisches Getue kann uns egal sein. Jedenfalls floh er dann eines Tages mit seinem aktuellen Liebhaber, und die Flucht endete in Wales. Die Herren wurden in Swansea Castle von ihren Verfolgern überwältigt, und im Handgemenge ging offenbar der mitgeführte Schatz verloren. Immerhin gibt es ein Verzeichnis über die verlorenen Güter. Nicht alles auf dieser Liste wäre wohl heute noch aufzufinden, die »63 edlen Pferde« sowie die »41 Streitrösser« dürften längst zu Staub zerfallen sein. Aber wer hätte nicht gern einen mit Juwelen besetzten goldenen Becher, zwei Steine mit emaillierten Seiten, mehrere goldene Spangen, einen emaillierten Silberspiegel, eine mit zwei Smaragden, zwei Rubinen, zwei Saphiren und elf Perlen besetzte goldene Schnalle, einen Goldring mit einem »die Kirsche« genannten riesigen Rubin, einen weiteren riesigen Rubin, dieser in Gold gefasst, einen mit Elfenbein besetzten Gürtel, einen Gürtel aus Löwenfell, einen Geldbeutel mit dem Gesicht eines Sarazenen, eine mit Edelsteinen besetzte goldene Krone, einen goldenen Adler mit Rubinen, Smaragden, Saphiren und Perlen, ein silbernes Schiff mit vier goldenen Rudern, hundert silberne Schilde und ein mit sechs Adlern besticktes Banner – um nur einige wenige der verlockenden Dinge aus dem Verzeichnis zu nennen. Die Frage ist natürlich, ob der ganze Kram am selben Ort versteckt ist – schwer zu glauben, darüber müsste doch einfach jemand gestolpert sein. Aber es ist ja unklar, wohin alles von Swansea Castle aus gebracht worden ist, und wie gesagt, die Gänge unter den walisischen Burgen sind weit und verzweigt und an vielen Stellen eingestürzt, und ihr Verlauf ist nicht immer bekannt.

Autoren von historischen Romanen, Horrorgeschichten und Krimis greifen dieses Motiv natürlich gern auf und lassen ihre Romanhelden nach Edwards Schatz suchen. Natürlich wird der Schatz nicht gefunden, oder wenn er gefunden wird, dann passiert irgendetwas, und der glückliche Romanheld hat nichts mehr davon, wird in einer zum Meer hin offenen Höhle von der Flut überrascht oder von einem rivalisierenden Schatzsucher umgebracht (der dann aber durch weitere Verwicklungen in der Handlung auch nicht in den Genuss des neuen Reichtums kommt). Und so können wir, wenn wir schon den Schatz nicht finden, doch auch in Zukunft mit abenteuerlichem Lesestoff aus Wales rechnen.

Der walisische Krimiautor Dai Blatchford (s. Grund 38) lässt in einem Roman mit dem nicht unbedingt walisischen Titel *Garibaldi's Overcoat* einen ganzen Geheimbund nach dem Schatz Edwards II. suchen. Und er zitiert eine mittelalterliche Quelle, nach der ein Teil des Schatzes nicht mit nach Swansea genommen, sondern in Caerphilly Castle, dem vorherigen Quartier des flüchtenden Königs, zurückgelassen wurde. Dort sei eine »Gruppe von Männern aus Kidwelly« aufgetaucht, habe einen Teil dieses Teils an sich gerissen und sei damit von dannen geritten. Was aus den Männern oder ihrer Beute wurde, ist nicht verzeichnet. Kidwelly scheint sich damit als Ausgangspunkt für eine Schatzsuche unbedingt zu empfehlen.

53. Grund

Weil Wales Wikingerland ist

Die Wikinger ließen sich bekanntlich von nichts aufhalten und wollten zudem immer weiter nach Westen – und Wales lag ja eigentlich direkt auf dem Weg nach Amerika. Ortsnamen, die auf die Wikinger zurückgehen, finden wir auch häufig, Swansea, z.B., benannt nach Svein Gabelbart, der sich zum König von England krönen ließ (aber nicht viel von dieser Würde hatte), s. Grund 65, oder die seltsame Felsreihe The Worm vor der Gower-Halbinsel. S. Grund 47. In mittelalterlichen Chroniken viel erwähnt wird Ivarr der Knochenlose, kurzfristig König von Dublin, der auf dem Weg in sein Königreich durch Wales reisen musste – und wie heute geht der kürzeste Weg von Wales nach Irland über Ynys Môn. Deshalb ist diese Insel reich an wikingischen Hinterlassenschaften, und es kommt immer noch etwas dazu. Noch immer werden eher durch Zufall neue Entdeckungen gemacht, typisch ist der Fund einer wikingischen Niederlassung in der Nähe von Llenbedrgoch auf Ynys Môn. Der Landschaft war rein gar nichts anzusehen, aber bei Bauarbeiten wurden mehrere Gräber, Werkzeug, Grundmauern von sechs Häusern und sogar eine Schutzmauer gefunden. Alles nicht sonderlich aufregend, wenn man ohne archäologische Expertise davorsteht, aber für die Forschung von großer Bedeutung, wenn sich z.B. ergibt, dass die Wikinger viel früher in einer Gegend waren als bisher angenommen. Die Chroniken verzeichnen zwischen 795 (der erste Überfall auf Wales, über den sonst nicht viel bekannt ist) und 1014, als die Wikinger in Irland geschlagen wurden und sich langsam zurückziehen mussten, an die 40 Überfälle, bei denen es oft zu blutigen Schlachten kam. 878 ergriff Rhodri Mawr, der König von Gwynedd, angesichts einer wikingischen Übermacht die Flucht und rettete sich nach Irland, was ihm aber nicht viel half, da er auch dort auf Wikinger stieß, nach seiner Rückkehr nach Wales fiel er bald in einer Schlacht gegen einen wikingischen Vasallenkönig namens Ceolwulf. Weil sie in Wales immer wieder auf wütenden Widerstand trafen, kam es zu keinen dauerhaften Ortsgründungen. Aber auch in Wales gab es kleinere skandinavische Niederlassungen, nicht von »Wikingern«, so wie das Wort meistens benutzt wird, also kriegerischen Seefahrern und Plünderern, sondern von Händlern. Vor allem walisische Sklaven versprachen ein gutes Geschäft. Getreide aus Wales wurde vor allem in die großen wikingischen Niederlassungen in Irland verschifft, walisische Pferde waren in ganz Europa begehrt, und auch Honig, Butter, Felle, Häute und Wollstoffe brachten Profit. Als die Wikingerzeit zu Ende ging und auch die Bevölkerung in Nordeuropa nach und nach christianisiert wurde, schickte Wales (anders als Irland und England) keine Missionare, um diese Entwicklung voranzutreiben, sondern wurde Gastland für Möchtegernchristen aus Skandinavien, die sich in der neuen Religion vervollständigen wollten. Die vielen Einsiedeleien und Klöster und die vielen lokalen Heiligtümer und Wallfahrtsstätten lockten sie an, und der Austausch zwischen Wales und Nordeuropa war nach der Jahrtausendwende so eng wie niemals vorher oder später. Die berühmteste Bildungsstätte war ein im Jahrhundert vom späteren St. Seriol gegründetes Kloster in Penmon auf Ynys Môn. Das Kloster hieß auf Kymrisch Ynys Seriol, was aber in Nordeuropa ignoriert wurde, dort war es bekannt unter dem altnordischen Namen Presthólmur, also Priesterinsel.

Wales ist Wikingerland, das wissen wir nun, aber die Wikinger waren eher diskret mit ihren Hinterlassenschaften. Wenn Sie also wikingische Siedlungen oder rekonstruierte Wikingerschiffe sehen wollen, kommen Sie in Dublin oder auf den Lofoten viel eher auf Ihre Kosten. Aber alle historischen Museen können wikingische Becher, Methörner, Waffen und andere schöne Gegenstände zeigen. Die mittelalterlichen Heldenepen zeigen viele Beispiele gegenseitiger Beeinflussung, und so finden wir z.B. im Mabinogion Szenen, die wir auch aus dem Nibelungenlied kennen und die in beiden Fällen aller Wahrscheinlichkeit nach auf skandinavische Vorbilder zurückgehen. Wir haben die vielen wikingischen Ortsnamen, wie Caldey oder Swansea, und wir haben in der kymrischen Sprache schöne Bezeichnungen für die – mit walisischen Augen gesehen – Barbaren aus dem Norden, wie Dub Gint (schwarze Heiden) und Dieifyl du (schwarze Teufel) – es ist nicht ganz klar, wie das mit dem »schwarz« zustande kam, aber die meisten Forscher führen es darauf zurück, dass die Wikinger, anders als die seit römischen Zeiten an Reinlichkeit gewöhnte walisische Bevölkerung, sich höchstens einmal pro Jahr wuschen, egal, ob es nötig war oder nicht. Andere kymrische Namen für die Wikinger waren Y Cenhedloedd (was einfach »die Nationen« bedeutet, da sie alle gleichermaßen plünderten und brandschatzten, wieso sich da die Mühe machen und sie auseinanderhalten?), Nordmani (eher langweilig, Nordmänner eben), und Gwyddyl, die Wilden, womit ursprünglich die Iren gemeint gewesen waren, s. Grund 1, doch diese hübsche Bezeichnung wurde nun auf die ebenso wilden Wikinger übertragen.

Eine überraschende Hinterlassenschaft der Wikinger aber sind die Trolle. Die uns nicht in den vielen Höhlen auflauern, sondern in walisischen Märchen ihr Unwesen treiben. Da, wo in den meisten anderen Ländern Riesen oder auf irgendeine Weise tückische Ungeheuer die Helden in Bedrängnis bringen, treten in vielen walisischen Märchen Trolle auf, die der Held dann mit List und Tücke oder einem wohlgezielten Schwerthieb bezwingen muss. Riesen gibt es auch hier und da, aber – wenn wir den Erkenntnissen der Märchenforschung glauben wollen, und das wollen wir doch! – die Riesen scheinen die ältere Gattung zu sein, die in den tradierten Erzählungen durch die moderneren und durch die Erinnerung an das Wüten der Wikinger auch gefährlicher wirkenden Trolle ersetzt wurden.

Dennoch ist auch Wales Wikingerland – durch die vielen Ortsnamen.

54. Grund

Weil Wales eine Menge Volksmusik hat

Und da denkt man natürlich sofort an Harfen, und an druidenhaft aussehende Herren, die sich mit Canu gyda'r tannau (s. Grund 14) amüsieren. Aber es gibt jede Menge andere Musik, wobei für das ungeübte Ohr oft der Unterschied zur international viel bekannteren irischen und schottischen Musik nicht direkt zu hören ist. Für das geübte Ohr offenbar schon, in walisischen Märchen kommt es immer wieder vor, dass Elfen oder Wichtel einen Spielmann bitten, ihnen zum Tanz aufzuspielen. Der Spielmann fiedelt los, Elfen und Wichtel sind empört, weil er schottische oder irische Jigs gespielt hat, die versprochene Belohnung bekommt er erst, als er endlich etwas Walisisches vorträgt.

Was genau er gespielt hat, erfahren wir aus den Märchen leider nicht. Es ist überhaupt schwierig, sich ein Bild über walisische Musik früherer Jahrhunderte zu machen. Lieder wurden dort viel später gesammelt als in anderen europäischen Ländern, und die Instrumentalmusik wurde noch weit ins 20. Jahrhundert hinein ausgesprochen vernachlässigt, und als man sich besann, war natürlich vieles längst vergessen. Dass es mit dem Sammeln so spät losging, hat vermutlich mehrere Gründe, da ist zum einen die Zweisprachigkeit. Lieder auf Englisch brauchten – dachten vielleicht manche – nicht so dringend gesammelt zu werden, die waren ja nicht so viel anders als die in England, wo emsige Sammler am Werk waren. Und Lieder auf Kymrisch zu sammeln konnte zu leicht politisch wirken, wie ein Auflehnen gegen die obrigkeitliche Strategie, diese Sprache verschwinden zu lassen. Ein anderer Grund waren die Sekten, die in Wales im 19. Jahrhundert so stark waren. Da Musik und Tanz, außer feierlichen Kirchenliedern, verpönt waren, wieso hätte man da sammeln sollen?

Der Volksliedforscher Daniel Huws berichtet in einer faszinierenden Studie von nicht weniger als 13 Liedtypen in unterschiedlichen

Versmaßen, die in früheren Jahrhunderten in Wales üblich waren, dazu kommen dann noch Carolau, also Choräle, aber dieses Wort wurde zuerst im 17. Jahrhundert für Lieder benutzt, die kein »klassisches« Reimschema hatten, sondern unterschiedlich lange Zeilen mit Endreim (eine in den Augen der alten kymrischen Dichter ungeheuer primitive Form), erst später wurde dieses Wort dann für kirchliche Lieder benutzt. Wir könnten jetzt natürlich viele Seiten füllen und die 13 Liedtypen vorführen, aber das lassen wir lieber und verweisen auf die Schriften von Daniel Huws.

Daraus lernen wir, dass die Volksliedforschung in Wales furchtbar schwierig ist. Vieles ist, wie gesagt, verloren gegangen, alte Aufzeichnungen sind oft unergiebig, wie eben die Märchen, und dann stellt es sich auch noch heraus, dass nur sehr selten ein bestimmtes Lied mit einer bestimmten Melodie fest verbunden war. Wenn wir also lesen, dass bei irgendeinem Fest irgendein Stück gespielt wurde, wissen wir noch immer nicht, ob es das war, das wir gerade in einer alten Sammlung gefunden haben. Zu allem Überfluss haben die Stücke dann auch noch oft total nichtssagende Namen, wie *Y Dôn Fechan* (»Die Kleine Melodie«) oder *Yr Hen Dôn* (»Die Alte Melodie«). Immerhin lernen wir nun, dass die erste Sammlung von Liedern in kymrischer Sprache um das Jahr 1800 zusammengetragen wurde: Iolo Morganwg machte sich unter dem Einfluss des großen schottischen Dichters Robert Burns ans Werk, schrieb aber alles auf kleine Zettel, ohne klare Notationen der Melodie. Bis heute ist seine Sammlung nicht richtig aufgearbeitet.

Später im 19. Jahrhundert kam dann ein wenig Bewegung in die Sache, auf den Eisteddofodau (s. Grund 41) wurde walisische Musik gepflegt, und es wurde zum Sammeln aufgerufen. Als die Technik voranschritt, wurde auch eine Sammlung von Volksliedern auf Wachszylindern angelegt. Die Wachszylinder wurden, damit diesen kostbaren Aufnahmen auch nichts passieren konnte, in der Universitätsbibliothek von Bangor untergebracht – und dann erst mal vergessen, und als hundert Jahre später danach gesucht wurde, waren sie spurlos verschwunden. Kein Wunder also, dass wir so wenig wissen. Und wenn Sammler dann auch noch genervt schreiben, dass die Sänger sich nicht an die vorgeschriebenen Melodien hielten, sondern bekannte Texte mit eigenen versahen oder die bekannten Melodien in einer anderen Tonart sangen und von Strophe zu Strophe variierten, statt aufzunehmen, was die Sänger denn von sich geben, ist klar: Es ist ein furchtbar weites Feld.

Dass wir nicht so schrecklich viel wissen, hat aber auch seine guten Seiten. Heutige Folkmusiker und Musikerinnen in Wales können improvisieren, so viel sie wollen, können Impulse aus den umliegenden Ländern aufnehmen und munter drauflos komponieren. Eine sehr lebendige walisische Folkszene hat sich entwickelt, Besonders schöne Beispiele sind natürlich jeweils beim Eisteddfod zu hören. Eigentlich wird überall in Wales Folkmusik gespielt, wir wollten eigentlich ein paar Clubs nennen, aber es gibt viel zu viele, hier ist deshalb ein Link zu einer Liste mit Öffnungszeiten und Schwerpunkten: http://casbar.co.uk/folk-clubs-festivals/

Ansonsten ein **Lesetipp:** Daniel Huws: *A new look at Welsh Folk Song*, veröffentlicht bei Cyhoeddiau Plas Hendre in Aberystwyth

55. Grund

Weil große Stars in der Unterhaltungswelt aus Wales kommen

Es gibt natürlich eine ganze Menge davon, aber wir werden uns auf zwei der Allergrößten konzentrieren – beide sind zum Beispiel in Las Vegas aufgetreten, und die eine hat sogar vor Präsident Kennedy gesungen. Da die Waliser eine höfliche Nation sind, fangen wir mit »ladies first« an.

Wenn Sie James-Bond-Filme gesehen haben, kennen Sie diese Frau – oder wenigstens ihre Stimme: die Diva von Tiger Bay, Shirley

Bassey. *Goldfinger, Diamonds Are Forever* und *Moonraker* fingen alle mit ihrer gewaltigen, verruchten Stimme an.

Geboren 1937 in Tiger Bay, Cardiff, mit einem nigerischen Vater und einer englischen Mutter, fiel Shirley Bassey durch ihre starke Stimme schon in der Volksschule auf – sie selber sagt: »Selbst im Schulchor bat mich die Lehrerin, mich zurückzunehmen, und ich nahm mich zurück, bis ich am Ende im Flur stand.«

Nachdem sie die Realschule in Splott mit 14 Jahren verlassen hatte, arbeitete sie im Büro einer Stahlfabrik, sang aber abends und an Wochenenden in verschiedenen Kneipen und Clubs. Ihren ersten wirklich professionalen Vertrag bekam sie mit 16 Jahren, wurde jedoch schwanger und musste dann als Kellnerin arbeiten.

Das dauerte aber nicht sehr lange, und sie wurde bald »entdeckt« – und so ging's los. Typisch ist vielleicht, dass ihre erste Single, *Burn My Candle,* 1956 von der BBC wegen der Zweideutigkeit des Textes nicht gesendet wurde – sie verkaufte sich trotzdem (oder deshalb) sehr gut.

Im Januar 1959 erreichte ihre Single *As I Love You* die Nummer eins – das erste Mal, dass jemand aus Wales solch einen Erfolg hatte. Und sie blieb vier Wochen da; zur selben Zeit stieg auch ihre andere Single *Kiss Me, Honey, Honey, Kiss Me* auf die Nummer 3. Und der Rest ist, wie man sagt, Geschichte.

Durch Hits wie *Big Spender* kam sie so weit, dass sie 1968 ins Steuerexil ziehen musste, und seitdem lebt sie meistens in Monaco. Nach zwei Jahren durfte sie wenigstens gelegentlich auf der Bühne in Großbritannien erscheinen und hat auch viel für Wales getan. Ein Beispiel, das sowohl ihren Reichtum, ihren Glamour und ihr großes Herz zeigte, war die Versteigerung bei Christie's, London, 2003: *Dame Shirley Bassey: 50 Years of Glittering Gowns,* die £ 250.000 (damals mehr als € 330.000) für das Dame Shirley Bassey Stipendium am Royal Welsh College of Music and Drama und für ein Kinderkrankenhaus einbrachte. Sie wurde für ihre musikalische und karitative Arbeit zur Dame of the British Empire benannt und trat als »National Treasure« immer bei großen Anlässen auf, wie zum Beispiel 2001 dem 80. Geburtstag des Herzogs von Edinburgh, oder 2002 und 2012 der Feier für Königin Elizabeths 50. und 60. Jubiläum. Mit 81 Jahren ist sie immer noch aktiv, und lang soll es so bleiben!

Ihr männliches Gegenstück ist der seinerzeit am meisten mit Frauenunterwäsche beworfene Sir Thomas John Woodward. Nie von ihm gehört? Kein Wunder, da er besser unter seinem Bühnennamen Tom Jones bekannt ist. Und es blieb nicht nur beim Wäschewerfen – er hat in einem Interview bekannt gemacht, dass er während seiner Glanzzeit mehr als 250 Groupies pro Jahr beglückt hat.

Er wurde ebenfalls in Südwales geboren – 1940 in Pontypridd, als Sohn eines Kohlekumpels. Seine Karriere lief in fast genau derselben Spur wie die von Shirley Bassey: Volksschule, Realschule, semi-professionelles Singen, Hochzeit mit 16 wegen eines Kindes, wonach er in einer Handschuhfabrik arbeiten musste, um seine Familie zu ernähren. Er hat auch das Lied für einen James-Bond-Film gesungen (*Feuerball,* 1965) und ist vor einem US-Präsidenten aufgetreten, diesmal Bill Clinton im Jahre 2000.

Mit Singen, Schauspielen und Fernsehserien war er so erfolgreich, dass auch er wegen Steuerproblemen in 1974 ins Ausland ziehen musste: Er kaufte ein Haus in Los Angeles, wo er bis 2009 wohnte – aber dann sagte er: »Nach all diesen Jahren ist es ja Zeit, nach Hause zurückzukehren.« Die Tatsache, dass er 2006 zum Ritter geschlagen wurde, hat wohl auch dazu beigetragen.

Sein wohl bekanntestes Lied, *Delilah,* wird sogar bei internationalen Rugby-Länderspielen von den Zuschauern als Anthem gesungen!

Andere Stars aus Wales gibt es natürlich auch – Shakin' Stevens, Bonnie Tyler, Mary Hopkin und in neuester Zeit Cerys Matthews, aber sie kann man kaum im selben Satz mit den zwei wirklich großen nennen.

56. Grund

Weil aus Wales nicht nur Männerchöre, sondern auch hervorragende OpernsängerInnen stammen

Wenn Sie im Jahre 1976 beim Chérau Jahrhundertring in Bayreuth waren – dann haben Sie eine walisische Brünnhilde gesehen und gehört. Gwyneth Jones (keine Verwandte von Tom!), geboren 1936 in Pontnewydd, hat in ihrer Jugend, sowohl in der Schule und auch danach, als sie als Sekretärin in der Gießerei in Pontypool arbeitete, sehr oft einen Preis beim Eisteddfod gewonnen. Sie erhielt ein Stipendium der Royal School of Music in London und studierte dann in Siena und Zürich (wo sie jetzt wohnt). 1962 fing sie als Mezzo-Sopran in *Orfeo ed Euridice* im Opernhaus Zürich an; bald aber wurde ihre ausgezeichnete obere Stimmlage entdeckt, und sie stieg auf Sopranrollen um. Seitdem ist sie in allen großen Opernhäuser der Welt aufgetreten, besonders in den Opern von Richard Wagner: In Bayreuth hat sie zuerst Sieglinde in *Die Walküre* gesungen, dann andere Rollen, wie Venus in *Tannhäuser*, bis sie 1975 die Brünnhilde im ganzen *Ring* sang – und danach jedes Jahr bis 1980.

2003 hatte sie ihr Debüt als Regisseurin und Kostümbildnerin in Weimar, aber trotz ihres fortgeschrittenen Alters sang sie auch weiter: 2016 mit 79 Jahren sang sie in Braunschweig die Gräfin in Tschaikowskis *Pique Dame*.

Sie hat auch eine lange Karriere als Schauspielerin hinter sich, unter anderem als die Diva in Dustin Hoffmans Film *Quartett* (2012*)*, wo sie sich als Rampensau parodiert hat.

1996 kaufte sie das Schloss Craig-y-Nos im Tawe-Tal in Südwales und schenkte es der Nation. Sie wollte ein Zentrum für musikalische Bildung für junge Sänger einrichten und ein Opernfestival gründen, denn es gab dort ein Theater mit 150 Plätzen, weil das Schloss von der viktorianischen Sopranistin Adelina Patti erbaut worden war. Leider sind die Pläne gescheitert, aber man kann immer noch das Schloss besuchen.

Bei der Eröffnungsfeier des Celtica-Zentrums in Machynlleth fingen wir alle an, das Dafydd-Iwan-Lied *Yma o Hyd* (Wir sind noch da) zu singen (s. Grund 2). Plötzlich wurden die, die in der ersten Reihe standen, fast weggeblasen: Hinter uns stand der Ehrengast des Tages, der da angestimmt hatte. Bryn Terfel, der alles andere als eine Diva ist, wollte einfach mitsingen.

Der Sohn von Bauern aus Pant Glas in Nordwales – Kymrisch ist seine Mutter- und Vatersprache – hat ebenfalls an Eisteddfodau teilgenommen und Preise gewonnen. Er hat mit großem Erfolg ein Studium in London abgeschlossen und danach 1991 eine Karriere als Bariton angefangen. Zuerst sang er Mozart-Rollen – er kann ungeheuer komisch sein, und sein Figaro und sein Don Giovanni sind weltberühmt. Später wechselte er zu Wagner über, zuerst als Hans Sachs (Cardiff 2010), vielleicht weil die Komik der Rolle nicht so weit von seinen früheren Triumphen entfernt lag, aber im selben Jahr sang er Wotan in *Rheingold, Die Walküre* und *Siegfried* in der Metropolitan Opera in New York.

Er singt aber nicht nur Oper – er hat auch Lieder aus Musicals aufgenommen, und 1999 sang er die Hymne der Rugby Weltmeisterschaft, *World in Union*, mit Shirley Bassey im Millennium-Stadion in Cardiff.

Er hat sehr viel für Förderung des Kymrischen und der walisischen Kultur getan und wurde auch zum Mitglied des *Gorsedd* der Barden des Eisteddfod ernannt.

57. Grund

Weil es in Wales so schöne Lieder gibt

In der Tat, muss es ja auch, denn Wales ist schließlich das Land der Gesangvereine. Aber auch in die Literatur schleichen sich die Lieder ein. Die Autorin Diana Wynne Jones (1934–2011) wurde zwar in England geboren, aber dafür konnte sie nichts, und jedenfalls hatte sie walisische Eltern, die sie auch mit der kymrischen Sprache vertraut machten. International erfolgreich und auch in deutscher Übersetzung viel gelesen war ihre Crestomanci-Serie, deren Hauptpersonen sich zwar in vielen Welten bewegen, aber in jeder Welt gibt es Dinge, die aus Wales stammen, immer werden kymrische Wörter und Namen eingestreut, und manchmal sogar Lieder. In dem Buch *Howl's Moving Castle*, auf Deutsch *Sophie im Schloss des Zauberers* und als japanischer Animationsfilm ein großer Erfolg, trifft die Heldin Sophie im Schloss des Zauberers einen Feuerdämon an, der sich die Zeit mit Singen vertreibt. Sophie versteht kein Wort, nur, dass es irgendwie um einen Kochtopf geht. Bei einer so walisisch orientierten Autorin wie Wynne Jones ist klar, was das für ein Lied ist: *Sosban fach*, eine der inoffiziellen walisischen Nationalhymnen. Das Lied wurde geschrieben von Richard Davies (1833–1877), einem walisischen Dichter, der das Pseudonym Mynyddog annahm, angeblich als Anspielung auf einen Hügel in der Nähe seines Hauses, den Newydd Fynyddog. Es ist aber auch möglich, dass er an Mynyddog Mwynfawr dachte, eine Person, die in der kymrischen Dichtung des Mittelalters auftaucht. Egal, unser Mynyddog schrieb das Gedicht *Sosban fach*, das der Feuerdämon Calcifer in Buch und Film singt. Das Lied ist natürlich viel länger, aber als Refrain kommt darin immer wieder vor:

Sosban fach yn berwi ar y tân,
Sosban fawr yn berwi ar y llawr,
A'r gath wedi sgrapo Joni bach.

Was bedeutet: »Kleiner Kochtopf, der auf dem Herd kocht,
kleiner Kochtopf, der auf dem Boden kocht,
und die Katze hat den kleinen Joni gekratzt.«

In Patagonien, wo bekanntlich ein altertümliches Kymrisch gesprochen wird, s. Grund 12, wurde eine Strophe entdeckt, die in Wales vollkommen in Vergessenheit geraten war:

Fe gladdwyd y gath mewn lle doniol:
Mewn bocs lle'r oedd Nain yn cadw'r startsh,
A dodwyd ei chorff mewn beddrod,
A'r band yn chwarae y death-march·

»Die Katze wurde an einem seltsamen Ort begraben, in einer Dose, in der Oma Stärke aufbewahrt hatte, ihr Leichnam wurde ins Grab gelegt, und die Band spielt den Zapfenstreich.«

Ein überkochender Topf mit allen dramatischen Folgen ist ein passendes Gesangsthema für einen Feuerdämon, das ist klar, aber nicht nur Calcifer singt dieses Lied, auch Bryn Terfel (s. Grund 56) schmettert es zu gern bei öffentlichen Anlässen, Rugbyvereine singen es und überhaupt Leute in Wales, die zusammensitzen und finden, jetzt könnte man doch mal *Sosban fach* singen. Es gibt dazu noch eine schöne Geschichte: Als der japanische Film zum Welterfolg wurde und Verlage in vielen Ländern nun auch das Buch übersetzen ließen, gab es offenbar Schwierigkeiten mit der Stelle, wo Calcifer sein Lied singt und Sophie nur Kochtopf versteht. Aber es sprach sich herum, dass die deutsche Übersetzung, die bereits seit einigen Jahren auf dem Markt war, hinten den vollständigen Text samt deutscher Übersetzung enthielt. Das half nicht unbedingt weiter, der Text war ja auf Kymrisch und die Übersetzung auf Deutsch, wer das Buch aus dem Englischen z.B. ins Italienische übersetzte, war so klug als wie zuvor. Also wurde die Übersetzerin mit Mails aus aller Welt überschüttet, und alle baten: »Bitte, erklär uns, was es mit dem Kochtopf auf sich hat.« Wir sehen daran, wie nützlich ein Grundstock an Kymrischkenntnissen in wirklich jeder Lebenslage sein kann.

Rugbyvereine wurden eben genannt, und Rugby ist in Wales Religion, wie wir nun wissen (s. Grund 110), doch die Lieder, die unter dem Namen »Rugbysongs« geführt werden, zeichnen sich nicht unbedingt durch vornehme Zurückhaltung in der Wortwahl aus. Um es unsererseits vornehm auszudrücken. Genauer gesagt, sie gelten als obszön, sexistisch, eigentlich als durch und durch igitt. Stimmt in den meisten Fällen auch. Aber da in Wales so vieles anders ist als anderswo, kann dort ein fieses Rugbylied seinen Charakter durchaus ändern. Jahrzehntelang galt dieses Lied, das so beginnt, als eben obszön und sexistisch: »It takes a Welsh miner to find her vagina and the hair on her dickey-di-do hung down to her knees.« Es gibt endlos viele Strophen, die durchaus nicht alle appetitlich sind, und im Suff dichtet so mancher walisische Kneipenbesucher noch eine dazu. Ist aber für den Moment egal, in einem Zeitalter, wo Frauen überall am Körper glatt sein sollen und an jeder Ecke Enthaarungsstudios wie Pilze aus dem Boden schießen, ist es plötzlich ein flammender Protest gegen die Schönheitsindustrie und entwickelt emanzipatorische Kraft. Garantiert geht so was nur mit einem Lied aus Wales. Das mit der emanzipatorischen Kraft ist unbestritten, ansonsten führte das Lied im Autorenkollektiv dieses Buches zu erbitterten Auseinandersetzungen. Die Reisende hatte es zur Melodie von *We wish you a merry Christmas* gehört und fand das sehr gut, weil dieses Lied ja wirklich allen bekannt ist, weshalb auch alle mitsingen können. Der eingeborene Waliser widersprach: »Nein, das hat eine ganz andere Melodie« und sang vor. Die Reisende fand die andere Melodie ja auch sehr schön, bestand aber darauf, es von walisischen Freunden eben auf die Melodie des erwähnten Weihnachtsliedes gehört zu haben. Der eingeborene Waliser empört sich: »Was kennst du eigentlich für Leute?«, die Reisende will ihre Freunde hier nicht verunglimpfen lassen, kurzum, ein walisisches Lied kann stunden- und tagelang für Unterhaltung sorgen.

58. Grund

Weil hochinteressante Malerinnen aus Wales kommen

Malerinnen aus Wales – das ist kein Thema, zu dem den meisten gleich ein paar Namen einfallen. Und wenn wir einen nennen, nämlich Gwen John, dann geht auch nicht allen ein Licht auf. Der Bruder der Malerin ist da schon bekannter: Augustus John. Auch nicht? Aber einige seiner Porträts kennen alle, eins, das auf kaum einer Ausgabe der Gedichte des irischen Nobelpreisträgers William Butler Yeats fehlt. Und die ganz berühmte Serie, die seinen Landsmann T. E. Lawrence in arabischer Tracht zeigt. Zu Lebzeiten beider war Augustus bekannter als Gwen, betonte aber immer, sie sei die begabtere von beiden – eine Einschätzung, die sich heute fast allgemein durchgesetzt hat. Gwendolen Mary Jones (1876–1939) wurde in Haverfordwest (kymrisch Hwyffordd) geboren, ihre früh verstorbene Mutter hatte einen gewissen Erfolg als Aquarellmalerin gehabt, und so stießen Gwen und ihr Bruder Augustus nicht auf Widerstand, als sie Kunst studieren wollten. Es gab damals in Großbritannien nur eine Akademie, die auch Studentinnen aufnahm, die Slade School of Arts in London. Als sie dort nichts mehr lernen konnte, ging Gwen nach Paris und studierte dort bei dem berühmten James McNeill Whistler – und danach bei dem noch berühmteren Bildhauer Auguste Rodin. Anders als ihre Vorgängerin Camille Claudel landete Gwen John nach Ende der Affäre nicht im Irrenhaus – aber wie Camille versank sie in Schwermut, konnte zeitweise nicht arbeiten, doch ihr Bruder Augustus hielt die ganze Zeit zu ihr (anders als Paul Claudel, der seine peinliche Schwester nicht schnell genug loswerden konnte). Gwen John blieb nach der Trennung von Rodin in Frankreich, malte irgendwann wieder, entwickelte einen Hang zur Religion, und schließlich tauchten immer wieder Nonnen auf ihren Bildern auf. Angeblich hat sie damals den Wunsch geäußert, eine Heilige zu werden, aber offenbar waren die weltlichen Wünsche dann doch zu stark. Sie hatte noch weitere Liebschaften, zuletzt mit Véra Oumançoff, der Schwägerin des damals ungeheuer einflussreichen Philosophen Jacques Maritain, der sie über den Tod ihres Freundes Rainer Maria Rilke hinweggetröstet hatte. Sie starb 1939 in Dieppe – die Todesursache ist ungeklärt, die Biografien widersprechen sich, ein Biograf behauptet, sie habe sich zu Tode gehungert, ein anderer nennt Tuberkulose.

Gwen John hat an die 150 Gemälde hinterlassen, dazu mehrere Tausend Zeichnungen. Sie hat vor allem Frauen gezeichnet, und die in ruhigen, zurückhaltenden Farben (anders also als ihr Bruder, der berühmte Männer in leuchtenden Farben porträtierte). Auf den Gemälden sehen wir zumeist jeweils nur eine Frau, lesend, denkend, ruhend, bei der Arbeit, beim Gebet. Auf ihren Zeichnungen und Skizzen sind Gruppen von Frauen zu sehen. Eine Sonderstellung in ihrem Werk nehmen die vielen Zeichnungen ein, die sie von ihren Katzen angefertigt hat.

Viele ihrer Bilder sind im Walisischen Nationalmuseum in Cardiff zu sehen. Gwen John ist vermutlich die einzige bedeutende walisische Persönlichkeit, für die es im Land nicht eine einzige von den bekannten Gedenkplaketten mit einem unvorteilhaften Bildnis gibt. Wieso das so ist, kann offenbar niemand erklären, aber alle Bücher und Broschüren, die über sie geschrieben werden, betonen, dass es auf dem Friedhof von Dieppe, wo sie begraben ist, eine solche Plakette gibt. Auf der Plakette steht der Satz: »Mae pobl fel cysgodion i mi ac fel cysgod ydwyf innau« – »Die Menschen sind wie Schatten für mich, und ich selbst bin wie ein Schatten für sie.« Das hat sie einmal an Rodin geschrieben, allerdings auf Französisch.

7. Kapitel

Römer und Reisende – die Welt kommt nach Wales und Wales in die Welt

Weil Wales ganz besondere Historiker hervorgebracht hat

Gerald de Barri (Giraldus Cambrensis) wurde um 1146 im Schloss Manorbier in Pembrokeshire geboren. Väterlicherseits war er Normanne – William de Barri war einer der mächtigsten anglo-normannischen Barone in Wales.

Seine Mutter, obwohl sie Fitzgerald hieß, stammte aus einer langen und interessanten walisischen Linie. Ihre Mutter, Nest ferch Rhys, war die Tochter des Rhys ap Tewdwr, letzter König von Südwales. Nach dem Tod ihres Vaters wurde sie als Geisel zum Hof Williams II. von England gebracht. Die schöne Waliserin erregte die Aufmerksamkeit von Henry Beauclerc, jüngerer Bruder des Königs, der später selber König wurde. Die Folge war ein Sohn, Henry FitzHenry – das erste ihrer vielen Kinder.

Henry reichte sie dann um 1105 weiter an seinen Dienstmann Gerald FitzWalter, Burgvogt von Pembroke, von dem sie mindestens fünf Kinder bekam: Die FitzGeralds wurden später nach der anglonormannischen Eroberung Irlands eine der wichtigsten Familien in Irland. Und durch die Kinder dieser Ehe wurde sie Ahnin sowohl der Tudor-Dynastie – und daher auch der Stuart-Dynastie – in England und Schottland, als auch Präsident J. F. Kennedys und Prinzessin Dianas.

Während dieser Ehe geschah die berühmteste – oder vielleicht berüchtigtste – Episode ihres ereignisreichen Lebens. Es gibt verschiedene Versionen der Geschichte, aber allem Anschein nach warf bei einem Eisteddfod im Jahre 1109 ihr Vetter Owain ap Cadwgan ein Auge auf sie. So schildert es der Chronist Caradoc of Llancarfan: »Auf Betreiben des Teufels wurde er von Leidenschaft und Liebe für die Frau ergriffen, und mit einer kleinen Bande näherte er sich der Burg.« Der Vetter überfiel die Burg und entführte Nest mit ihren

Kindern, während ihr Mann mit seinen zahlenmäßig unterlegenen Rittern durch eine Abortrinne entkam.

Es ist nicht ganz klar ob Nest, die nach diesem Geschehen den Namen der »Helena von Wales« erntete, eigentlich entführt wurde oder ob sie Owain herbestellt hatte. Die Normannen in Wales waren jedenfalls entsetzt durch solche Eigenmächtigkeiten, und es folgte eine Serie von Kämpfen, nach denen Nest zu ihrem Mann zurückkehrte. In zweiter Ehe mit Stephen, Burgvogt von Cardigan, hatte sie noch zwei Söhne: Sie war wirklich die Mutter ihres Landes.

Sohn Gerald besuchte zuerst eine Schule bei den Benediktinern in Gloucester und studierte dann in Paris von ca. 1165 bis 1174. Nach Wales zurückgekehrt, wurde er im Dienst des Erzbischofs von Canterbury Erzdiakon von Brecon – nachdem er von der Mätresse seines Vorgängers berichtet hatte. Er hoffte, in der Kirche Karriere zu machen, und schien sein Ziel erreicht zu haben, als das Domkapitel von St Davids ihn zum Bischof wählte. Zu der Zeit versuchte St Davids. sich aus der Vormundschaft von Canterbury zu befreien und sich selber zum Erzbischofssitz zu erhöhen. König Henry I. wollte davon nichts hören und schlug einen Normannen als Kapitelherrn vor (nach Geraint selber, und also vielleicht nicht ganz objektiv geschildert): »Es ist weder nötig noch nützlich für den König und den Erzbischof, dass ein Mann von großer Ehrlichkeit und Energie Bischof von St Davids werde, aus Furcht davor, dass die Krone und Canterbury darunter leiden würden. Eine solche Ernennung würde nur den Walisern Kraft schenken und ihren Stolz wachsen lassen.«

Enttäuscht, kehrte Gerald zur Universität in Paris zurück und studierte danach in England noch fünf Jahre Theologie. Aber er bekam 1184 eine Stelle als Beamter und Hofkaplan bei König Henry II. von England und begleitete Prinz John 1185 auf seiner Irlandreise. Daraus entstand sein erstes literarisches und historisches Werk, *Topographia Hibernica* (Irische Topographie), 1188, und bald folgte auch sein *Expugnatio Hibernica* (Die Eroberung von Irland). Die beiden sind wichtige Quellen für die Zeitgeschichte und die Volkskunde

Irlands, obwohl er die Iren nicht gerade schmeichelhaft schildert; aber das hat mit unserem Buch nicht viel zu tun.

1188 durfte er Erzbischof Balduin von Canterbury auf eine Visitation in Wales begleiten. Hauptziel der Reise war, Streitkräfte für den Dritten Kreuzzug zu rekrutieren. Er beschrieb die Reise in seinem *Itinerarium Cambriae* (Reise durch Wales) 1191 und schrieb danach auch seine *Descriptio Cambriae* (Beschreibung von Wales) 1194. Aus seinem umfangreichen Opus (die Ausgabe davon enthält zehn große Bände) sind diese die besten und bekanntesten. In elegantem literarischen Latein beschreibt er seine Reisen und seine Landsleute, für die er eine warme Zuneigung zeigt – aber nicht ohne Kritik, wenn ihm das nötig erscheint. Seiner Ansicht nach waren die Normannen den Walisern nicht nur militärisch überlegen, obwohl er auch von ihnen sagt: »Wären sie untrennbar, würden sie unbesiegbar sein.« Er ist ein scharfer Beobachter der Naturwelt, und berichtet zum Beispiel lebhaft und sorgfältig von der letzten britischen Kolonie der europäischen Biber am Fluss Teifi. Wie so viele seiner Zeitgenossen ist er aber auch unter dem Einfluss der Tradition des Bestiarium und wiederholt die alte Geschichte, dass der Biber seine Hoden abbeißt und hinter sich wirft, um den Jägern zu entkommen. Er bezeichnet zudem an anderer Stelle die Entenmuschel als Larve der Nonnengans, eine Vorstellung, die entstehen konnte, weil die Gänse Zugvögel sind und nicht hier in Wales brüten, sondern weit weg im nordatlantischen Raum. Ein Vorteil dieses Aberglaubens war, dass diese Gänse als Fisch und nicht Fleisch galten und daher während der Fastenzeiten gegessen werden durften.

Und nun soll Geraldus das letzte Wort über die Zukunft seines Heimatlandes haben. Er berichtet am Ende der *Descriptio* von einem alten Mann in Pencader, der dem englischen König Heinrich II. Folgendes sagt:

»Diese Nation, oh König, mag wohl jetzt wie in früheren Zeiten von deinen und anderen Mächten entkräftet und bedrängt sein … aber sie kann vom menschlichen Zorn nicht ganz überwältigt werden, wenn der Zorn Gottes nicht mitwirkt. Und ich denke auch nicht, dass irgendeine andere Nation außer dieser Nation Wales, oder irgendeine andere Sprache, was auch immer sich hiernach begibt, am Tage der schwersten Prüfung vor dem Obersten Richter für diese Ecke der Erde antworten wird.«

Und bis jetzt, mehr als 800 Jahre später, hat er immer noch recht.

60. Grund

Weil Wales noch immer ganz besondere Historiker hervorbringt

Giraldus Cambrensis kennen wir jetzt, und natürlich gab es nach ihm noch jede Menge bedeutender Historiker aus Wales. Viele befassten sich mit ihrem Heimatland, was ja auch naheliegt. Einer, den es in die Welt hinauszog, ist Richard Evans (geb. 1947), so früh schon, dass er nicht einmal in Wales geboren wurde. Aber seine Eltern kamen von dort, und sein Leben lang wurde und wird er als Waliser identifiziert. Er hat in Oxford Geschichte studiert und dabei klammheimlich Deutsch gelernt und über deutsche Themen geforscht. Sein Buch über Kneipengespräche im Kaiserreich liefert erstaunliche Aufschlüsse darüber, was die Untertanen damals wirklich von der Obrigkeit hielten, und dafür musste Richard Evans unendliche Mengen von handschriftlichen Notizen der kaiserlichen Geheimpolizei lesen. Richtig berühmt in Hamburg wurde er mit *Tod in Hamburg* (1990), einer Geschichte der Choleraepidemie in Hamburg, ein dickes Werk von fast 900 Seiten. Es brachte ihm die Medaille für Kunst und Wissenschaft der Hansestadt Hamburg ein, und wie begeistert es in Hamburg aufgenommen wurde, zeigt dieses Beispiel:

Mittags in einer Buchhandlung. Ein Kunde fragt nach dem Buch, die Buchhändlerin sagt: »Ja, das haben wir, vor zwei Stunden sind noch mal 20 Stück geliefert worden.« Bittet eine Kollegin, ihr ein Stück *Tod in Hamburg* rüberzureichen, aber eine dritte Kollegin ruft: »Zu spät, ich verkaufe hier gerade das letzte.« Damals war er viel in Hamburg und forschte, aber nicht die ganze Zeit, er musste ja auch mal frühstücken, und wenn man beim Bäcker hinter ihm in der Brötchenschlange stand, flüsterte garantiert jemand ehrfürchtig: »Das ist der Professor, der das dicke Buch über die Cholera geschrieben hat!«

Richtig berühmt in aller Welt aber wurde Richard Evans als Gutachter vor Gericht, und hier zeigt es sich, dass die artusianischen Ideale in Wales noch nicht vergessen sind. Der englische Hitlerfan, Holocaustleugner und Geschichtsverfälscher David Irving hatte die amerikanische Historikerin Deborah Lipstadt verklagt, weil sie ihn in einem Buch als Hitlerfan, Holocaustleugner und Geschichtsverfälscher bezeichnet hatte. Das wollte Irving nicht auf sich sitzen lassen, sah seinen guten Ruf gefährdet und reichte Klage wegen übler Nachrede ein. Im Jahre 2000 kam der Fall in London vor Gericht. Es war ein bisschen wie in einer Sage. Das Ungeheuer tobt und wütet, die holde Dame ist in Gefahr, nun tritt der Ritter auf. Nicht nur das Ungeheuer bot einen abschreckenden Anblick, auch die sexistischen und antisemitischen Pöbeleien, die sich gegen Lipstadt richteten, waren unerträglich. Aber der Ritter in Gestalt des Professors ließ sich nicht beirren. Und wie! Der Professor, der Unmengen von Archiven durchforstet und sich das ganze unappetitliche Werk des Klägers Zeile für Zeile zugemutet hatte, bewies lückenlos, dass die Klage ganz und gar unberechtigt war. David Irving war nunmehr nachweislich als Hitlerfan, Holocaustleugner und Geschichtsfälscher entlarvt und darf seither laut Gerichtsbeschluss auch nach Herzenslust als solcher bezeichnet werden, und das verdanken wir der spitzen Feder des walisischen Historikers.

Wir wissen aus den Epen, dass der edle Ritter auch oft ganz ungeschoren davonkommt. In den englischen Zeitungskommentaren schien immer wieder ein gewisses Befremden durch, dass ein

Waliser es wagt, vor Gericht den guten Ruf eines Engländers zu ruinieren. Kaum ein Artikel begnügte sich mit der bloßen Namensnennung, immer wieder hieß es »der kleine unscheinbare Waliser«. Das übernahm die deutsche Presse dann, und irgendwann fragte Evans in einem Kommentar so ungefähr: »Sitzen denn wirklich nur hochgewachsene, schöne Gestalten auf der deutschen Pressetribüne? Ich schaue schon immer genau hin, aber mir sind noch keine aufgefallen.« Das zeigt nun wieder, dass ein gewisses Interesse an weltlichen Dingen vorhanden war, und das ist nur folgerichtig: Auch ein Artusritter bewunderte sein Spiegelbild im nächstbesten Bach, wenn er ausritt, um einen Frechling herauszufordern und der Dame zu Hilfe zu eilen, und wollte dann garantiert nicht als »kleiner unscheinbarer Waliser« bezeichnet werden. (Richard Evans wurde übrigens seither geadelt und folglich jetzt auch fürs Protokoll ein echter Ritter ohne Furcht und Tadel.)

Im Jahre 2016 kam der Spielfilm *Denial* in die Kinos, in dem Regisseur Mick Jackson den Irving-Prozess aufbereitete. Die Rolle von Professor Evans wurde darin von dem britischen Schauspieler John Sessions (kein Waliser) verkörpert. Der echte Professor Evans kommentierte daraufhin auf seiner Website: »Mussten sie denn wirklich einen so dicken Darsteller nehmen?« Gute Frage, aber er ist ja nicht als Schönheitskönig angetreten, sondern als Historiker, und während wir das hier schreiben, ist gerade sein neues Buch erschienen, das wir hier als **Lesetipp** empfehlen:

Richard J. Evans: *Das europäische Jahrhundert: Ein Kontinent im Umbruch – 1815–1914*, DVA, und mit diesem Monumentalwerk schlägt er noch mal seinen eigenen Cholerarekord. Es hat nicht weniger als 1.024 Seiten!

61. Grund

Weil Menschen aus Wales gern anderswo zu Ruhm gelangen

Menschen aus Wales reisen gern, entdecken Amerika, werden König in London oder Kaiser von Rom, aber in den meisten Fällen hat die Öffentlichkeit doch immer noch eine vage Vorstellung davon, dass sie eigentlich aus Wales stammten. Das ist nicht immer so, und es ist eigentlich erstaunlich, wie viele Waliser im Exil vollständig mit anderen Landschaften assoziiert werden!

Da hätten wir als ersten Lawrence von Arabien – hätten Sie das gewusst? Thomas Edward Lawrence wurde am 16.8.1888 in Tremadog geboren und starb am 15.5.1935 im englischen Clouds Hill in Sussex. Wir müssen zugeben, dass er nicht viel aus seiner walisischen Herkunft machte, da die Familie dauernd umzog. Sein Vater, der dem britischen Hochadel entstammte, hatte in Irland auf seinem Landsitz gelebt und war dann mit der Gouvernante seiner ältesten Kinder durchgebrannt. Die damaligen britischen Scheidungsgesetze waren überaus streng, deshalb wurden die Kinder der Gouvernante unehelich geboren, und immer, wenn diese skandalösen Verhältnisse ans Licht kamen, wurde wieder umgezogen. Aber der berühmte Lawrence stammte also nicht aus Arabien, sondern aus Wales. Die uneheliche Geburt erwies sich zunächst als Hindernis, seine Vettern machten Karriere im diplomatischen Dienst, aber diese Art von Laufbahn war ihm verschlossen. Deshalb wurde er Archäologe und Autor, und da er gerade in Arabien war, als der Erste Weltkrieg losbrach, entdeckte er sein Talent zur Guerillakriegführung und wurde weltberühmt. Als er nach Kriegsende feststellen musste, dass die britische Regierung die Versprechen, die den Arabern gemacht worden waren, nicht zu halten gedachte, und dass die Siegermächte den Orient aufzuteilen gedachten, wie es ihnen passte, und nicht, wie die dort lebenden Völker es sich wünschten, warf er den Kram mehr oder weniger hin und kam zu dem Schluss, das ganze britische Imperium sei ein Schwindelunternehmen, das nicht mehr lange Bestand haben werde. Er kam 1935 bei einem Motorradunfall ums Leben, und da sein Leben ohnehin längst zur Legende geworden war, wurde es auch sein Tod. Die amtliche Erklärung für seinen tödlichen Unfall war, er sei zu schnell gefahren, mit seiner Maschine ins Schleudern gekommen und eben verunglückt. Es gab jedoch Augenzeugen, die ein schwarzes Auto gesehen hatten, das in hohem Tempo auf den Motorradfahrer zugeschossen war. Lawrence befand sich von den Zeugen aus gesehen hinter dem Auto, als der Unfall geschah, was genau passiert ist, konnten sie also nicht sagen. Nur, dass er danach samt Motorrad auf dem Boden lag, während das Auto eilig davonfuhr.

In der amtlichen Todeserklärung wurden weder Zeugen noch Auto erwähnt, was natürlich Anlass zu allerlei Verschwörungstheorien gab, auch wenn niemand wirklich erklären konnte, was Lawrence für Pläne gehabt haben mag, die unbedingt vereitelt werden mussten. Bis heute gibt es immer neue Verschwörungstheorien – die aber nichts mit Wales zu tun haben, deswegen werden sie hier nur am Rande erwähnt –, und es wird auch noch einige Jahre so weitergehen, denn unmittelbar nach der Veröffentlichung der amtlich festgestellten Todesursache wurden alle Unterlagen, samt Zeugenaussagen, für 100 Jahre gesperrt. Im Jahre 2035 erfahren wir dann mehr. Das Geburtshaus in der Church Street in Tremadog hat übrigens eine Gedenktafel für den großen Sohn des Hauses, und im Haus selbst gibt es eine kleine Ausstellung zu Lawrences Leben und Werk. Das Haus wird jetzt übrigens als Hostel genutzt – wie schön, später erzählen zu können: »Wir haben bei Lawrence von Arabien übernachtet!«

Wenn Lawrence das Empire für ein Schwindelunternehmen hielt, dann deckt sich seine Einstellung mit der seines Landsmannes Eric Linklater, der am 8.3.1899 in Penarth, Glamorgan das Licht der Welt erblickte. Linklater zog es in eine andere Himmelsrichtung, er studierte in Aberdeen und ließ sich später auf Orkney nieder, wo die Familie seines Vaters herstammte – und er gilt in der Öffentlichkeit heute als schottischer Autor. Sein erstes Buch veröffentlichte er bereits 1920, *Fanfare for a tin hat*, in dem er seine Erfahrungen aus den Schützengräben Flanderns verarbeitete. Auch Linklater kam durch seine Kriegserfahrungen und das Verhalten der Siegermächte zu dem Schluss, das Britische Empire sei ein Schwindelunternehmen, an dessen Pfosten er gern ein wenig rütteln wollte. Also engagierte er sich in der gerade wieder aufkommenden schottischen Unabhängigkeitsbewegung, die ihm aber zu zahm vorkam. Mitte der 30er-Jahre reiste er deshalb mit seinem schottischen Kollegen Compton MacKenzie (alle Schottlandfans kennen bestimmt dessen Roman *Whisky Galore*) nach Irland und bat den damaligen irischen Regierungschef Eamon de Valera um Hilfe. De Valera sollte ihnen bitte die IRA ausleihen und zudem seine Expertise aus dem irischen Unabhängigkeitskampf zur Verfügung stellen, um eine schottisch-republikanische Armee aufzustellen und nun auch Schottlands Unabhängigkeit zu erkämpfen. De Valera, der ganz andere Sorgen hatte (ein Handelskrieg mit England), lehnte ab, was Linklater ihm bis an sein Lebensende nicht verzeihen konnte. Aber danach konzentrierte er sich vor allem auf das Schreiben von Büchern, und international bekannt wurde er vor allem durch sein Kinderbuch *The Wind on the Moon*, 1944. Dieses Buch wurde in viele Sprachen übersetzt und gilt so ungefähr in aller Welt als Klassiker. In diesem Buch schauen die beiden jungen Heldinnen, Dinah und Dorinda, zu lange in den Mond und müssen danach ein ganzes Jahr lang gegen alle Benimmregeln verstoßen. In der Folge rächen sich die beiden an allen, die je gemein zu ihnen waren, bringen einen starrsinnigen Richter dazu, ein ungerechtes Urteil zu widerrufen, mischen einen Zoo auf und überführen einen Eierdieb und befreien schließlich ihren Vater, der bei einem fiesen Tyrannen (für den Mussolini das Vorbild war) im Kerker schmachtet.

Wenn wir bedenken, dass Astrid Lindgrens *Pippi Langstrumpf* in Deutschland als emanzipatorisches Mädchenbuch gilt, ist es interessant zu erfahren, dass Lindgrens Tochter die schwedische Ausgabe zu Weihnachten bekam, und Lindgren dann einige Wochen nach diesem Weihnachtsfest schreibt, dass sie nun angefangen habe, *Pippi Langstrumpf* zu schreiben. Kann sie sich durch Linklater inspiriert gefühlt haben? Dinah und Dorinda legen allerdings tausendmal mehr kriminelle Energie an den Tag als Pippi, und anders als Pippi, die gar zu gern auf Schwächeren herumhackt, die sich nicht wehren können (denken wir nur an das kleine Mädchen, das seinen Papa verloren hatte), sind die beiden die treuesten Freundinnen, die man sich nur denken kann, aber wenn jemand gemein zu ihnen war (oder zu Wesen, die ihnen wichtig sind), dann wird sich gerächt, dass der Leserin die Spucke wegbleibt. Man darf natürlich nicht laut sagen, dass man Pippi Langstrumpf grotesk überschätzt findet, doch wer Mädchen von neun aufwärts kennt, die Lesestoff und Vorbilder brauchen, geben Sie ihnen Linklater! Und lesen Sie auch selbst! Ein unvergessliches und inspirierendes Leseerlebnis ist Ihnen gewiss! Im ganzen Buch wird übrigens nicht gesagt, wo Dinah und Dorina wohnen, aber es ist eine Gegend mit viel Wald und hohen Bergen, in denen sich ein Falke sehr wohlfühlen kann. Und das klingt doch sehr nach Wales, dem Geburtsland des genialen Autors?

Lesetipp: Eric Linklater: *Wind im Mond*, deutsch von Peter Gan, DTV 2004

62. Grund

Weil sogar römische Kaiser aus Wales kamen

Auch hier erklärt ein Blick auf die Karte alles: Es gibt so viel Meer um Wales herum, klar, dass man dann irgendwann auf Reisen geht und Amerika entdeckt (s. Grund 102), in London Dynastien gründet (auch wenn der Weg dorthin eher durch die Gebirge führte) oder römischer Kaiser wird. Wobei wir zugeben müssen, dass nicht-walisische Geschichtsbücher schreiben, Kaiser Magnus Maximus sei gar nicht in Wales geboren worden, sondern in Gallaecia (eine römische Provinz in Nordspanien, nicht gleichzusetzen mit dem heutigen Galicien). Das ignorieren wir ganz einfach als feindliche Propaganda, unser Kaiser heißt auf Kymrisch schließlich Macsen Wledig, also Maximus der Landsmann, da muss er doch Waliser gewesen sein? Egal wo, er wurde um das Jahr 335 n. Chr. geboren und trat der römischen Armee bei, wo schon sein Vater gewesen war und sein Bruder Dienst tat. Er machte rasch Karriere, wurde zum General befördert und diente unter dem späteren oströmischen Kaiser Theodosius in Nordafrika. 380 wurde er nach Britannien versetzt. Inzwischen gab es die Trennung in das Weströmische und das Oströmische Reich, aber die Streitigkeiten zwischen den Kaisern und ihren Beratern und Militärs können uns egal sein. Jedenfalls waren die Truppen im Westen überaus unzufrieden mit dem weströmischen Kaiser Gratian, und als sich Gratian als absolut verhandlungsunwillig zeigte, erklärte seine Armee ihn für abgesetzt und wählte Maximus zum neuen Westkaiser.

Wenn er also in Geschichtsbüchern als Usurpator bezeichnet wird, als jemand, der ein hohes Amt widerrechtlich an sich riss, dann sicher nur, weil alle gern mal dieses schöne Wort schreiben wollen. Usurpator war er nicht, er war ja für damalige Verhältnisse geradezu überwältigend demokratisch gewählt worden. Das konnten die mächtigen Sippen des Reiches natürlich nicht tatenlos mit ansehen, zumal Maximus weiterhin sehr beliebt war. Es ging dann weiter mit den üblichen Wirren und Rivalitäten im Römerreich, auf die wir hier nicht näher eingehen können, an den Reichsgrenzen machten Franken und andere Barbarenvölker Ärger, und Macsens Widersacher ernannten einen Gegenkaiser, einen gewissen Valentinian, den Schwager des oströmischen Kaisers Theodosus. Als Maximus Valentinian militärisch besiegt hatte, floh der zum Schwager nach Byzanz, worauf Theodosus zum Krieg gegen Macsen Wledig rüstete.

388 wurde Maximus im heutigen Slowenien geschlagen, der siegreiche Theodosus ließ ihn hinrichten.

In Wales wurde er jedoch nicht vergessen. Der Sage nach vermählte er sich, ehe er Britannien verließ, um sein kaiserliches Amt anzutreten, mit einer schönen und klugen Dame aus Wales und wurde damit zum Gründervater mehrerer walisischer Adelsgeschlechter, aus denen etliche Könige kleinerer britannischer Königreiche entsprangen. Die Sage berichtet auch, er habe zurückkehren wollen, um die wilden Iren zu bekämpfen, die immer wieder von ihrer Insel herüberkamen, Wales verwüsteten und Vieh und Sklaven raubten. Und weil er, wie es sich für einen wahren Helden gehört, gar nicht militärisch besiegt, sondern von falschen Freunden um des schnöden Mammons willen verraten wurde, konnte er dieses Versprechen nicht wahr machen, und Wales fiel immer neuen ausländischen Invasoren zum Opfer, Iren, Wikingern, Engländern, einer schlimmer als der andere. Die holde Dame, mit der er sich vermählte, hieß Elen oder Helena, stammte nach anderen Quellen aber wiederum aus einem römischen Adelshaus (wir brauchen das nicht zu verstehen, es reicht, ergriffen zuzuhören), was Maximussens römische Hausmacht zunächst gestärkt haben muss. Was in Wales aber egal war, die wollten ja von den fremden Invasoren befreit werden und freuten sich über den neuen Kaiser Macsen Landsmann. Im Mabinogion, einer Sammlung kymrischer Mythen und Sagen, die im späten Mittelalter zusammengetragen wurde, spielt ein Traum des Macsen Wledig eine wichtige Rolle. Er träumt in Rom von einer wunderschönen Frau in einem fremden Land. Kaum ist er aus diesem Traum erwacht, schickt er auch schon seine Mannen los, um diese Frau zu suchen. Nach langer Suche finden sie die Schöne in einer prachtvollen Burg in Caernarvon. Macsen reist hinterher, tritt vor die Dame, und bei beiden ist es Liebe auf den ersten Blick. Macsen lässt für seine Gemahlin drei prachtvolle Burgen errichten. Während er damit noch beschäftigt ist, reißt ein gemeiner Usurpator die Macht in Rom an sich. Zusammen mit Elens Bruder Cynan Meriadac (auf Englisch:

Conan) und seiner Armee begibt sich Macsen nach Rom, erobert den Thron zurück und schenkt Cynan den Teil Galliens, der heute Bretagne heißt. Das ist natürlich schöner als die Version der Geschichtsbücher, und Macsen Wledig gilt noch heute als Symbol für die walisische Unabhängigkeit, die er zu sichern suchte und die eines Tages erreicht sein wird (das sagen jedenfalls viele Gedichte und Lieder, die im Laufe der Jahrhunderte zu seinem Lob ersonnen worden sind).

Hörtipp: Dafydd Iwan: *Yma o hyd*, 1981, ein in Wales noch immer sehr beliebtes Lied, in dem es heißt: »Denkt an Macsen, er hat versucht, unser Land und unsere Sprache zu erhalten, und wir sind noch immer da.« – Dafydd Iwan brachte damals ein wenig Zeitkolorit in sein Lied, indem er schrieb: »Nicht einmal Maggie und ihre Bande werden uns etwas anhaben können«, was natürlich mit geringem Aufwand jederzeit an die derzeitigen Gegebenheiten angepasst werden kann.

www.youtube.com/watch?v=jjFHqMxLGjg

63. Grund

Weil es überall in Wales Spuren der Römer gibt

Stellen Sie sich vor, Sie seien ein römischer Legionär aus Nordafrika oder Italien. Ihr nächster Posten? Britannia. Schwer zu sagen, was schlimmer wäre, die Mauer ganz im Norden oder Holyhead im Nordwesten der Insel Mona: beide kalt, nass und windig. Brrrrr!! (Aber offenbar doch nicht so schrecklich, dass sie sich legionenweise ins Schwert gestürzt hätten, um sich der Versetzung nach Britannia zu entziehen!)

Ja, nach Britannia gab es außer Hibernia (Irland) nur den Ozean – wirklich das Ende der Welt. Die Eroberung Britanniens begann 43

A.D., und um 84 war die ganze Insel wenigstens theoretisch unter römischer Kontrolle. Wales hatte am Anfang Schwierigkeiten gemacht, besonders weil Mona als Druidenzentrum den Widerstand unterstützte (siehe auch Punkt 43), aber im Jahre 78 eroberte Agricola Mona endgültig, und die Territorien, die wir heute als Wales bezeichnen, wurden Teil des Römischen Reichs.

Die Spuren sind überall zu finden. Zum Beispiel römische Straßen:

Dass die Ruinen so gut erhalten sind – und im frühen Mittelalter wohl noch besser –, ist wahrscheinlich der Grund, warum in den walisischen Artusromanen Caerleon als Hauptkönigssitz des Artus erwähnt wird (siehe auch Grund 24).

Andere Aktivitäten der Römer waren eher wirtschaftlich. Lange vor der Eroberung war Britannien für seine Mineralschätze bekannt, und da nach römischem Recht jeglicher Abbau Staatsgeschäft war, erwarteten sie großen Profit von den Bergwerken. Die Kupferbergwerke am Great Orme in Llandudno (s. Grund 64) waren seit der Bronzezeit bekannt und exportierten ihre Produkte nach ganz Europa – und wurden dann von den Römern übernommen. In Wales gab es auch Gold, und die Römer haben Bergwerke in Dolaucothi am Sarn Helen angelegt. Früher haben die Einheimischen nur Goldwäscherei im Cothi betrieben, aber unter den Römern wurde das auf industrielle Ebene erweitert, zuerst hydraulisch über Aquädukte und dann auch in Gruben mit Untertagebau. Die Bergwerke gehören nun dem National Trust und können besucht werden.

In Wales gab es weniger Zivilsiedlungen als in z.B. Südengland, aber in der Nähe von Caerleon wurde 75 A.D. Caerwent (Venta Silurum) von den Römern als Marktstadt für die besiegten Siluren gründeten. Große Teile der Stadtmauer sind noch zu sehen – manche bis zu fünf Meter hoch. Obwohl 1881 Teile eines sehr detaillierten Mosaikbodens ausgegraben wurden, ist das die Ausnahme eher als die Regel für Caerwent, was zu dem Schluss führt, dass die Romanitas hier weniger Fuß fasste als im Süden Britanniens. Und natürlich im Nordwesten von Wales noch weniger.

Der sogenannte *Sarn Helen* (Fahrdamm der Helena) war die römische Straße, die von Moridunum (heute Caerfyrddin – leider bedeutet dieser Name »Festung am Meer« und hat nichts mit Myrddin (Merlin) oder Artus zu tun) bis Conwy führte. Die Helena, die hier erwähnt wird, ist die, die in der Geschichte von Macsen Wledig (Grund 62) erscheint, und wird in der walisischen Tradition oft verwechselt mit der Heiligen Helena, Mutter Constantins des Großen, die das Wahre Kreuz im Heiligen Land entdeckte. Man kann jetzt die 430-km-Strecke entweder mit dem Mountainbike verfolgen oder zu Fuß wandern, oder, wenn man weniger Energie hat, das Lied *Sarn Helen* auf dem Album *Mwng* der Super Furry Animals anhören. Andere Straßen führen an Nord- und Südküste entlang.

Es gibt eine Vielfalt von Festungen: Das kymrische Präfix *Caer-* in Ortsnamen ist die Übersetzung des Lateinischen *castrum* und ist in z.B. Caernarfon (Segontium) und Caerhun (Conovium) in Nordwales und Caerffili im Süden zu sehen. Aber die Krönung dieser militärischen Standorte ist ohne Zweifel Caerleon (-leon von Lat. *Legionis*) in Gwent, das Hauptquartier der *Legio II Augusta* von 70 A.D. bis 300, und danach von anderen Militäreinheiten bis ca. 380. Es gibt die umfangreichen Reste des Amphitheaters, wo im Sommer immer noch Dramen – eher Shakespeare als Terenz – aufgeführt werden. Nach frühmittelalterlichen Quellen war dies auch der Schauplatz des Martyriums der Heiligen Julius und Aaron im 3. Jahrhundert. Man kann auch die hervorragend restaurierten Bäder sehen, – und daneben gibt es ein schönes Museum mit Artefakten und Interpretationen. In 2011 wurden auch die Reste eines römischen Hafens am Ufer des Usk ausgegraben, sie sind jetzt ebenfalls ausgestellt.

Weil Wales ein archäologisches Paradies ist

Bei Paviland auf der Halbinsel Gower gibt es eine Höhle, wo 1823 ein menschliches Skelett gefunden wurde. Die Knochen waren mit einem roten Farbstoff (Almagra) bestrichen, und auf dem Skelett lagen Strandschneckenmuscheln und Stäbchen und Ringe aus Elfenbein. Der Finder, William Buckland, Professor der Geologie in Oxford, hielt das Skelett – wegen des Farbstoffs und des Elfenbeins – für das einer Frau. Wohl eine Prostituierte oder eine Hexe aus der Römerzeit. Man nannte sie »die Rote Dame von Paviland«.

Natürlich lag er falsch mit seinen Vorurteilen. Die bessere Kenntnis der Anatomie und die besseren archäologischen Methoden späterer Zeiten zeigten, dass es ein Mann war, und dass dieser Mann vor ungefähr 33.000 Jahren gelebt hat. Das bedeutet, dass Paviland das älteste Zeremonialbegräbnis in Westeuropa aufweisen kann – und dass der Mann der älteste moderne Mensch (*Homo sapiens*) Großbritanniens ist. Er selber liegt, trotz vieler Versuche, ihn in seine walisische Heimat umzubetten, in Oxford. Artefakte aus der Höhle sind in Museen in Cardiff und Swansea zu sehen.

Weiter im Westen liegen die Preseliberge in Pembrokeshire. Sie sind für die archäologische Geschichte sehr wichtig, weil die Blausteine in Stonehenge davon herstammen. Aber wie geschah das in prähistorischen Zeiten? Der eine sagt, sie wurden einfach mit Gletscherbewegung zufällig hingetragen, die andere meint, sie wurden von Menschenhand mit verschiedenen Techniken dahingebracht, aber Geoffrey of Monmouth (s. Grund 24) weiß es besser: Sie wurden von Merlin per Magie hingeflogen!

In Pembrokeshire gibt es auch eine Reihe von sogenannten Portaldolmen, von denen Pentre Ifan wohl der berühmteste ist – diese Art Denkmal gibt es überall in Wales, von Pentre Ifan im Südwesten, über Dyffryn Ardudwy in Gwynedd bis Bryn Celli Ddu auf Anglesey

(s. Grund 92). Nicht weit davon entfernt gibt es Barclodiad y Gawres (die Schürze der Riesin), ein kreuzförmig angelegtes Ganggrab (ca. 2500 B.C.). In diesem von außen eher belanglos wirkenden Denkmal gibt es Steine mit eingemeißelten Mustern – Spirale, Zickzack, Rauten und Chevrons – ähnlich wie jene, die man im nicht so weit entfernten Irland findet.

In Llandudno in Nordwales gibt es ein Kupferbergwerk, das aus der Bronzezeit (vor 4.000 Jahren) stammt. Durch chemische Analysen wurde bewiesen, dass das Kupfer aus diesem Bergwerk überall nach Westeuropa exportiert wurde. Die Schächte sind acht Kilometer lang und führen bis mehr als 60 Meter unter den Boden – manche sind so eng, dass man vermutet, dass dort unten Kinder arbeiten mussten. 2005 wurde das Bergwerk ins *Guinness Buch der Rekorde* als »Größtes Prähistorisches Kupferbergwerk in der Welt« aufgenommen. Es gibt Führungen durch die Schächte, die sind aber für Leute mit auch nur dem geringsten Anflug von Klaustrophobie rein gar nicht zu empfehlen.

65. Grund

Weil Wales Tunnelland ist

Wenn man Berichte über Wales liest, historische Darstellungen, Sagen, Romane, Reisebroschüren, was auch immer, wenn man walisischen Freunden zuhört, immer hat man das Gefühl, dass Wales total untertunnelt sein muss. Es gibt verschollene Tunnel, verlassene Tunnel, eingestürzte Tunnel, Eisenbahntunnel, die nicht mehr benutzt werden oder die nie benutzt wurden, sondern einfach irgendwann gebaut wurden, weil in der Gegend offenbar noch immer nicht genug Tunnel waren. Bei manchen Tunneln wissen wir, wie sie verlaufen, aber nicht immer, wo sie enden, von einigen wissen wir, dass es sie gegeben hat, aber nicht, wo genau sie verlaufen und ob sie noch zu finden sind. Adelige haben sie benutzt, um Wegelagerern zu entgehen (s. Grund 101) oder um Schätze zu verstecken (s. Grund 12), Schatzsucher und Wegelagerer ihrerseits, um sich zu bereichern … die walisische Tunnelgeschichte findet kein Ende, und wenn Sie Wales besuchen, können Sie an Tunnelführungen teilnehmen, Sie können mit ortskundigen Freunden die Tunnel besuchen, in denen die Freunde als Kinder gespielt haben, Sie können auf eigene Faust Tunnel erforschen (davon ist aber abzuraten, jedenfalls, wenn Sie irgendwann wieder an die Erdoberfläche zurückwollen). Falls Sie nicht wissen, ob Sie tunnelfest sind – hier ist ein Testtunnel, nicht sehr lang, aber eng und gruselig, wenn Sie den gelassen überstehen, sind Sie auch anderen Tunneln in Wales gewachsen.

Dieser hier hat den schönen Namen Secret Tunnel, was natürlich Blödsinn ist, denn alle wissen, wo er verläuft, so ungefähr jedenfalls. Der Tunnel nimmt seinen Anfang in Swansea, in der Mary Street, wo sich das Chelsea Café befindet. Der Eingang ist unter dem Café, und man kommt dort auch wieder heraus, denn der Tunnel endet kurz vor der Wind Street, einer der Hauptstraßen von Swansea. Streng genommen endet er nicht, es ist klar und bekannt, dass er weitergeht, aber wie weit, das weiß niemand, denn dort steht eine dicke Mauer, und die einzureißen und nachzusehen, was dahinter ist und wie der Tunnel weitergeht, wäre riskant, die halbe Wind Street könnte einstürzen, und sie ist eine der Hauptstraßen von Swansea. Geht also nicht. Wie alt der Tunnel ist, ist unklar, aber da Swansea ja eine wikingische Ortsgründung ist (s. Grund 65), können wir uns vorstellen, dass schon der Wikinger Svein Gabelbart hier herumgewandert ist, um wertvolle Beute von seinem Schiff in seine Burg zu bringen. In späteren Jahrhunderten nutzten Schmuggler diesen Weg. Der Gang ist eng, verwinkelt, die Wände sind arg mitgenommen, dauernd hat man das Gefühl, dass sich hier, genau hier, ein walisischer Graf von Monte Christo in die Freiheit durchhacken wollte – erfolglos, so geschunden, wie sie aussehen, der Gang ist für die Ewigkeit gedacht. Man ist höchstens eine halbe Stunde unterwegs, fühlt sich aber entweder tunnelfest und auch größeren Aufgaben gewachsen, oder hat für alle Ewigkeit die Nase voll von Tunnelabenteuern. So oder so, da das Café ja Anfang und Ende der Tunnelexpeditionen ist, gebietet es schon die pure Höflichkeit, dort etwas zur Stärkung zu sich zu nehmen, und danach sind alle Tunnelschrecken verflogen.

Zum Chelsea Café gehört das Restaurant Hanson, das mit Seafood wirbt. Aus eigener Erfahrung können wir hier keine guten Ratschläge beisteuern, aber jedenfalls scheinen sie das mit dem Seafood nicht so eng zu sehen – auf der Website jedenfalls ist eine prachtvolle Portion Sauerfleisch abgebildet!

66. Grund

Weil Wales Tunnelland ist. Vol. 2

Sie haben nicht ernsthaft geglaubt, wir wären schon fertig mit den Tunneln, oder? Wales ist Tunnelland, da hilft alles nichts, und wir könnten mit Leichtigkeit ein Buch über 111 Tunnel in Wales zusammenstellen, und hätten doch höchstens an der Oberfläche der walisischen Tunnelwelt gekratzt. Vielleicht ist Ihnen unser Testtunnel ja zu schlicht und nicht nervenaufreibend genug, aber wir wäre es mit diesem in Cardiff? Obwohl wir eigentlich davon abraten müssen, denn dieser Tunnel ist so gut wie unerforscht, und in Cardiff selbst gibt es unter Tunnelforschern allerlei Meinungsverschiedenheiten darüber, wohin er nun führt, wie lang er ist und wie gefährlich es wäre, darin herumzuwandern. Immer wieder werden bei Bauarbeiten Eingänge gefunden, oder es werden bereits bekannte Eingänge zugeschüttet – die Stadt Cardiff steht auf einem weit verzweigten Tunnelsystem, und der Tunnelforscher Peter Finch hält es angesichts dieser Tunnelmenge für ein Wunder, dass Cardiff nicht längst eingestürzt ist. Der (vermutliche) Hauptarm des Tunnels wird Greyfriars' Tunnel genannt, weil im Mittelalter hier ein Kloster der Franziskaner stand, die wegen ihrer grauen Kutten eben Graubrüder genannt wurden. Archäologen nehmen an, dass die Mönche diesen Tunnel angelegt haben, um sich vor Angriffen von irgendwelchen Feinden zu beschützen, den wilden Iren z.B. (s. Grund 1). Zur Zeit der Reformation, als viele Klöster aufgelöst und die dort wohnenden Ordensangehörigen nicht selten niedergemetzelt wurden, flohen sie wohl auch durch diesen Gang, und danach geriet der in Vergessenheit. Immer, wenn in der Stadtmitte besonders viel gebaut wurde, z.B. um 1830, beim Bau des Dock Feeder Canal, wurde ein Eingang gefunden, aber so richtig tief hinein traut sich niemand. Der Tunnel führt jedenfalls unter der ganzen Stadt Cardiff hindurch, doch wo er endet, weiß niemand, eine Abzweigung führt zum Cardiff Castle, das behaupten zumindest alte Karten. Er lädt auch so gar nicht zum Forschen ein (und wie gesagt, es wird davon abgeraten). Der Tunnel, jedenfalls der in der Greyfriars Road einen Eingang hat, ist dunkel, eng, feucht, der Boden ist mit von der Decke gefallenen Steinen bedeckt, man kann sich gar nicht vorstellen, dass man weiter als zehn Meter gehen könnte, ohne zu stolpern und sich etwas zu brechen, für zarte Gemüter ist damit die Tunnelexpedition beendet. Da bleibt man doch lieber an der Oberfläche und sucht Trost in einer der vielen Kneipen auf der Greyfriars' Road, die noch dazu so verlockende Namen haben wie Tiger Tiger (Spezialität: durch und durch vegetarische Frühlingsrollen!) oder Steinbeck and Shaw (mit einem Totenkopf als Wappentier, passt zum Tunnel, wenngleich unklar bleibt, was das mit Steinbeck und Shaw zu tun hat). Die Behauptung eines unerschrockenen Tunnelwanderers, der Tunnel führe geradewegs in den Weinkeller des Hotels Cardiff Arms, konnte nicht überprüft werden, da es das Hotel nicht mehr gibt – der Weinkeller ist möglicherweise noch vorhanden, aber wenn ja, dann ist er nur durch einen Tunnel zu erreichen!

67. *Grund*

Weil Wales Burgenland ist

Wie so oft sagt uns hier ein Blick auf die Landkarte mehr als tausend Worte: Wales ist Burgenland, das ist doch klar. Überall stehen Berge herum, auf die man eine Burg setzen kann, wenn man gerade einen Haufen Steine herumliegen hat. Burgen sind zu vielen Dingen nutze, man kann sehen, ob ein Feind zu Schiff naht, man kann die Bergpässe im Auge behalten (vielleicht will ja doch mal ein Wegelagerer sein Glück versuchen), man braucht Burgen, damit man ab und zu mal aus den vielen Tunneln nach oben kommen und die Nachbarn besuchen kann, um nur einige wenige zu nennen. In Wales gibt es fast so viele Burgen, wie es Tunnel gibt, und keine ist so wie die andere. Natürlich sind einige nach demselben Grundriss errichtet worden, wenn sich die Form der Anlage erst einmal bewährt hatte, aber selbst dann sorgt die immer unterschiedliche Umgebung dafür, dass die Ähnlichkeiten nicht weiter auffallen. Andere sind auch vom Grundriss her einzigartig. Natürlich werden von vielen dieser Burgen Sagen erzählt, aber einige haben es sogar in die Weltliteratur geschafft.

Sie erinnern sich doch an die Burg The Eyrie aus *Game of Thrones*? Den Stammsitz des Hauses Arryn, hoch oben in den Mondbergen gelegen, auf dem als Riesenlanze bekannten Gipfel, wo die verrückte Lady Lysa Arryn mit ihrem noch verrückteren Sohn haust, und wo ziemlich zu Anfang Tyrion Lannister in eine der Himmelszellen eingesperrt wird? Das Vorbild für The Eyrie steht in Wales – wo auch sonst? Die Rede ist vom Carreg Cennen Castle, das in Carmarthenshire in der Nähe des idyllischen Ortes Llandeilo liegt, oder steht, oder wie auch immer. Heute ist die Burg eine Ruine, aber noch immer beeindruckt sie durch ihre Lage, hoch oben auf dem Berg eben, eigentlich unzugänglich für Freund und Feind gleichermaßen. Wie alt die Burg genau ist, ist unklar, aber schon in der Artusdichtung wird sie erwähnt. Dort dient sie dem König Urien als Wohnsitz, der

der Sage nach mit drei anderen kymrischen Königen auszog, um die Angeln aus dem Land zu vertreiben. Dabei entfernte er sich weit von zu Hause und geriet in Northumberland in einen tödlichen Hinterhalt. Wäre er auf seiner Burg geblieben, hätte ihm das nicht passieren können. Aber das nur nebenbei. Vermutlich wurde die heutige Burg im 12. Jahrhundert angelegt. Sie erhebt sich auf einem Bergkegel, von allen Seiten von steilen Felswänden umgeben. Tief unter der Burg gibt es eine Höhle, in der ein Quell entspringt – was von unschätzbarem Wert bei einer Belagerung gewesen sein muss: Der Feind konnte nicht in die Burg eindringen, und zu trinken hatten die Burginsassen auch genug. Da es offenbar keine Nachkommen des Pechvogels Urien gibt, hat heute die Cadw (die walisische Denkmalschutzbehörde) die Burg in ihrer Obhut. Auf dem unterhalb der Burg gelegenen Bauernhof wurden ein Parkplatz, ein Kiosk und eine Teestube eingerichtet (wo es aber auch Kaffee gibt!), auf Castell Farm werden außerdem alte Nutztierrassen (z.B. walisische Schafsrassen mit schönen Namen, s. Grund 97) nachgezüchtet, was allein schon einen Besuch lohnt. Und oft bleibt man dann da, denn der Aufstieg zur Burg ist beschwerlich und gefährlich. Es geht auf einem schmalen, steilen, steinigen Weg am Rand des Abgrunds entlang, man muss schwindelfrei sein, darf nicht stolpern und nimmt am besten jemanden aus der Umgebung mit, der sich auf dem Weg gut auskennt und vor den besonders gefährlichen Stellen warnen kann (aber wir wissen ja aus *Game of Thrones*, wie unzugänglich die Burg auch in bewohntem Zustand schon war, ehe sie zur Ruine wurde). Wenn man aber lebendig oben ankommt, hat man einen absolut sensationellen Blick über die Umgebung. Und angeblich ist auch das Burgverlies eine Sehenswürdigkeit – die berüchtigten Himmelszellen sind eine Erfindung des *Game of Thrones*-Autors George R. R. Martin, das Verlies ist tief unter der Burg, noch unter der Höhle mit dem Quell. Man erreicht das Verlies über eine steile steinerne Treppe und durch einen langen Tunnel. Dort steht man dann und will nichts dringlicher, als wieder ans Tageslicht zurückgelangen (Sie sehen schon, warum der Aufenthalt bei den alten Schafrassen so viel verlockender klingt). Es gibt aber noch einen Tunnel, klar, wir sind schließlich in Wales, dem Tunnelland, und ein Reiseführer schlägt vor, diesem »gefährlichen und stockfinsteren Tunnel zu folgen, solange man es wagt.« Offenbar hat sich noch nie jemand getraut, lange genug weiterzugehen, um das Ende des Tunnels zu erreichen. Wo er endet, weiß niemand, es geht das Gerücht, er führe in das unterhalb der Burg gelegene Dorf Trap. Das klingt nun so, als ob sich dort die walisischen Wegelagerer versammelten, in der Hoffnung, dass es irgendwo doch mal klappen muss – kluge Bücher berichten, der Dorfname habe mit einem kleinen Kanal zu tun, durch den einer Mühle Wasser zugeleitet werden sollte, einer sogenannten *water trap*, aber die können uns viel erzählen. An den steilen Hängen hoch schauen und »Winter is coming« murmeln, ist auch sehr schön, danach begeben wir uns ins nahe gelegene Llandeilo, wo in der Hauptstraße eine behagliche Kneipe neben der anderen liegt. Im Juli jedes Jahres gibt es dort ein angesehenes Festival für klassische Musik, und 2017 landete es bei einer Umfrage nach den angenehmsten Wohnorten in Wales auf der Shortlist. Llandeilo und Carreg Cennen – so große Gegensätze auf so kleinem Raum, auch das gibt es nur in Wales!

68. Grund

Weil es in Wales so viele uralte Burgen gibt

Wenn man an Sehenswürdigkeiten in Wales denkt, sind wohl unter den ersten, die einem in den Sinn kommen, die Burgen: Caernarfon, Conwy, Carreg Cennen, Caerphilly … Das sind nur einige von denen, die mit C anfangen. Insgesamt hat es über die Jahrhunderte in Wales ungefähr 600 Burgen gegeben, eine pro 35 Quadratkilometer!

Die meisten stehen nicht mehr, manche sind nur als archäologische Stätten zu erkennen, aber man kann immer noch mehr als hundert besuchen.

Vor dem 11. Jahrhundert waren keine Burgen in Wales zu sehen, aber dann, nachdem die Normannen in 1066 England besiegt hatten, fingen sie an, auch Wales zu erobern. Die ersten Burgen waren gewissermaßen einfach: ein Turmhügel mit einem hölzernen Bergfried, umgeben von Graben und Erdwall. Diese dienten als Stützpunkte für die Eroberung, und später als Besatzungsstandorte, um die Einheimischen zu überwachen und zu kontrollieren.

Nachdem sich die neuen Herren etabliert hatten, fingen sie auch an, Burgen aus Stein zu bauen, obwohl die Burg Chepstow an der Mündung des Wye schon im Jahr 1067 begonnen wurde, als Sprungbrett für die Invasion. Der Burgherr war William Fitz-Osbern, dem Wilhelm der Eroberer weitgehende Macht als Markgraf gegeben hatte. Nach diesem Muster wurden dann viele Burgen gebaut – den normannischen Herren der »Marches« (Grenzgebiete) wurde es erlaubt, ihre Herrschaftsbereiche so weit nach Westen auszuweiten, wie es ihnen nur möglich war – und in diesen Gebieten waren sie allmächtig.

Es gelang ihnen, weite Strecken, besonders in Südwales, zu übernehmen, und dort entstanden mit der Zeit mächtige Burgen wie Caerphilly, eine der stärksten Festungen Europas im Mittelalter, die in den 1270er-Jahren gebaut wurde. Sie hatte ein Areal von 1,2 Hektar – und war also die zweitgrößte in Britannien, nach Windsor. Ihr konzentrischer Plan und die Burggräben waren beide für ihre Zeit wirklich fortschrittlich.

Die walisischen Herrscher wollten mit den Nachbarn mithalten, und im frühen 13. Jahrhundert ließ Llywelyn der Große eine Reihe von Burgen aus Stein in Gwynedd bauen: Dolwyddelan, Dolbadarn, Cricieth und Castell Y Bere. Einfacher als die anglo-normannischen Burgen, standen sie an strategischen Lagen, kontrollierten Verkehrswege und schützten die Vorräte seines Reichs.

Nach dem Tod seines Enkels und Nachfolgers, Llywelyn des Letzten, entschied der englische König Edward I., dass es höchste Zeit sei, seine Herrschaft über Nordwales zu sichern, und fing an, das ehrgeizigste Burgbauprogramm des europäischen Mittelalters in Gang zu setzen. Zwischen 1283 und 1295 gab er £ 60.000 aus (heute ungefähr 35 Millionen Euro), zehnmal sein Jahreseinkommen, um Burgen und eingefriedete Städte in Conwy, Caernarfon, Harlech, Beaumaris (obwohl das Geld ausging, bevor diese Burg fertig war) und Cricieth, wo er Llywelyns Burg renovierte, zu errichten Die integrierte Planung dieses Projekts war genial: Jede Stadt wurde von der Burg geschützt, und die Burgen waren alle vom Meer aus zugänglich. Die Finanzierung kam von toskanischen Bankiers, und der Architekt, Meister Jakob von St Georgen, war aus Savoyen – ein wirklich europäisches Projekt, wie es in vor-Brexit'schen Zeiten noch möglich war.

Das Bürgerrecht in den Städten war Walisern aus Sicherheits- und Kommerzgründen vorenthalten, was natürlich zu Ressentiment vonseiten der Einheimischen führte. Die Burgen wurden als Zeichen der ausländischen Unterdrückung angesehen, in Kriegszeiten belagert und manchmal sogar erobert. Heute sind die edwardschen Burgen als historisches UNESCO Welterbe und Krönung des Tourismus in Wales anerkannt. Ein Geheimtipp für Besuchende: In letzter Zeit sind die Einrichtungen in Harlech modernisiert worden, und das Café am Schloss ist eines der besten in Wales, besonders, was die Aussicht betrifft: Es gibt eine Glaswand zum Norden, von wo aus man an sonnigen Tagen ganz Snowdonia sehen kann. Das *Welsh Rarebit* (s. Grund 25) dort ist auch höchst empfehlenswert.

Nach dem Mittelalter kam eine Wende: Die Burgen waren in vielen Fällen nicht von militärischer Bedeutung, und sie wurden allmählich in komfortable und elegante Residenzen für ihre aristokratischen Besitzer geändert. So wurden normannische Bauten im Tudor-Stil verkleidet. Wir haben z.B. Powis Castle in der Nähe von

Welshpool, Sitz des Grafen von Powis; Chirk Castle, wo die Familie Myddelton wohnte; Raglan Castle, Sitz der Herzöge von Beaufort. Im 18. und 19. Jahrhundert wurden die großen Designer hinzugezogen, um die Gärten neu zu gestalten, damit das Äußere so elegant und schön wie das Innere wurde. Wie so viele alte Herrensitze wurden die meisten von ihnen aus Steuergründen der Nation geschenkt, obwohl in manchen die alten Familien immer noch Teile bewohnen. Jetzt können auch wir gewöhnlichen Sterblichen erleben, wie die Oberen – wenn nicht Zehntausend, dann doch mindestens Eintausend – damals so gelebt haben.

69. Grund

Weil Wales so schöne auch gefälschte Burgen hat

Nach allem, was wir schon gesagt haben, sollte man meinen, dass es in Wales genügend Burgen gibt. Aber für einige Aristokraten im 19. Jahrhundert war dies nicht der Fall – sie mussten unbedingt, wenn auch auf den Grundmauern von älteren Gebäuden, ganz neue haben. Nicht, dass die neuen im Stil ihres eigenen Jahrhunderts gebaut worden wären. Nein, sie mussten wie mittelalterliche Burgen aussehen – nur, dass sie im Innern ganz modern waren.

Passenderweise war die erste dieser Burgen in normannischem Stil gebaut – sie hieß Penrhyn Castle und wurde zwischen 1822 und 1837 in der Nähe von Llandygai in Gwynedd errichtet. Der Architekt war Thomas Hopper, der Bauherr George Hay Dawkins-Pennant, der in der Gegend Schieferbrüche und in Jamaica Zuckerplantagen hatte (nach der Sklavenbefreiung in den 1830er-Jahren bekam er von der britischen Regierung Entschädigung für 650 Sklaven). Er konnte es sich also problemlos leisten, die £150.000 (heute ungefähr 44,5 Millionen Euro) für sein Schloss hinzublättern.

Hoppers Entwurf änderte die Gebäude (ein befestigtes Haus, das Ednyfed Fychan, Vorfahr der Tudor-Dynastie, im 13. Jahrhundert gehört hatte, und das dann im 15. Jahrhundert auch einen Turm bekam) bis zur Unkenntlichkeit, obwohl er im Innern eine Wendeltreppe und gewölbte Keller des alten Hauses behielt.

Penrhyn ist als eines der schönsten unter den vorgetäuschten Schlössern der 19. Jahrhunderts anerkannt – es wurde »das hervorragende Beispiel der Neoromanik« (Norman Revival) genannt. Die Innenausstattung enthält viel elegantes »normannisches« Gipswerk, und auch Schnitzarbeit aus Holz und Stein. Er gibt zudem ein Bett aus Schiefer, das für einen Besuch der Königin Victoria 1859 gebaut wurde: Es wiegt buchstäblich eine Tonne! Als er starb, bat Dawkins-Pennant seinen Schwiegersohn, auf die Gemäldesammlung aufzupassen, und das hat er sehr gut getan: In der Sammlung, einer der besten in Wales, gibt es unter anderen Bilder von Canaletto, und der Höhepunkt war ein Rembrandt-Porträt von Catrina Hooghsaet, das aber 2007 verkauft wurde.

Die Familie Penrhyn und das Schloss sind in der Gegend nicht gerade beliebt. Das rührt von dem großen Streik (oder eher Aussperrung) von 1900 bis 1903 her. Die Steinbrucharbeiter hatten seit den1870er-Jahren versucht, sich in einer Gewerkschaft zu organisieren, um ihre Rechte und ihren Lohn zu sichern. Der damalige Baron Penrhyn war dagegen, er tat sein Bestes (oder eher sein Schlimmstes), um das zu verhindern. Das führte im Oktober 1900 zu gewalttätigen Ausschreitungen gegen Streikbrecher. 26 Schieferarbeiter wurden vor Gericht gestellt – und am Tag ihres Prozesses marschierten ihre Kollegen in Solidarität zum Gerichtshof in Bangor. Als sie an Schloss Penrhyn vorbeigingen, kehrten sie alle das Gesicht weg.

In Dezember kam die Katastrophe – weder der Baron noch die Arbeiter wollten nachgeben, und die Schieferbrüche wurden geschlossen: Fast 2.000 Männer wurden arbeitslos. Und es sollte noch schlimmer kommen: Im Mai wurden die Brüche wiedereröffnet, für Arbeiter, die bereit waren, die Bedingungen des Arbeitgebers anzunehmen. 400 sind zurückgekehrt, und sie bekamen einen Sovereign (eine Goldmünze im Wert von £ 1) und eine Lohnerhöhung von fünf Prozent. Am selben Abend wurde eine Versammlung gehalten, wo beschlossen wurde, Karten drucken zu lassen mit dem Text »Nid oes bradwr yn y ty hwn« (Es gibt keinen Verräter in diesem Haus) und sie in den Fenstern der Streikenden aufzuhängen.

Die Streikbrecher wurden ausgegrenzt – es gibt heute noch in Bethesda, wo die Mehrheit der Arbeiter wohnte, Reihen von Häusern, die »Tai Bradwyr« (Häuser der Verräter) genannt werden.

Der Polizeipräsident von Caernarvonshire ließ Truppen zum Dorf schicken, was die Situation verschlimmerte. Bethesda war wie eine Wüste, Kinder verhungerten, und 1902 fingen die Männer an, widerwillig zum Schieferbruch zurückzukehren. Es waren aber nur 700 – 2.000 hatten die Gegend verlassen, und Bethesda war auf immer verändert. Es gibt eine Parole der Zeit, die die damalige Lage schildert:

»Wenn du ein Schaf auf dem Berg stiehlst, wirst du aufgehängt: Wenn du den Berg stiehlst, wirst zu zum Lord erhoben.«

In Südwales gab es ein halbes Jahrhundert später einen anderen Aristokraten mit industriellen Interessen – diesmal Kohlenbergwerke –, der ähnliche Träume in Sachen Architektur hatte. Es war John Crichton-Stuart, Marquess of Bute. Er war damals wohl der reichste Mann in Großbritannien (er hatte ein Einkommen von £30.000 pro Jahr geerbt). In seinem Besitz hatte er schon Cardiff Castle, wo er die späteren mittelalterlichen und frühmodernen Teile neogotisch umbauen ließ. Aber ungefähr acht Kilometer entfernt hatte er auch eine andere Burg, Castell Coch (die Rote Burg). Sie war eine Ruine – walisische Rebellen hatten sie im 14. Jahrhundert zerstört. Um 1870 beauftragte er den Architekten William Burges, Castell Coch als »Landsitz für gelegentliche Aufenthalte im Sommer« neu zu gestalten.

1875 fing die Arbeit an. Das Äußere war bis 1879 fertig, aber Burges starb 1881, nachdem er sich bei einem Besuch auf der Baustelle erkältet hatte. Sein Schwager Richard Pullan übernahm die Projektleitung, und das Ganze wurde 1891 fertiggestellt.

Es erhielt fast universales Lob: »Einer der größten viktorianischen Triumphe der architektonischen Gestaltung«; »bringt einen Hauch von Wagner ins Tafftal«. Da es aber nicht für langfristige Bewohnung geeignet war (trotz der großen Empfangsräume hatte es nur drei Schlafzimmer), hat der Marquess sein Schloss kaum besucht, und er starb 1900. Danach wurde das Schloss mehr oder weniger vernachlässigt und 1950 der Nation geschenkt. Heute wird es von CADW, der walisischen Organisation für Denkmalschutz, verwaltet.

Als Nebenprodukt seiner mittelalterlichen Interessen hat der Marquess 1873 beschlossen, den Weinbau nach Britannien zurückzubringen, und 1875 wurden 1,2 Hektar am Hang unter dem Schloss mit Weinreben bepflanzt. Die erste Ernte 1877 brachte nur 240 Flaschen, und ein zeitgenössisches Gutachten stellte Folgendes fest: »Man müsste vier Mann haben, um den Wein zu trinken: Zwei, um das Opfer zu halten, und einen, um diesem den Wein in die Kehle zu gießen«, aber später stieg die Qualität, und ab 1894 stellten sie 40 Fässer von 240 Litern her. Leider hat der Erste Weltkrieg dem Weinbau ein Ende gesetzt, und die Weinreben wurden 1920 entwurzelt.

70. Grund

Weil der wahre Gral in Wales zu finden ist

In der Kathedrale von Valencia gibt es den Kelch *Sant Calze*, der aus dem Kloster von San Juan de la Peña stammt. Er ist aus Achat und Chalzedon und soll der Heilige Gral sein, der von den Rittern der Tafelrunde (und auch später von Himmlers Ahnenerbe) so dringend gesucht wurde. Aber wie uns der Indiana-Jones-Film vom Letzten Kreuzzug bewiesen hat, kann es nicht der richtige Gral sein; der ist nämlich kein wertvoller Kelch aus Edelsteinen und Gold, sondern der einfache Becher eines Zimmermanns. Und wo befindet sich dieser Becher? In der walisischen Nationalbibliothek in Aberystwyth! Der Becher von Nanteos, ein sehr alter hölzerner Becher aus Bergulme, wurde der Bibliothek 2015 geschenkt, nachdem er vorher nach einem Diebstahl für fast ein Jahr verschollen gewesen war. Die ehemaligen Besitzer trauten sich nicht mehr, ihn sicher zu bewahren.

Nanteos (Nachtigallental) ist ein Herrenhaus etwa 16 Kilometer südöstlich von Aberystwyth. Im 19. Jahrhundert gehörte es der Familie Powell, und es war ein Mitglied dieser Familie, George Powell, der den Becher 1878 in einer Versammlung der Kambrischen Archäologischen Gesellschaft vorzeigte und sagte: »Manchmal hat Er am Rand geknabbert, deshalb wirkt der so seltsam verformt.« Der Becher befinde sich schon lange im Familienbesitz, habe aber ursprünglich in der Abtei Strata Florida gestanden. (Die Ruinen der Abtei in Pontrhydfendigaid lohnen übrigens einen Besuch.) Der Becher besaß angeblich wundertätige Heilkräfte. Kranke mussten ein Pfand abgeben, dann wurde ihnen der Becher gebracht. Wenn sie dann Wasser oder ein alkoholisches Getränk daraus zu sich nahmen, wurden sie geheilt. Die Heilkraft sollte daher stammen, dass der Becher aus dem Holz des wahren Kreuzes geschnitzt sei.

Hier fragen wir uns kurz, was denn nun, Jesu Becher oder ein Stück vom Kreuz? Aber angesichts des Gral verbieten sich solche Zweifel natürlich, und wenn es nicht der Gral ist, ist es also jedenfalls ein magisches Gefäß.

8. Kapitel

Taffy und Trachten, ein walisisches Kuriositätenkabinett

71. Grund

Weil es in Wales jede Menge interessanter Heiliger gibt

Eine Heilige nur für die Liebe (s. Grund 50), das ist doch vielversprechend, aber Wales hat den christlichen Heiligenkalender wahrlich bereichert wie kaum ein anderes Land. Einen ganz besonderen Rang nimmt natürlich der Schutzpatron des Landes ein, dessen Spuren wir überall in Wales begegnen – allein schon, weil so viele Jungen nach ihm benannt sind. Wenn wir uns die Schutzheiligen der Britischen Inseln ansehen, ist das Ergebnis frappierend: Alles Männer – das macht ja schon mal keinen guten Eindruck, aber es wird doch besser. England wird von St. Georg, dem Drachentöter, beschützt, Schottland schwört auf den Apostel Andreas, beide stammten bekanntlich aus Kleinasien. Irland steht unter dem Schutz des Walisers St. Patrick (s. Grund 1), Wales hat seinen David. Bei David denkt man natürlich an den aus der Bibel, der den Riesen Goliath mit einem gut gezielten Wurf mit der Schleuder besiegte, aber unser walisischer David wurde zwar nach ihm benannt, war aber ein echter Waliser Eingeborener, und alle späteren walisischen Davids, Dafydds, Dewis und Dais heißen nach ihm und nicht nach dem Riesenkiller. Die Schutzpatronenstatistik sieht also richtig gut aus: zwei aus Kleinasien, zwei aus Wales.

Seine spätere Heiligkeit wurde unserem David nicht unbedingt in die Wiege gelegt, sein Leben stand erst einmal unter einem Unstern. Seine Mutter, die später heiliggesprochene Non, wollte eigentlich ein Leben in Keuschheit und Frömmigkeit führen, wie es damals gerade in Mode war, wurde dann aber von einem Kerl mit dem absolut unpassenden Namen Sanctus vergewaltigt, der noch dazu König von Ceredigion war. König Sanctus scheint sich nicht weiter um seinen Sohn gekümmert zu haben, dennoch fürchteten andere, die selbst auf den Königsthron von Ceredigion scharf waren, den

Stürmischer Himmel über Snowdonia, North Wales.

Oben: Wales ist voller Brücken. Hier sieht man die alte Steinbrücke bei Llanwrst.
Unten: Aberystwyth, Schauplatz dramatischer Krimiserien (Grund 35).

Unten: Harlech Castle: Hier gibt es hervorragendes Welsh Rarebit (Grund 23).

Oben: Eine der berühmten walisischen Schmalspurbahnen (Grund 111).
Unten: Der vielleicht bekannteste walisische Ortsname (Grund 10).

Die Menai-Brücke, das Tor nach Ynys Môn (Grund 88).

Dramatischer Sonnenuntergang auf Ynys Môn, dazu das Info-Zentrum Twr Elyn (Grund 47).

Oben: Welsh Pony – Wales ist Pferdeland (Grund 94).
Unten: Anglesey Eggs, eine lokale Spezialität (Grund 89).

Oben: Portmeirion, die Stadt, die es eigentlich nicht gibt (Grund 30).
Unten: Beddgelert, das berühmteste Hundegrab der Welt (Grund 92).

Oben: Wales ist Burgenland, hier: Conwy Castle in North Wales.
Unten: Eine Erinnerung an die Engel von Mons? Friedhof bei Llandudno (Grund 82).

Oben: Der Gipfel des Mount Snowdon, mit 1.085 m der höchste Berg in Wales.
Unten: Walisische Schafe haben schöne Namen. Hier: Beulah mit dem gesprenkelten Antlitz (Grund 96).

Wales ist reich an alten Seebädern: Llandudno (Grund 17).

Oben links: Die Harfe, das walisische Nationalinstrument (Grund 42). **Oben rechts:** Hufabdruck von Artus' Pferd. **Unten:** Welsh Rarebit – geröstetes Brot mit geschmolzenen Cheddar-Käse.

Oben: Sieht man in Wales fast überall: roter Drache vor grauer Burg (Grund 43).
Unten: Bryn Colli Ddu auf Ynys Môn: eine steinzeitliche Sternwarte? (Grund 64).

Ein Blick auf den berühmten Leuchtturm am South Stack, in der Nähe von Holyhead, Anglesey, Nordwales.

noch ungeborenen Rivalen. Einer beschloss, dieses Kind, sollte es ein Knabe sein, gleich nach seiner Geburt umbringen zu lassen. Aber an diesem Tag kam ein so furchtbares Unwetter auf, dass niemand sich aus dem Haus wagte, und dann war es zu spät, weil alle schon von diesem Kind wussten, das sozusagen als erstes ein Wunder gewirkt und damit sein Leben gerettet hatte.

Non ließ sich in der Nähe der heutigen Stadt St. Davids nieder, die Kapelle, die sie errichten ließ, ist heute eine denkmalgeschützte Ruine. Ein wunderbarer Wanderweg führt am Meer entlang nach St. Nons, wie es logischerweise heißt. Es gibt dort einen wundertätigen Brunnen, der angeblich gegen Augenleiden hilft. Seit einigen Jahren haben die Barmherzigen Schwestern dort ein Kloster, wo sie zu Exerzitien, aber auch zu weltlichen Dingen wie Yogakursen einladen.

Wann sich das alles zutrug, ist umstritten, es war aber jedenfalls um das Jahr 600 herum. Im 11. Jahrhundert verfasste der Mönch Rhygyfarch ein Leben des Heiligen David (*Buchedd Dewi*), aber ob alles, was darin steht, der Wahrheit entspricht, ist eine ganz andere Frage. Ob David wirklich nach Jerusalem gepilgert ist, um sich vom dortigen Patriarchen zum Erzbischof weihen zu lassen, kann uns aber auch egal sein. Er reiste jedenfalls munter durch die Weltgeschichte, gründete einen Haufen Klöster und Kirchen (von denen wir viele in Wales besuchen können, und überall gibt es in der Nähe Kneipen, wo wir die Heiligkeit ein wenig abspülen können). Außerdem wirkte er Wunder: Einmal, als er predigte, erhob sich der Boden unter seinen Füßen, damit alle ihn besser sehen könnten (was ein Neider so kommentierte: »Von allen überflüssigen Wundern ist es ja wohl das überflüssigste, ausgerechnet in Wales noch neue Hügel zu erschaffen«), und meistens, wenn er predigte, kam eine weiße Taube vom Himmel und ließ sich auf seiner Schulter nieder. Vor seinem Tod sagte er angeblich zu seiner Fangemeinde: »Liebe Brüder und Schwestern, seid fröhlich, folgt eurem Glauben und tut die kleinen Dinge auf der Welt.« Das mit den kleinen Dingen, die man tun kann, statt sich allzu hohe Ziele zu setzen, ist noch heute in Wales sprichwörtlich: »Gwnewch y pethau bychain mewn bwyd.«

David starb in dem Ort in Pembrokeshire, der seit damals St. Davids heißt. Über seinem Grab wurde eine gewaltige Kathedrale errichtet, die wir in St. Davids noch heute bewundern können. Allerdings wurde sie oftmals umgebaut und repariert, das ganze mittlere Mittelalter hindurch kam es immer wieder zu Überfällen durch die Wikinger, die ohne irgendwelche Achtung vor dem Heiligen die reichen Verzierungen an seinem Schrein mitgehen ließen. Die Gebeine sind auch nicht mehr vorhanden, aber die wurden nach der Reformation als papistischer Aberglaube konfisziert, und was aus ihnen geworden ist, weiß niemand. Unklar ist auch, was aus dem prachtvollen Saphirring geworden ist, den David als Zeichen seiner Bischofswürde getragen hat. Die Wikinger hatten ihn offenbar nicht entdeckt, doch dem gierigen Blick von König Heinrich VIII (dessen Familie schließlich aus Wales stammte, s. Grund 51) konnte kein Kleinod entgehen, und er nahm den Ring an sich. Das behaupten die Chroniken, aber wo der Ring heute ist, ist ein Geheimnis, bei den englischen Kronjuwelen ist er offenbar nicht. Aber wir wissen ja, dass Wales das Land der unentdeckten Schätze ist (s. Grund 12), und da wundert uns das auch nicht mehr.

Ein Brauchtum in Wales, dem nicht einmal die Reformation etwas anhaben konnte, geht zurück auf den heiligen David. Angeblich hatte David Gott angefleht, seinem Volk (den Walisern eben) ein Vorzeichen ihres Todes zu schicken, damit sie sich auf die Ewigkeit vorbereiten könnten und nicht von Sünden befleckt einfach tot umfielen.

Gott teilte ihm in einer Vision mit, dass von nun an alle Menschen aus Wales in ausreichender Zeit vor ihrem Tod eine Kerze mit furchtbar trübem Licht (damit sie die nicht mit einer normalen Haushaltskerze verwechseln könnten) sehen sollten, Farbe und Größe der Kerze sollten anzeigen, wie bald der Tod eintreten würde. Warum auch immer, im Zuge der Elektrifizierung auch der walisischen Landgebiete sind die Davidskerzen verschwunden, wie die normalen Haushaltskerzen eben auch.

Manchmal sieht man im Vorüberfahren vor walisischen Häusern eine Flagge, die ein gelbes Kreuz auf schwarzem Feld zeigt, und dann denkt man gern, dass das hier irgendwas mit pankeltischer Verbundenheit zu tun hat, denn die Flagge von Cornwall sieht fast genauso aus: weißes Kreuz auf schwarzem Feld. Aber so ist es nicht: Das gelbschwarze Teil ist die St.-Davids-Flagge, die zweite Nationalflagge von Wales, nicht ganz so verbreitet wie die mit dem Drachen, aber eben doch hochgeehrt, denn eine alte Weissagung verspricht, dass sich eines Tages das walisische Volk unter dem leuchtenden Banner Davids zusammenschließen und endlich die Engländer aus dem Lande vertreiben wird!

Der Schriftsteller Richard Llewelyn (1906–1983) gab übrigens sein Leben lang an, in St. Davids geboren zu sein. Sein mehrfach verfilmter Bergarbeiterroman *How green was my valley* von 1939 (Deutsch: *So grün war mein Tal*) stand jahrzehntelang in jeder Leihbücherei. Nach seinem Tod kam heraus, dass er in Wirklichkeit in Hendon im englischen Middlesex das Licht der Welt erblickt hatte, natürlich peinlich für einen Autor, der ein großes walisisches Nationalepos zu schreiben gedenkt!

72. Grund

Weil Männer aus Wales Dafydd heißen, oder auch nicht

Iren werden anderswo oft Paddy genannt, das ist bekannt. Nicht ganz so bekannt, jedenfalls nicht in Deutschland, ist, dass Waliser Taffy heißen. Das klingt erst mal nett, und wenn wir »Taffy« googeln, kommen als Erstes lauter Anleitungen zum Herstellen von einer Menge von Toffee-Variationen. Nett und lecker, also, ist aber nicht gemeint. »Taffy« als Synonym für Waliser leitet sich vom Schutzpatron derselben her, dem Heiligen David.

Weil ihr Land unter dem Schutz dieses Heiligen stand (s. Grund 71), wurden und werden viele Jungen in Wales Dafydd getauft (oder David oder Dai. Das fanden die Engländer komisch, und so entstand ein Spottlied:

Taffy was a Welshman, Taffy was a thief.
Taffy came to my house and stole a piece of beef.
I went to Taffy's house, Taffy was in bed,
I took the marrow bone and threw it at his head.

»Taffy war Waliser, Taffy war ein Dieb.
Taffy kam zu meinem Haus und stahl ein Stück Rindfleisch.
Ich ging zu Taffys Haus, Taffy war im Bett:
Da nahm ich den Markknochen und warf ihm den an den Kopf.«

Es gibt noch jede Menge weiterer Strophen, die alle anfangen mit »Taffy was a Welshman, Taffy was a thief«, dann kommt eine Schandtat Taffys, die der Engländer in seinem gerechten Zorn bestraft – und die wir hier absolut nicht anzuführen gedenken. Aus Gründen.

Der Vers stammt in den Versionen, die wir kennen, aus dem 18. Jahrhundert, ist aber wohl viel älter. Er war besonders in den an Wales grenzenden Grafschaften in England sehr beliebt – vielleicht im Andenken an die Zeiten, wo man eine Mauer hatte, um die Raubzüge der Nachbarn zu verhindern. »Natürlich stammt er auch aus der eingeborenen Ausländerfeindlichkeit der Engländer, besonders wo sie die unterdrückten Länder Großbritanniens betrifft: Die Iren sind dumm und gewalttätig, die Schotten geizig, die Waliser dumm und langfingerig!« Dieses Zitat stammt von einem Waliser, der es ja wohl wissen muss. Es ist natürlich irgendwie typisch: erst dem Nachbarn das Land wegnehmen und sich dann beklagen, wenn er statt betteln zu gehen lieber klaut!

Doch warum heißen diese Menschen Taffy? Wir lassen wieder den walisischen Gewährsmann antworten: »Der wahrscheinlichste Grund ist ein anderer Charakterzug der Engländer: ihre wohlbekannte Unfähigkeit, ausländische Sprachen zu lernen oder verstehen. Sehr viele Waliser heißen Dafydd, was ja David entspricht, und Taffy ist die fehlerhafte englische Aussprache dieses Namens. Also sind für den gemeinen Engländer auf dem Markt alle Waliser Taffy – genau wie alle Deutsche Fritz oder alle Amerikaner Joe heißen.«

Ein anderer möglicher Grund ist, dass der Fluss, der durch Cardiff fließt, der Taff ist. Aber das setzt Kenntnisse der walisischen Geografie voraus, was kaum der Fall war bei den Verseschmieden im 18. Jahrhundert. Spottgedicht hin und her, eigentlich ist Taffy ein schöner Name, jetzt, wo wir wissen, dass er sich von St. David herleitet.

73. Grund

Weil es in Wales interessante Kleidung gibt

Waliser Trachten sind lustig, aber dazu mehr in Grund 74. Die Frauen mit ihren hohen Hüten haben Franzosen in die Flucht geschlagen (s. Grund 104), sind als Strickpuppen aber unmöglich zu durchschauen (s. Grund 98). Aber eine Frage stellt sich doch irgendwann: In Schottland gibt es die Kilts, wir lesen, dass in Cornwall graue und senfgelbe Kilts getragen wurden, wenn sie auch ziemlich aus der Mode gekommen sind – und in Irland versuchte Pádraig Pearse, der gleich nach dem Osteraufstand 1916 hingerichtet und deshalb nicht in Fron Goch interniert wurde (s. Grund 106), die kornischen senfgelben Kilts zu verbreiten. Ist Wales denn aus der Front der Kiltträger total ausgeschieden? Es gibt das Wort *cilt*, das erweckt Hoffnungen, aber es gibt trotzdem keine historischen Belege dafür, dass die Waliser in früheren Zeiten im Kilt aufgetreten sind, König Artus im Kilt ist also Fehlanzeige. Aber wenn alle anderen keltischen Völker auf den Britischen Inseln welche haben, will Wales auch nicht tatenlos zusehen, und deshalb gibt es inzwischen auch in Wales Kilt-Schneidereien, wo man einen maßgeschneiderten erstehen kann – auf den Websites sind keine Preise angegeben, alles variiert nach Stoffqualität und nach Verzierungen – und nach dem jeweiligen Stand des Britischen Pfundes, natürlich. Es leuchtet ein, dass ein einfarbiger Cilt weniger kostet als ein mit dem walisischen Drachen bestickter. Oder gar als, Prunkstück vieler Musterkollektionen, einer mit Davidskreuz und Drachen! In den vergangenen Jahren wurden, damit alles seine Richtigkeit hat und man nicht bei den Schotten klauen muss, auch walisische Tartans entwickelt, jedenfalls für die Familien mit den häufig vorkommenden Namen Jones, Evans, Thomas. Oder auch Llewelyn.

Einige Schneidereien bieten einen weitergehenden Service an: Wenn Sie absolut keine walisischen Vorfahren auftreiben können, steigt der Schneider in die Ahnenforschung ein, und siehe da, er wird immer fündig. Irgendwann im mittleren Mittelalter, spätestens, war einer Ihrer Urururuswgroßväter ein vertrauter Ratgeber Karls des Großen, und er hieß Evans, Jones oder Thomas (natürlich in archaischer Schreibweise), woraus dann durch Sprachentwicklung, Lautverschiebungen usw. irgendwann Müller-Lüdenscheidt wurde. Das berechtigt Sie zum Tragen des entsprechenden Tartans. Da solche Recherchen natürlich zeitaufwendig sind, kann es ein bisschen mehr kosten. Wenn Sie so viel doch nicht anlegen wollten, dann empfehlen wir den Tartan »Pride of Wales«!

74. Grund

Weil es in Wales grandiose Trachten gibt

Strickpuppen in Tracht sind ein beliebtes Souvenir aus Wales – wenn auch die Strickanleitung ein Geheimnis bleibt (s. Grund 98). Fest steht: Das herkömmliche Merkmal einer Waliserin ist ihr Hut – nicht mit einem Hexenhut zu verwechseln, da es eher ein spitzenloser

Zylinderhut ist. Der Hut ist ein Teil der traditionellen Tracht, die fast überall in Wales zwischen mindestens dem 18. Jahrhundert (es gibt nur wenige Beweise dafür vor den 1770er Jahren, als die ersten Reisenden ihre Berichte publizierten) und der zweiten Hälfte des 19. Jahrhunderts in Gebrauch war. Danach wurde die Tracht nur an Festtagen oder zu besonderen Gelegenheiten getragen und war keine Alltagsbekleidung mehr.

So eine Tracht bestand aus vier Hauptteilen:

- dem *gŵn* oder *betgŵn*, einem Kittel, entweder eng ansitzend, tief ausgeschnittenen und mit einem breiten langen Zipfel, wie in Cardiganshire und Carmarthenshire (oft aus rotem und sehr dunkelblauem oder schwarzem gestreiften Flanell), oder und T-förmig (wie in Nordwest- und Südost-Wales), oft aus bedrucktem Baumwollstoff. In Pembrokeshire war dagegen eine Jacke mit kurzem Zipfel aus einfarbigem Stoff üblich.
- dem *pais* (Unterrock), normalerweise aus schwerem Flanell mit senkrechten (oder gelegentlich waagerechten) Streifen in bunten Farben, oft rot-dunkelblau oder schwarz-weiß.
- dem *câp* oder *mantell* (Umhang): Dieser war lang und hatte oft eine große Kapuze (um den hohen Hut zu schützen). Er war aus blauer oder roter Wolle – seit 1860 war Rot beliebter.
- dem *siôl* (Schultertuch): für besondere Gelegenheiten oft aus feiner Wolle oder sogar Seide mit Paisleymuster.
- Und natürlich dem Hut.

Die männlichen Wesen sahen nicht halb so interessant aus. Sie trugen Wämser (oft sehr bunt), eine blaue oder graue Wolljacke mit einem Halstuch und eine Kniehose – es gab nichts, was sie von den Männern auf der anderen Seite von Offas Mauer unterschied.

Sehr viel von unserem Trachtenwissen verdanken wir Augusta Hall, später Lady Llanover, die in den 1830er-Jahren die verschiedenen Trachten der walisischen Regionen aufzeichnete.

Weil man in Wales so viel schöner pilgern kann

Pilgern ist weiterhin in, aber so langsam muss der Jakobsweg doch überlaufen sein? Wales dagegen bietet eine Vielzahl an uralten Pilgerwegen, zu Einsiedeleien, zerfallenen Kirchen, heilenden Quellen (s. Grund 89), aber es gibt einen Wallfahrtort, zu dem aus ganz Großbritannien Wallfahrten organisiert werden, nämlich Pennant Melangell in Llangynog. Die Heilige Melangell, deren Fest am 27.5. begangen wird, und zwar seit 590!, war der Legende nach eine irische Prinzessin, die sich einer von ihrem Vater arrangierten Heirat entziehen wollte. Sie floh nach Wales und baute sich in den Bergen eine winzige Zelle. Eines Tages war Fürst Brochwell von Powys auf Jagd, er setzte einem Hasen nach, verlor denselben aus den Augen, kam zu einer Lichtung und fand dort eine wunderschöne Frau vor, die den Hasen unter ihrem Gewand versteckte und auch Brochwells geifernden Jagdhunden trotzte. Er ließ sich die Geschichte der Schönen erzählen und war so ergriffen, dass er ihr ein großes Stück Land schenkte. Darauf gründete Melangell ein Frauenkloster, dem sie 37 Jahre lang als Äbtissin vorstand. Noch heute hält sich die Überzeugung in der Gegend, dass man, wenn man von Hunden verfolgt wird, rufen muss: »Gott und Melangell sollen mich schützen«, und die Hunde werden die Witterung verlieren. In einem Land, dessen arme Bevölkerung aufs Wildern angewiesen war, ist das eine wichtige Schutzvorkehrung. Kein Wunder, dass Melangell noch immer verehrt wird. Die Kirche von Llangynog steht auf einer bronzezeitlichen Begräbnisstätte, mitten in einem Kreis aus uralten Eiben (was alles noch sehr heidnisch klingt), ihre ältesten Teile stammen aus dem 12. Jahrhundert, seither wurde immer um- und angebaut. Neben Melangells Grab ist die größte Sehenswürdigkeit ein Lettner aus dem 15. Jahrhundert, dessen Schnitzwerk die Geschichte von Melangell, dem Hasen und dem Fürsten erzählt. Zu der Kirche gehört das Melangell Centre, das Pilgersleute zur Einkehr einlädt. Exerzitien werden angeboten, Seelsorge und spirituelle, persönliche Beratung, die Möglichkeit zu Ruhe und Kontemplation. In der Kirche gibt es Heilgottesdienste – und wer einfach nur ohne Frömmigkeit pilgern will, ist ebenfalls willkommen und wird über die schönsten Wanderwege der Umgebung informiert. Im Sommer treffen hier jede Woche Wallfahrtsgruppen aus dem ganzen Land ein und setzen sich nach dem Gottesdienst zu Tee und Keksen zusammen. Wenn Sie aber wirklich eine Wallfahrt im klassischen Sinn unternehmen möchten, um etwas für Ihr Seelenheil zu tun, rät die derzeitige Pastorin, sich vorher zu melden und zu sagen, worum es Ihnen geht. Wenn St. Melangell vielleicht dort nicht das richtige Ziel für Sie ist, wird sie Ihnen ein anderes empfehlen können. Hier ist der Link zur Website: www.st-melangell.org.uk/

76. Grund

Weil man in Wales auf Dichterpfaden wandeln kann

Das kann man wirklich, z.B. auf dem Dylan-Thomas-Wanderpfad! Der Dylan-Thomas-Pfad – auf Englisch: Dylan Thomas trail, auf Kymrisch Llwybr Dylan Thomas – ist noch nicht besonders alt, er wurde 2003 von Aeronwy Thomas, der Tochter des Dichters, offiziell eröffnet, so mit Band durchschneiden und allem. (Aeronwy, eine brillante Übersetzerin italienischer Lyrik, starb 2009 an Krebs). Wenn es also heißt, dass der Pfad in Llanon anfängt, dann stimmt das insoweit, als er dort eben eröffnet wurde. Am anderen Ende ist New Quay, man könnte also genauso gut dort anfangen und dann in Llanon beim City Hotel, dem offiziellen Anfang, die Sache bei einer Portion Pommes ausklingen lassen (s. Grund 81). Der Pfad ist

40 Kilometer lang, vielleicht möchten Sie ja lieber zwischendurch eine Übernachtung einlegen, in einem netten Hotel ein bisschen Dylan Thomas lesen (oder hören, es gibt wunderbare Hörbücher, wo kein Geringerer als Richard Burton die Werke seines Landsmanns zu Gehör bringt), ein bisschen aufs Meer und auf die Felsen schauen, die wehen Füße ruhen lassen … dann sollten Sie aber auf eigene Faust die Wanderung antreten, die offiziellen, mit Führung (Infos in allen Touristenbüros von Ceredigion), kennen kein Pardon, sie beginnen beim City Hotel in Llanon und enden in New Quay, immerhin beim Black Lion Hotel. Dieses strahlend weiße Haus, das zudem weiterhin ein Hotel ist, steht oben an einem Hang mit wunderbarem Blick aufs Meer. Angeblich hat Dylan Thomas hier zu gern bei einem Whisky Inspiration gesucht und den Black Lion in »Under Milkwood« auftreten lassen als Llarrebub, »die Stadt am anderen Ende von Wales, die auf den Klippen hockt«.

Egal, wo man die Tour antritt: Wanderkarten gibt es ebenfalls in den Touristeninfos. Man kann sich aber eigentlich nicht verirren, denn überall unterwegs prangt die blaue Plakette des walisischen Tourismusverbandes und verkündet: Sehenswürdigkeit! Wenn die Sehenswürdigkeit etwas mit einer berühmten Persönlichkeit zu tun hat, ziert ein Bildnis derselben die Plakette, das macht die Orientierung noch leichter. Aus welchen Gründen aus allen vorhandenen Bildnissen immer das unvorteilhafteste der aktuellen Persönlichkeit ausgesucht wird, war bisher nicht zu ermitteln. Dylan Thomas jedenfalls sieht darauf aus wie ein übergewichtiger Milchbubi mit Vorliebe für alberne Halsbinden!

Der Wanderpfad also führt uns durch Gegenden, die mit dem Leben oder dem Werk des Dichters zu tun haben. Wir wandern vorbei an einem Haus, in dem Dylan Thomas und seine Frau Caitlin während des Zweiten Weltkriegs gewohnt haben, dann kommen wir durch das idyllische Tal des Aeron, und dieser Fluss schien es den beiden so angetan zu haben, dass sie ihre Tochter danach nannten, Aeronwy eben. Danach kommt gleich wieder ein Hotel, wo im Sommer 1930 T. S. Eliot Urlaub machte, das lesen wir auf einer Plakette (ohne Bildnis), da war es aber noch kein Hotel. Aber wenn wir unabhängig wandern, können wir hier ein Päuschen einlegen, und das ist doch schön. Wir passieren eine stillgelegte Bahnlinie, von denen es in Wales viele gibt, und einen Strand, wo Dylan Thomas einst einen Jig getanzt hat (das ist wichtig, weil er den Jig auch bedichtet hat, wir können das bei der nächsten Rast in aller Ruhe lesen). Dieser Strand ist aber auch der Ort, wo ihm die Idee zu *Under Milk Wood* kam – und das gibt es gelesen von Richard Burton, wie gesagt, noch ein Grund für einen weiteren Kneipenstopp. Wir kommen schließlich noch an dem Bungalow vorbei, wo Dylan und Caitlin den kältesten Winter ihres Lebens verbrachten (1944–45), wo er aber dichtete wie nie zuvor, und dann sind wir fast schon in New Quay. Hier lockt die Touristinfo – und wenn wir also an einer organisierten Tour teilgenommen haben, gibt es fast kein Entrinnen! – mit weiteren Wanderwegen, aber wir wollten ja nun auf den Spuren von Dylan Thomas wandeln, und das haben wir getan.

Natürlich fragen jetzt Dylan-Thomas-Fans: Wieso geht der Pfad nicht durch Laugharne, den Ort, der wie kein anderer mit Dylan Thomas in Verbindung gebracht wird? Ganz einfach, weil Laugharne ganz woanders liegt und ansonsten so reich an Sehenswürdigkeiten ist, dass es Dylan Thomas gar nicht gebraucht hätte! Und deshalb ist Laugharne ein eigener Grund, Wales zu lieben (s. Grund 41).

77. Grund

Weil in Wales immer alles extrem sein muss

Machen wir nun einen Abstecher nach Bala. Man kann ja verstehen, dass die Bewohner des neuen Dorfes Bala lieber auf Nummer sicher gehen und ein frommes, gottgefälliges Leben führen wollten, um nicht eines Tages ihrerseits von einer gewaltigen Flutwelle davongefegt zu werden (s. Grund 78). Aber wie einst der gierige Fürst kannten auch sie kein Maß, sondern trieben es wie wild in die andere Richtung. In Bala wirkte der calvinistische Prediger Thomas Charles, der eigentlich aus dem Dorf Llanfihangel Abercywyn stammte, er war überaus strikt und untersagte seinen Anhängern so ungefähr alles, was Spaß machen könnte, außer Beten und Holzlöffel schnitzen (s. Grund 19). Um das Jahr 1800 herum (als Thomas Charles ein gefürchteter Diener des Herrn von 45 Jahren war), predigte er, dass jeder Christenmensch eine Bibel im Haus haben müsse, um früh bis spät darin zu lesen. Wogegen ja eigentlich nichts zu sagen wäre, aber Bibeln kosteten damals viel Geld, und die Menschen in der Umgebung von Bala waren bitterarm, ihnen also zu erzählen, sie brauchten dringend eine Bibel, um ihr Seelenheil zu retten, war im Grunde eine Gemeinheit. Nun ließ Thomas Charles verkünden, er erwarte eine Ladung Bibeln aus London, und an dem und dem Tag werde er sie in Bala verkaufen. Das hörte auch die 15-jährige Mary Jones aus Lhanfihangel-y-Pennant, eine arme Halbwaise, die alles Geld zusammenkratzte, was in der elenden Hütte, die sie mit ihrer Mutter teilte, zusammenkratzbar war, und machte sich auf den Weg nach Bala.

Der Weg war eigentlich ein elender Ziegenpfad, führte über Berge und durch Moore, und als die arme Mary endlich in Bala ankam, total erschöpft und mit blutenden Füßen, waren die Bibeln ausverkauft. Und sie setzte sich hin und weinte bitterlich. Das tat dem Prediger dann doch leid, er fragte nach dem Grund ihres Kummers, und als er den erfahren hatte, verkaufte er der kleinen Mary seine eigene Bibel.

Es gibt neuere Varianten der Geschichte, in denen Thomas Charles nicht ganz so gemein und geldgierig wirkt, sondern ihr eine Bibel aus London kommen lässt, die sie zu einem Sonderpreis erwerben darf. Es gibt auch Varianten, in denen Mary kein junges Mädchen ist, sondern eine alte, bettelarme Häuslerwitwe, die sich durch die Berge nach Bala schleppt, auch in dieser Fassung verkauft ihr dann der Prediger seine eigene Bibel. Interessant ist, dass in keiner bekannten

Fassung der Gottesmann ein wenig christlich denkt und ihr die Bibel schenkt. Interessant ist auch, dass Mary Jones heute in Bala als Touristenattraktion vermarktet wird, es gibt Bücher über sie, ihr Bild, egal in welchem Alter sie dargestellt wird, dient als Schaufensterdekoration und als Kneipenschild oder auch als Verkaufsargument für Bibeln (denn ganz verschwunden sind die strengen Sekten auch heute nicht).

Vermutlich nichts zu tun mit Mary Jones hat ein Produkt, das ebenfalls Reisende nach Bala lockt: Bala ist eins der Zentren der walisischen Schokoladenherstellung, und wir empfehlen dringend einen ausgiebigen Besuch in den Läden und Cafés im Ort!

78. Grund

Weil in Wales wirklich dauernd irgendwas verschwindet

Und damit meinen wir nicht die Schätze, die irgendwo in der endlosen Tunnelwelt verschollen sind, sondern Orte, Wälder, Seen … fast kann es scheinen, als ob es in Wales eine unterirdische, gewissermaßen spiegelverkehrte Welt gäbe. Die gibt es vielleicht ja auch, was wissen denn wir, die meisten Tunnel sind ja unerforscht oder sogar unbekannt. Dass ganze Orte verschwinden, kennen wir von anderswo, wir brauchen gar nicht an Atlantis zu denken, es geht auch eine Nummer kleiner: Vineta in der Ostsee, Rungholt in der Nordsee. Die Ursachen sind bekannt, die Leute dort wurden reich und hochmütig, heiligten den Sonntag nicht mehr, verkleideten ein Schwein als Priester, und dann kam die große Welle. So auch im Dorf Bala am Balasee, auf Englisch Bala Lake, auf Kymrisch Llyn Tegid, was »schöner See« bedeutet, und wer wollte das bestreiten? Der Balasee ist der größte Binnensee in Wales, ist fischreich, tief, sein Wasser ist klar.

Einst lebte im Dorf Bala am Seeufer ein reicher Fürst, der in manchen Chroniken Tegid Foel (Tegid der Kahle) genannt wird, in den meisten aber namenlos bleibt. Dieser Fürst baute ewig an seinem ohnehin schon prachtvollen Palast herum, gab Feste, bei denen es an nichts fehlte, kleidete sich in kostbarste Gewänder und warf überhaupt mit dem Geld um sich – dem Geld, das die Bauern und die sonstigen Menschen in seinem Dorf durch harte Schufterei erarbeiteten. Er war ein grausamer Fronherr, der seinen Leuten nichts zum Leben ließ. Ob sie hungerten und in Lumpen gingen, war ihm doch egal, solange er sich noch ein elegantes Türmchen an seinen Palast bauen konnte. Aber bisweilen, wenn er durch seinen grandiosen Palastgarten schlenderte, hörte er eine Stimme: »Rache ist unterwegs!« Dann aber lachte er, denn welche Rache sollte ihm, dem mächtigen Fürsten, denn etwas anhaben können?

Als er eines Tages ein riesiges Fest feiern wollte, fehlte es an Musik, der Hofmusiker war gerade verhungert oder so, jedenfalls kam ein alter schlohweißer Harfner des Weges, wurde erspäht, in den Palast gezogen, und ihm wurde reicher Lohn versprochen, wenn er nur aufspielen wollte. Der Harfner spielte, die Gesellschaft tanzte, doch wenn der Harfner zwischendurch eine Pause und frische Luft brauchte und in den Palastgarten tappte, hörte er eine Stimme flüstern: »Rache ist unterwegs!« Zuerst achtete er nicht darauf, aber irgendwann wurde es ihm zu viel, die Stimme wurde so dringlich, dass er weitertappte und entfloh. Und kaum hatte er das Palastgelände verlassen und war auf einen Hügel am Ufer gestiegen, als er ein Brausen hörte, das immer lauter wurde, ein vielstimmiger Chor rief: »Rache ist da!«, und eine gewaltige Welle verschlang den Palast des gierigen Fürsten mit allen dazugehörigen Ländereien und den dort wohnenden Menschen und ihren Behausungen.

Als sich die Wogen im See aber wieder beruhigten, schwamm oben auf dem Wasser die Harfe des alten Harfners, die dieser bei seiner Flucht aus dem verdammten Palast hatte zurücklassen müssen.

An klaren Tagen, wenn das Wasser im See besonders klar ist, kann man angeblich die Palasttürme in der Tiefe sehen, manchmal sieht man sogar Menschen, die dort unten herumlaufen, und dann hört man eine Stimme flüstern: »Rache ist unterwegs.« Das alles war natürlich ungerecht den armen Leuten gegenüber, die zum Grundbesitz des Fürsten gehörten, aber vielleicht sollte es eine Lehre sein: Lasst euch nicht ausbeuten, sondern zieht lieber die rote Fahne auf. Und diese Lehre ist in Wales jedenfalls auf fruchtbaren Boden gefallen (s. Grund 85).

In Wales verschwinden aber nicht nur Paläste und Dörfer, sondern auch Seen. Genauer gesagt, es gibt einen versunkenen See, aber wir könnten auch von einem auftauchenden See sprechen. Dieser See, der Pant-y-Llyn in Cernydd Carmel in der Nähe von Llandeilo, ist ein sogenannter Turlough. Dieses Wort kommt aus dem Irischen und bedeutet einfach »trockene Stelle«, in Irland gibt es die meisten bekannten Seen dieser Art, in Großbritannien nur einen, deshalb wurde die irische Bezeichnung Turlach eingeenglischt. Trockene Stelle ist ein blöder Name, denn es ist ganz schön nass, wenn der See auftaucht. Solche Seen entstehen auf trockenem Kalksteinboden; im Winter, wenn der Grundwasserpegel steigt, dringt das Wasser durch und bildet einen See. Wenn es weit und breit keinen anderen gibt, ist das natürlich eine Sehenswürdigkeit, seltsamerweise gibt es zum Cernydd Carmel keine interessante Sage, aber mit seiner reichen Fauna und der kommunikationsfreudigen Bevölkerung aus Molchen, Fröschen und Lurchen ist er unbedingt einen Besuch wert – am besten zwischen Oktober und April, ehe er für die Sommermonate wieder versinkt.

Im nördlich von Aberystwyth gelegenen Borth schließlich können wir einen versunkenen Wald bewundern. Bei Ebbe ragen dort braune Knubbel aus dem Sand, die auf den ersten Blick aussehen wie Felsen. Aber es sind versteinerte Bäume, die Überreste eines gewaltigen Waldes, der vor Urzeiten hier gestanden haben muss – die Radiokarbondatierung ergibt ein Alter von fast 4000 Jahren. Angeblich gehörte der Wald zum alten Cantre'r Gwaelod, noch einer versunkenen Stadt, deren Einwohner sich Geiz und Wollust ergeben hatten, über die sonst aber nicht viel bekannt ist. Beim Bade am wunderschönen Strand von Borth stören jedenfalls weder Baumreste noch Stimmen, die von Rache raunen!

9. Kapitel

Sage und Schreibe, fremde und vertraute Wesen und Orte

79. Grund

Weil in Wales selbst die Unterwelt schöner ist als anderswo

Hiermit ist jetzt nicht die Welt aus Tunneln, Gängen, versunkenen Dörfern-Seen-Wäldern gemeint, auf der das Land Wales ruht wie in manchen Darstellungen die Welt auf dem Schildkrötenrücken, sondern die echte Unterwelt, in der böse Teufel regieren und wohin die Menschen nach dem Tod entsorgt werden. Diese Unterwelt heißt Annwn, und das ist fast schon alles, was wir mit Sicherheit darüber wissen. Der Name Annwn bedeutet vermutlich ursprünglich »die Welt in der Tiefe«, das lässt sich jedenfalls aus ähnlich klingenden Begriffen im Irischen und im Gallischen ableiten. Das Problem ist, dass Wales so früh christianisiert wurde und niemand sich die Mühe gemacht hat, noch schnell aufzuschreiben, woran die Menschen dort denn früher geglaubt haben. Vereinzelte Hinweise bei römischen Autoren helfen nicht viel weiter. Das ist aber eigentlich schön, denn so können sich alle genau das Annwn vorstellen, das sie sich gerade wünschen. Und so finden wir in der mittelalterlichen kymrischen Literatur zwei Annwns. Das eine ist eine Art Himmel ohne Harfe und Halleluja, alle freuen sich ihres Lebens bzw. ihres Todes, essen köstlichste Speisen; Armut, Hunger und Seuchen gibt es nicht, und alle sind jung und schön. Und es gibt das andere, das wirklich eine Anderwelt ist, seltsame Wesen hausen dort, z. B. eine Bestie mit einem gewaltigen Schlund und hundert Köpfen – es müsste dann ja eigentlich hundert Schlünde haben, aber so genau haben es die Dichter im Mittelalter wohl nicht genommen –, oder eine gesprenkelte Schlange, unter deren Haut tausend Seelen wegen ihrer Sünden gequält werden. In den alten kymrischen Heldenepen gelangen natürlich die Ritter in die Anderwelt und müssen sich dort mit diesen schrecklichen Wesen messen. Selbst König Artus zog es nach Annwn, er machte sich auf mit drei Schiffen voller Gefährten, doch nur sieben kehrten zurück. Artus wollte den berühmten Kessel von Annwn holen, ein sehr nützliches Teil, der Kessel war gefüllt mit Perlen, und wenn ein Feigling darin sein Essen kochen wollte, wurde es nicht gar. Das klingt wie eine weltliche Version des Heiligen Gral, aber es wird schon genug über Annwn spekuliert, wir wollen da nicht auch noch mitmachen. Jedenfalls gelingt es Artus nicht, den Kessel an sich zu bringen. Der Dichter Taliesin, der diese Geschichte erzählt, verlor dann offenbar die Lust an der Sache. Was genau schiefging und wieso sie alle – bis auf die sieben – ums Leben kamen, verrät er uns nicht, sondern verflucht ganz allgemein »Kleingeister und Mönche«, die keine Ahnung von den Dingen haben, die für einen Dichter wichtig sind.

Chef der Unterwelt war König Arawn, über den wir aber so gut wie gar nichts wissen (das macht ihn zur beliebten Gestalt in Fantasyromanen), schon im Mittelalter trat an seine Stelle der Herr Gwyn ap Nudd (über den wir u. a. in den Romanen von Diana Wynne Jones, s. Grund 57, allerlei lesen.) Er wird beschrieben als groß gewachsener hagerer Geselle mit düsterer Miene und düsterem Teint. Und dabei bedeutet sein Vorname doch »Weiß«! Und der Nachname: »Sohn der Nacht«. Seine Mutter war also die Göttin der Nacht, und wenn wir danach gehen, wie häufig der Nachname ap Nudd in den mittelalterlichen Epen vorkommt, scheint sie ungeheuer vermehrungsfreudig gewesen zu sein, aber keines seiner Geschwister konnte je solche Bedeutung erlangen wie Gwyn. Manchmal tritt er in Epen als eine Art Artusritter auf und benimmt sich auch so, kämpft mit anderen Rittern, rettet Jungfrauen in Nöten oder bringt (Ex)Jungfrauen in Nöte, dann wiederum widmet er sich seinen Verpflichtungen als Herr der Unterwelt. Gehüllt in einen schwarzen Umhang, reitet er los mit einer Meute von Hunden, den Cŵn Annwn (was langweiligerweise einfach »Hunde von Annwn« bedeutet), um die Seelen der Verstorbenen in sein Reich zu holen. Aber seinem lichten Vornamen entsprechend tut er auch als freundlicher Lotse Dienst und führt die Toten aus der Welt der Menschen in die Welt der Seelen und spricht ihnen unterwegs Mut zu, weil es in Annwn doch eigentlich recht nett sei. Als Wales im ausgehenden Mittelalter seine Selbstständigkeit eingebüßt und die Zeit der großen Ependichter damit ein Ende genommen hatte, wechselte Gwyn ap Nudd ins Reich der Sage über und wurde zum Anführer der Tylwyth Teg, der »schönen Familie«, das sind Heinzelmännchen, Wichtel, Onnerbeentjes, all die Wesen, die die Brüder Grimm einfach als das »kleine Volk« bezeichnen. Und heute – wo sich in aller Welt Black Metal Bands »Annwn« nennen, treibt Gwyn ap Nudd sich überall herum und ist König, Seelenlotse und Zwergenkönig in einer Person!

Lesetipp: Diana Wynne Jones: *Die Merlin-Verschwörung*, Carlsen Verlag, 2006

80. Grund

Weil es in Wales sogar fiktive Orte gibt

Na ja, das stimmt nicht ganz. Den Ort Portmeirion gibt es, man kann ihn besuchen und dort speisen und übernachten. Aber im Gegensatz zu so vielen anderen Orten in Wales, die uralt und von irgendwelchen irischen Heiligen gegründet worden sind, ist Portmeirion sehr neu. Es liegt in Gwynedd in Nordwales an der Mündung des Flusses Dwyryd. Es gab dort im 18. Jahrhundert eine Gießerei und eine Werft, und sonst passierte nicht viel, bis der Architekt Clough Williams-Ellis (später Sir Clough) ab 1925 da sein Traumdorf anlegte. Ihm schwebte dabei eine walisische Version des italienischen Portofino vor, und es sieht wirklich italienisch aus, vor allem im Sommer, wenn vom knallblauen Himmel die Sonne scheint. Es gibt prachtvolle Villen mit Säulen (oft zusammengesetzt aus Hausresten, die Williams-Ellis aus Italien herbeischiffen ließ), es sieht alles aus wie edler Marmor (Leute, die sich auskennen, verraten, dass vieles nur Fassade ist, aber so genau wollen wir doch gar nicht hinschauen). Es gibt ein Hotel (eine alte Burg, die gerade dort herumstand, wo Portmeirion errichtet werden sollte, weshalb es ja nahelag, sie einzubeziehen), es gibt Gaststätten, es gibt Läden, in denen Produkte der Region verkauft werden, und natürlich Bücher über Portmeirion, Postkarten, DVDs. Dazu kommt ein weitläufiger Park, in dem die prachtvollen Rhododendren die größte Attraktion sind und der allein schon den Besuch lohnt.

Portmeirion hat von Anfang an auch prominente Besucher angezogen – und inspiriert. Der Dramatiker Noel Coward schrieb dort ein Theaterstück, George Harrison feierte seinen 50. Geburtstag, hier entstanden Interviews für die Dokumentation *A Beatles Anthology*. Die Liste der prominenten Besucher ist schier endlos, aber nichts hat Portmeirion so berühmt gemacht wie die Fernsehserie *The Prisoner*, eine Kultserie der 60er-Jahre, gedreht 1967/68 in Portmeirion. Es geht darum um einen Geheimagenten, dargestellt von dem irischen Schauspieler Patrick McGoohan (1928–2009). Seinen Namen erfahren wir nicht, er wird immer nur »Nr. 6« genannt. Er weiß offenbar zu viel, oder er hat sich etwas zuschulden kommen lassen, mehr weiß er nicht und wir folglich auch nicht. Er wird in dem in der Serie namenlosen Portmeirion eingesperrt, lebt dort eigentlich luxuriös, aber darf den Ort nicht verlassen. Am Anfang jeder Folge will er eine Erklärung, immer tritt ihm »Nr. 2« gegenüber, immer eine neue Nr. 2, die Frage, wer Nr. 1 ist, wird nie beantwortet, und wenn Nr. 6 dann verzweifelt schreit: »Ich bin ein freier Mann«, schallt ihm höhnisches Gelächter entgegen. In jeder Folge versucht er auf immer neue Arten, aus Portmeirion zu entkommen, nie gelingt es ihm. In der letzten Folge aber ist das System zusammengebrochen, und alle tanzen singend aus Portmeirion heraus. Gerade der rätselhafte Schluss ließ und lässt den Fans der Serie keine Ruhe, jedes Jahr trifft sich die Fangemeinde in Portmeirion, bis kurz vor seinem Tod war auch Patrick McGoohan dabei, konnte aber auch nicht erklären, wer Nr. 1 denn nun war.

Wer immer Portmeirion besucht, stolpert natürlich über Hinweise auf die Serie, und dann kauft man die DVDs und ist sofort bekehrt und will auch zu den jährigen Fantreffen reisen, und so ist nicht abzusehen, dass das Interesse an Serie und Schauplatz je ein Ende nehmen wird.

81. Grund

Weil alle Dörfer in Wales ein Abenteuer sind

Der Blick auf die Landkarte sagt es, wie so oft: In Wales ist man nie weit weg von dramatischen Bergen oder dem wilden Meer. Manchmal sieht man das Meer nicht sofort, wenn also ein Berg dazwischen ist, und der Weg kann mühsam sein, aber wahnsinnig weit weg ist es nie.

Und sogar in den Bergwerksgegenden in Südwales mit ihrem Ruhrpottcharme sieht man die Berge, und wie gesagt, das Meer ist auch in der Nähe. Man sollte denken, mehr brauche kein Dorf, um Reisende anzulocken, aber einige haben Pech und haben bei der Verteilung von Burgruinen keine abgekriegt, kein Schatz ist dort begraben, nicht einmal eine Schlacht für Cymrus Unabhängigkeit wurde dort geschlagen. So ein Ort ist Llanon. Gelegen an der Straße, die von Aberystwyth nach Süden führt, war es früher einmal wichtig, die Ortschronik behauptet, im 18. oder 19. Jahrhundert sogar sehr. Es ist gerade so weit von Aberystwyth entfernt, dass Reisende dort noch mal Halt machten, um die Pferde ausruhen zu lassen, eine Mahlzeit zu sich zu nehmen, vielleicht auch ein Bad an dem riesigen Strand … viele übernachteten, es gab entsprechende Infrastruktur, und im 19. Jahrhundert wurde noch eine Werft gebaut, die Menschen und Geld in den Ort brachte, nun aber längst stillgelegt worden ist.

Llanon ist so ein Ort, bei dem Tripadvisor schreibt – wenn man also nach Dingen sucht, die man dort unternehmen kann: Wir haben fantastische Vorschläge, nur geht leider nichts davon in Llanon. Die Touristeninformation empfiehlt einen Besuch im Aromatherapiezentrum. Es ist so ein Ort, wo die Häuser Namen haben, meistens nach Blumen, halb vergessenen Helden oder weit entfernt liegenden Orten, und warum sie so heißen, wissen die heutigen Bewohner dann auch nicht. Das Haus hieß so, als sie eingezogen sind, und sie haben sich nie danach erkundigt, oder wenn doch, konnten die Vorbesitzer es ihnen auch nicht sagen.

Aber wenn man genau hinschaut, so gibt es aufregende Dinge. Da ist erst einmal der Name, Llan-Non, Kirche der Non, der Mutter von David, dem Schutzpatron von Wales. Doch leider gibt es nicht einmal mehr die kleinste Kapellenruine aus der Zeit der Heiligen Non, und ihre Verehrer suchen bekanntlich lieber den Ort St. Non viel weiter im Süden auf (s. Grund 71). Aber in Llanon beginnt der Dylan- Thomas-Wanderweg (s. Grund 76). Und zwar beim Central Hotel, das sicher die großen Zeiten noch miterlebt hat, als die Werft Geschäftsleute nach Llanon brachte, die ein Dach über dem Kopf und eine warme Mahlzeit brauchten und bezahlten, heute ist es aber kein Hotel mehr, und zu essen gibt es in der im Erdgeschoss untergebrachten Kneipe auch nichts – macht aber nichts, meistens steht hinter dem Haus ein Imbisswagen und verkauft hervorragende Pommes. Es gibt noch den White Swan Inn, der ist edler, macht auf feine Cuisine, wirbt auf seiner Website jedoch mit Discomusik vom Feinsten samt DJ, und wenn man solchen Vergnügungen zu Hause aus dem Weg geht, sucht man sie in Llanon ja erst recht nicht auf. Wikipedia nennt an berühmten Persönlichkeiten, die mit Llanon zu tun haben, nur die Harfenistin Catrin Finch, die hier geboren wurde, und die von 2000 bis 2004 das Amt der persönlichen Hofharfnerin des Fürsten von Wales innehatte. In Llanon lebt auch der Sprachforscher Richard Skerrett, einer der bedeutendsten Keltologen unserer Zeit, aber einem Gelehrten dieser Größe ist natürlich nicht gedient, wenn die Fans vor seinem Haus herumlungern und Autogramme in ihre Grammatiken wünschen, zudem – wer keltologische Interessen hat, weiß es ja ohnehin.

Die Sache mit den Häusernamen ist wichtig für das walisische Kommunikationsverhalten auf dem Dorfe. Zuerst wirkt es ja exotisch, wenn die Bekannten ihre Adressen nicht mit Straßennamen angeben, sondern mit Hausnamen. Post kommt auch an, aber was, wenn man nun selbst hinwill? Das geht dann so, in Llanon wie in jedem anderen walisischen Dorf. Wir kommen an, aber wo ist wohl das Haus Monte Christo? Wir schauen uns um, natürlich sind gerade an dieser Stelle nur Häuser, an denen gar kein Name steht. Wir fragen jemanden, z.B. an der Tankstelle. Es entwickelt sich ein lustiges Gespräch: Wo Monte Christo ist? Monte Christo? Nie gehört. »Ja, aber ...«, sagen wir zaghaft, aber die Einheimischen lassen sich nicht unterbrechen, sondern reden erst einmal mindestens zehn Minuten darüber, dass niemand je von einem Haus namens Monte Christo gehört hat. Dann sagt irgendwann jemand: »Aber ... vielleicht ... wollt ihr zufällig zu Llewellyn? Heißt sein Haus nicht so ähnlich?« Große Erleichterung, just zu dem wollen wir. Nun ist aber nicht damit zu rechnen, dass Anweisungen und Wegbeschreibungen folgen. »Ach, wartet doch noch zehn Minuten, dann muss ich auch in die Richtung, ich kann euch den Weg zeigen.« Wir brechen dann auch auf. »Übrigens«, sagen unsere einheimischen Begleiter, denn es schließt sich immer noch mindestens einer an. »Wir wollten gerade Mittagspause machen, kommt doch erst mal mit in die Kneipe. Um diese Zeit ist Llewellyn ohnehin nie zu Hause.« Und dann sitzt man in der Kneipe und wird ausgefragt. Woher wir Llewellyn kennen, ob wir ihn schon lange kennen, woher wir denn sind, wie man bei uns zu Hause über Wales/Brexit/Prince Charles/die kymrische Sprache denkt. Und ob Llewellyn uns schon mal diese wahnsinnig komische Geschichte erzählt hat, die seinem Großvater passiert ist, als der als junger Mann einen Job in Cornwall angenommen hatte? In Cornwall, haha.

Irgendwann am späten Nachmittag beschließen unsere neuen Freunde dann, dass sie doch noch mal an die Arbeit müssen, und wir werden bei Llewellyn abgeliefert, der natürlich die ganze Zeit zu Hause war und sich schon gewundert hat, wo wir wohl bleiben, aber nicht zu sehr, denn auch er ist schon von Ortsfremden nach dem Weg zu einem Haus gefragt worden und weiß, was sich gehört. Und sagen Sie selbst – bei solchen Umgangsformen der Einheimischen, wer braucht da noch Sehenswürdigkeiten?

82. Grund

Weil es so viele walisische Sagenwesen gibt

Und manche bleiben nicht einmal in Wales, sondern reisen durch die Welt und bringen es sogar zu Hollywoodehren. Na ja, das ist vielleicht übertrieben, aber die Engel von Mons werden in einem Film von Ed Wood erwähnt, und das ist doch eine Auszeichnung?

Diese Engel erschienen Ende August 1914 britischen Soldaten, die in der belgischen Stadt Mons in einen Hinterhalt geraten waren und eigentlich gegen die vorrückenden deutschen Truppen keine Chance hatten. Davon berichtete der Journalist Arthur Machen (1863–1947), der die Engel mit eigenen Augen gesehen haben wollte – und das glaubten alle sofort, denn Arthur Machen war Waliser und als solcher doch besonders begabt für alles, was mit Gegenwelt und übernatürlichen Erscheinungen zu tun hat. Die Engel sprachen den verzweifelten Soldaten Mut zu, sie sollten durchhalten und auf Gott vertrauen, dann würden sie gerettet werden. Die Engel waren bewaffnet wie mittelalterliche Krieger, also sozusagen der Artussage entsprungen, sie hoben ihre Bögen, legten die Pfeile an und schossen auf die anstürmenden Feinde. Die Soldaten fassten Mut, schossen ihrerseits (mit moderneren Waffen), konnten sich freikämpfen und überlebten allesamt. Als sich dann doch Skeptiker zu Wort meldeten

(Engländer, natürlich, die meinten, der britische Soldat brauche keine Engel, um sich mannhaft zu schlagen, und Engel gebe es sowieso nicht), gab Machen zu, alles erfunden zu haben, es sei als literarische Erzählung gedacht gewesen. Nun aber meldeten sich sofort etliche Zeugen zu Wort, die in Mons dabei gewesen waren und die Engel mit eigenen Augen gesehen hatten. Machen solle sich also nicht herauszureden versuchen, sondern zu seinem Erlebnis stehen. Andere, die nicht dabei gewesen waren, verbürgten sich ebenfalls für die Echtheit der Erscheinung, denn sie wussten durch zuverlässige Augenzeugen davon. Und außerdem – Engel lügen doch nicht, und die Soldaten waren ja aus einer hoffnungslosen Lage gerettet worden, in der sie nach menschlichem Ermessen keine Chance gehabt hätten. Damit war die Geschichte in der Welt, und im Laufe der Jahre hat sie immer fantastischere Formen angenommen. Es gibt Möchtegernaugenzeugen, die keine Engel gesehen haben, sondern St. Georg, den Schutzheiligen Englands, aber das glaubt so recht niemand, schließlich war der Waliser Machen der Erste, und der hätte ja wohl walisische Heilige gesehen, an denen wahrlich kein Mangel herrscht. Die Geschichte bewegt die Gemüter weiterhin, die Hinweise auf die Engel von Mons in Literatur und Film sind wirklich unüberschaubar. Noch 2001 berichtete die *Sunday Times* von einem sensationellen Fund: Das Tagebuch eines englischen Soldaten namens William Doidge und fotografische Aufnahmen, die dieser an jenen Tagen in Mons gemacht hatte, seien aufgefunden worden. Leider erwiesen Tagebuch und Fotos sich als Fälschungen, wie das ja bei sensationellen Tagebüchern so zu sein pflegt, und der arme William Doidge hat überhaupt nie existiert.

Anders als Arthur Machen, dessen Ruhm als Engelentdecker weiterhin anhält. Er schrieb ansonsten frühe Fantasyromane und Horrorgeschichten, kein Geringerer als Stephen King bezeichnet Machens Erzählung *The Great God Pan*, 1890, als »vielleicht die beste Horrorgeschichte in englischer Sprache überhaupt«. Machen war übrigens sein Pseudonym, sein eigentlicher Name lautete, sehr walisisch, Arthur Llewelyn Jones. Er wurde geboren in Caerleon in Monmouthshire oder Sir Wynfwy, wie es, viel schöner, auf Kymrisch heißt. Sein Geburtshaus ist noch vorhanden, es steht am Marktplatz gegenüber der Kneipe The Olde Bull Inn (die Kneipe ist schön alt und dunkel, Essen leider eher langweilig, Hamburger und Pommes und so. Aber es gibt Champagner! Lieblingsgetränk von Arthur Machen, behaupten einige). Eine Gedenktafel an diesem knallrosa gestrichenen Haus erinnert an den großen Sohn der Stadt und seine weltbekannten Engel.

83. Grund

Weil das walisische Rumpelstilzchen eine alte Hexe ist

Eigentlich sind sich Märchen ja überall auf der Welt ähnlich … wir finden dieselben Motive, vergleichbare Personengalerien, Aufbau und Struktur sind gleich, aber es gibt eben starke regionale Unterschiede. Jedes Märchen besteht aus zwei Teilen, dem »typischen« Text (Motive, Handeln des Helden) und den »Übergängen« (Beschreibungen von Landschaft, Gegenständen, Gefühlen). Der »typische« Text wird so wiedergegeben, wie der Erzähler ihn selbst gehört hat. Die Übergänge werden variiert, bei jeder Gelegenheit und von jedem Erzähler anders vorgetragen. Das klingt sehr wissenschaftlich und ist auch aus Fachbüchern über Märchenforschung entnommen. Das besonders Faszinierende an Märchen ist aber, wie sie sich unterscheiden, denn: »Vom persönlichen Geschmacke eines jeden Erzählers hängt die Wahl der Märchen aus dem Vorrate ab, welcher in der betreffenden Gegend sich erhalten hat.« Das schreibt Mark Asadowskij, so ungefähr der Begründer der modernen Märchenforschung in seinem Porträt einer sibirischen Märchenerzählerin. Deren walisische Kolleginnen leisten sich aber einen ganz besonderen Geschmack. Sie behalten die Motive und den Aufbau bei, aber die strenge Form ist ihnen egal. Aus Grimms Märchen (und so ungefähr allen anderen) wissen wir, dass alles dreimal passieren muss, erst beim dritten Mal klappt es dann. Und dass alles immer im selben Wortlaut vor sich gehen muss, bei dem die Zuhörer auch bisweilen einstimmen konnten, wie bei einem Refrain. Und alles muss erzählt werden, indirekte Reden oder Sätze wie »dann machte sie alles wie beim ersten Mal« sind überall verpönt. In Wales ist das anders.

Vielleicht liegt das wieder an der Geografie. Vielleicht sind die Märchen bei ihrer Wanderung gen Westen irgendwann auf die Berge gelangt, die Wales von England trennen, und haben dann gleich den Sprung nach Irland gewagt (denn dort werden die Märchen wieder so erzählt wie überall sonst) – wir wissen ja schon, dass es leicht passieren kann, Wales zwischen den Bergen und der irischen Küste zu übersehen. Und unterwegs geriet der Märchenknigge dann eben in Vergessenheit.

Das Motiv vom hilfreichen Geist, der einem Menschen in Not seine Hilfe anbietet, sich dann als böser Geist entpuppt und von dem man sich nur befreien kann, wenn man seinen Namen errät, ist weit verbreitet in der Märchenwelt. Der bekannteste tückische Helfer ist sicher Rumpelstilzchen, der sich am Ende selbst zerreißt. Die meisten seiner Kollegen verdrücken sich einfach mit eingekniffenem Schwanz (soweit vorhanden), wenn ihr fieser Plan nicht aufgeht. Aber nur in Wales hat unser Rumpelstilzchen eine Kollegin, und sie heißt Twtti Glyn Hec. (Eigentlich hört man sofort, dass es eine böse Hexe sein muss, Rumpelstilzchen dagegen klingt ja erst mal niedlich und verspielt). Und das ist ihre Geschichte:

Es war einmal eine arme Witwe namens Mari, die einen kleinen Sohn, eine Hütte und eine Kuh besaß. In ihrer Not brachte Mari die Kuh auf den Markt und verkaufte sie dort, aber sie wusste ja, dass das Geld auch nicht lange reichen würde. Doch für den Moment war sie also vor dem Bettelstab gerettet, und sie versteckte das Geld in einem

Spalt in der Kaminmauer. Groß war ihre Verzweiflung, als sie dann die Pacht für ihre Hütte zahlen sollte und das Geld verschwunden war. Sie raufte sich die Haare, jammerte und weinte und wähnte sich verloren, doch da klopfte es an ihre Tür. Und vor der Tür stand eine große, hagere und uralte Frau, gewandet in einen grünen Umhang und einen hohen schwarzen Hut.

»Warum weinst du, gute Frau?«, fragte die Fremde mit schriller Stimme.

»Weil ich mit meinem Kind jetzt betteln gehen muss«, weinte Mari und erzählte, was passiert war.

Die alte Frau legte Mari eine runzlige Hand auf die Schulter. »Weine nicht«, sagte sie. »Ich kann dir helfen, denn ich habe Geld. Ich gebe dir genug Geld für die Pacht und für eine neue Kuh!« Mari wollte ihren Ohren nicht trauen, aber die Fremde zog einen Beutel hervor und legte Goldstücke auf Maris Tisch. »Das alles gehört dir, doch eins musst du dann für mich tun«, flüsterte die Frau dann.

»Ich tue alles, was du willst«, rief Mari glücklich.

»Dann gib mir das kleine Kind, das dort in der Wiege liegt«, sprach die Fremde.

»Nein, nein«, rief Mari, aber so sehr sie auch jammerte, das Versprechen war gegeben und konnte nicht zurückgenommen werden.

»Doch ich will nicht grausam sein«, sagte die alte Hexe (denn wir wissen jetzt ja, dass sie eine war), »und es gibt ein Gesetz, das Hexen verbietet, sich ihren Lohn in weniger als drei Tagen abzuholen. In drei Tagen komme ich wieder, und wenn du dann meinen Namen nennen kannst, ist unser Handel hinfällig, und Kind und Gold sind dein.« Und damit war sie verschwunden.

Die arme Mari weinte die ganze Nacht, aber am nächsten Morgen ging sie ins Dorf und bat alle, die ihr begegneten, um einen guten Rat. Alle weinten mit ihr, aber alle sagten auch, gegen die bösen Hexen von Mawddwy sei kein Kraut gewachsen. Verzweifelt machte sich Mari auf den Heimweg – doch unterwegs bot sich ihr ein seltsamer Anblick. Auf einer kleinen Lichtung tanzten Feen. Sie waren gekleidet wie Blumen, in allen Farben einer Sommerwiese. Und dann tauchte die Hexe auf und wollte mit den Feen tanzen. Die aber stoben vor Entsetzen angesichts dieser alten Vettel in alle Richtungen auseinander. Die Hexe tanzte allein weiter und sang dabei:

»Ach, wie gut, dass die Witwe nicht weiß,
dass ich nun mal Twtti Glyn Hec heiß!«

Glücklich lief Mari nach Hause und wartete gelassen auf den Besuch der Hexe.

Und die kam wie angedroht und sprach: »Alles Gold kannst du behalten, und dein Söhnlein dazu, wenn du mich beim Namen nennen kannst.«

Mari seufzte tief. »Wie oft darf ich raten?«, fragte sie mit trauriger Stimme.

»So oft du willst«, sagte die alte Hexe lachend.

Mari setzte sich auf einen Schemel. Sie stützte den Kopf auf die Hände, Und dann schlug sie einen Namen nach dem anderen vor: »Ceinwen, Nesta, Dillwen, Rhona, Shani, Gwenno.«

Die Hexe schüttelte jedes Mal den Kopf. Mari stand auf und lief in die Mitte der Kammer.

»Dann mache ich noch einen Versuch«, rief sie.

»Versuch es nur«, sagte die Hexe spöttisch.

Mari holte tief Luft und sagte: »Du heißt Twtti Glyn Hec.«

Die Hexe stieß einen furchtbaren Schrei aus und fuhr durch den Schornstein von dannen, Mari aber setzte sich auf ihren Schemel und zählte die Goldstücke.

Und brauchte nicht einmal einen hochnäsigen König zu heiraten, wie ihre Kollegin, von der Rumpelstilzchen ausgetrickst wurde. Das ist das Schöne an walisischen Märchen: Die Heldin kommt wunderbar ohne Märchenprinz zurecht!

84. Grund

Weil in walisischen Märchen die Zeit so oft stehen bleibt

Geschichten, in denen jemand ein kleines Nickerchen macht, nach dem Aufwachen die Welt um sich herum nicht mehr erkennt, und dann begreift, dass es kein kurzes Nickerchen war, sondern dass er 20, 100 oder gar 1000 Jahre verschlafen hat, gibt es überall. Bekannt ist im englischen Sprachraum die Geschichte von Rip van Winkle, der 20 Jahre schläft und dabei den amerikanischen Unabhängigkeitskrieg verpennt. Als er aufwacht, ist er kein Untertan des englischen Königs mehr. Die Gelehrten behaupten, der Autor Washington Irving habe sich beim Verfassen seiner Geschichte an einer deutschen Sage orientiert, und zwar an der vom Mönch von Heisterbach. Dieser Mönch wollte so gern ein frommes und gottgefälliges Leben führen, nur hatte er Probleme mit der Ewigkeit, er konnte nicht begreifen, wie Gott die ganze Ewigkeit auf einmal im Blick behalten kann. Um darüber nachzudenken, ging er in den weitläufigen Klostergarten, sinnierte so vor sich hin, schlief darüber ein. Als er aufwachte und zum Kloster zurückging, erkannte ihn niemand, und als er den fremden Mönchen, die sich dort breitgemacht hatten, seinen Namen nannte, kam heraus, dass 100 Jahre zuvor ein Mitbruder dieses Namens spurlos verschwunden war, und nun erkannte der Mönch, dass für Gott fürwahr 100 Jahre wie ein Tag sind.

Das ist eine erbauliche Geschichte, die uns aber eigentlich egal sein kann. Sie zeigt nur, dass es in jedem Land oder Sprachraum normalerweise eine Geschichte dieser Art gibt, in der die Zeit anders verläuft als erwartet. In Wales ist das natürlich ganz anders.

Egal, welche walisische Sagensammlung man aufschlägt oder welchen Heimatforscher man fragt, überall wimmelt es nur so von Leuten, die mal kurz eingeschlafen waren, und als sie aufwachten, war alles ganz anders. Man kann das Gefühl haben, dass halb Wales sich mit Schlafen amüsiert, während die andere Hälfte die Erklärungen liefert. Wenn jemand durch den Schlaf aus der walisischen Wirklichkeit entrückt wird, dann nicht aus politischen Gründen (wie bei Rip van Winkle) oder aus theologischen (wie beim Mönch von Heisterbach), die walisischen Schläfer möchten sich amüsieren. Eine in vielen Varianten erzählte Geschichte ist die von Gwyn (der auch andere Namen hat, aber Gwyn – einfach »blonder Junge« – ist schön nichtssagend und deshalb beliebt für walisische Sagenknaben). Seine Eltern hatten ihm eingeschärft, ja nicht mit den Elfen zu spielen, aber natürlich konnte der Junge nicht widerstehen und tollte einen Nachmittag mit einer fröhlichen Elfenschar herum und musste danach ein Stündchen schlafen. Und als er dann hungrig nach Hause kam, waren seine Eltern seltsam gealtert und konnten es nicht fassen, ihren Sohn wiederzusehen: Gwyn war »viele Jahre« verschwunden gewesen, und die Eltern hatten längst alle Hoffnung aufgegeben. Plötzlich konnte er sich nicht daran erinnern, was er bei den Elfen gemacht hatte, und erst jetzt sah er, dass er Elfenkleidung trug, eine grüne Hose und ein rotgoldenes Wams. Die Eltern aber entrissen ihm diese Sachen sofort, denn solange er diese Kleidung trug, konnte er jederzeit von den Elfen geholt werden, und sie wollten ihren Sohn ja nicht schon wieder verlieren. Nicht nur kleine Jungen folgen dem Lockruf der Elfen, auch gestandene Mannsbilder lassen sich verlocken. Ein Mann, der eine Nachtigall singen hörte, wollte gern mehr hören und folgte dem Vogel in den Wald. Als er genug gehört hatte, musste er sich ein wenig ausruhen, danach wollte er nach Hause gehen und seine Nachbarn auf diesen Kunstgenuss hinweisen, doch als er zu Hause ankam, konnte er sein Haus nicht mehr finden. Die Dorfkirche war zerfallen, alles war von Efeu überwuchert. Er ging dahin, wo sein Haus gestanden hatte, und dort fand er einen uralten Greis vor. Und nun erfuhr er, dass er vor vielen Jahren verschwunden war und hier seinem Ururururenkel gegenüber stand. Der Ururururenkel nahm ihn freundlich auf, aber in einigen dieser Erzählungen zerfiel der Vogelliebhaber sofort zu

Staub, als ihm aufging, wie viele Jahre vergangen waren und wie alt er in Wirklichkeit war.

Immer ist in den walisischen Geschichten Elfen- oder Hexenkraft im Spiel. Wenn die Elfen mitmischen, ist es meistens schöne Musik oder ein Schatz, mit dem sie locken, oder einfach ein Tanz auf der Wiese, die Elfen meinen es nicht böse, und die Menschen amüsieren sich königlich. Hexen aber haben immer böse Pläne oder wollen sich rächen, und da für Hexen die Zeit eben auch anders verläuft als für Menschen, trifft die Rache bisweilen den Urururururenkel des ursprünglichen Hexenbeleidigers. Ein junger Mann namens Sieffre (auch für einen walisischen Märchenhelden ein seltener Name) wollte seine Verlobte nach Hause bringen, tauchte dann aber nie wieder bei seinen Eltern auf. Auch Sieffre hört auf dem Heimweg natürlich wunderschöne Musik, lauscht die ganze Nacht, schläft dann kurz, aber erfrischend, und macht sich dann auf den Heimweg. Doch als er bei seinen Eltern in die Küche tritt, sitzt dort ein steinalter Mann und fragt, was er denn wolle. Das übliche Hin und Her folgt, und Sieffre muss erkennen, dass er hier vor seinem Enkel steht. Dessen Enkelin nun wiederum bringt ihm etwas zu essen, doch als Sieffre den Löffel berührt, kommt er mit der irdischen Wirklichkeit in Berührung und zerfällt zu Staub.

Es kann also durchaus gefährlich sein, in Wales einfach so loszuwandern, um süßer Musik zu folgen, egal, ob die von Vogel oder Fiedel stammt, aber solange man danach nicht einschläft, kann vermutlich nicht viel passieren.

85. Grund

Weil die rote Fahne erstmals in Wales geweht hat

Und zwar am 3.6.1831 in Merthyr Tydfil – dieser Ort in Südwales heißt auf Kymrisch Merthyr Tudful, und das bedeutet: Märtyrin Tudful, ein passender Name, wie wir gleich sehen werden. Die walisische Fürstin Tudful wurde im 5. Jahrhundert von den heidnischen Invasoren (die Quellen streiten sich, woher die kamen) wegen ihres christlichen Glaubens ermordet. Danach passierte nicht sehr viel, bis die industrielle Revolution einsetzte. Reiche Vorkommen an Eisenerz und Kohle sorgten für eine explosionsartige Entwicklung, die Einwohnerzahl vervielfältigte sich, und Merthyr Tudful wurde vorübergehend zur Eisen- und Stahlhauptstadt des britischen Empires. Davon profitierten aber vor allem die Fabrik- und Bergwerksbesitzer. Als es um 1830 zu einer Wirtschaftskrise kam und die Eisenpreise fielen, wurden in vielen Unternehmen die Arbeiter nur noch in einer Art »Lokalgeld« bezahlt, das nur in den fabrikeigenen Läden galt – wo für Waren von oft zweifelhafter Qualität Wucherpreise verlangt wurden. Am 31. Mai kam es zu einer Kundgebung, bei der die angehenden Aufständischen ein Kalb töteten und eine weiße Flagge in das Blut tunkten. Sie befestigten das nunmehr rote Tuch an einer Stange, und seither gilt die rote Fahne als Symbol der kämpferischen Arbeiterschaft. Für die Demonstranten in Merthyr Tudful brachte die rote Fahne ihr Motto »Bara neu Waed« (Brot oder Blut) zum Ausdruck. An den folgenden Tagen, an denen sie die ganze Stadt besetzten, Lebensmittel verteilten und Schuldbücher vernichteten, fügten sie noch zwei weitere Mottos hinzu: »Caws a bara« (Käse und Blut) und »I lawr â'r Brenin« (Nieder mit dem König). Der König hörte das gar nicht gern und schickte seine Soldaten. Die Arbeiter hofften, verhandeln und ihre Forderungen erklären zu können, aber die militärischen Befehlshaber sahen das anders und gaben das Feuer frei. 24 Demonstranten kamen dabei ums Leben, viele wurden festgenommen und zu hohen Haftstrafen oder Deportation verurteilt. Über Richard Lewis – sein kymrischer Name war Dic Penderyn – wurde die Todesstrafe verhängt. Sein furchtbares Verbrechen: Er hatte angeblich mit einem erbeuteten Bajonett einem Soldaten in die Wade gestochen! Jahre später erklärte ein gewisser Ianto Parker, er habe die ruchlose Tat vollbracht. Danach war er gleich in die USA geflohen, um sich der Festnahme zu entziehen. Wer wirklich den Wadenstich ausgeführt hat, hat sich niemals feststellen lassen. In Merthyr Tudful sind noch heute alle davon überzeugt, dass Dic Penderyn unschuldig war, und er gilt als erster walisischer Märtyrer der Arbeiterklasse. Darauf, dass bei ihnen erstmals die rote Fahne geweht hat, sind sie mit Recht noch heute stolz.

86. Grund

Weil die Ladies of Llangollen in ganz Europa berühmt waren

Lesbische Ikonen, feministische Vorkämpferinnen, Exzentrikerinnen von der Sorte, wie man sie nur in Großbritannien antrifft, liebenswerte Damen, die einfach ihre Ruhe haben wollten – es scheint, als ob sich jede Zeit eine neue Interpretation der Ladies von Llangollen zurechtlegt. Bestimmt treffen alle Beschreibungen ein bisschen zu, und dann auch wieder nicht. Das mit Großbritannien ist z.B. nicht ganz richtig, die Damen kamen schließlich aus Irland. Eleanor Charlotte Butler (1739–1829) und Sarah Ponsonby (1755–1831) verließen Irland im Jahre 1778, genauer gesagt, sie brannten durch. Ihre Freundschaft wirkt auf den ersten Blick überraschend, da war der große Altersunterschied, zudem war Eleanor katholisch und Sarah protestantisch, und damals herrschte in Irland strikte religiöse Apartheid, und die katholischen Familien hatten längst noch nicht alle der damals existierende Bürgerrechte. Eleanor war hochgebildet, so sehr, dass ihr schon empfohlen worden war, in ein französisches Kloster zu gehen, wo sie ihre Bildung hätte nutzen und noch erweitern können. Sie hatte es geschafft, alle von ihrer Familien geplanten Heiraten zu vermeiden, und inzwischen, mit fast 40, war sie zur »alten Jungfer« ernannt worden. Anders die 16 Jahre jüngere Sarah, für die die Freier Schlange standen – und da sie große Angst hatte, zu einer Ehe gezwungen zu werden, suchten die beiden Freundinnen ihr Heil in der Flucht. Der erste Versuch, bei dem sie sich als Männer verkleidet hatten, misslang, sie wurden eingefangen und zu ihren Familien zurückgebracht. Der nächste Fluchtversuch wäre vermutlich auch misslungen, aber die Familien gaben auf und ließen die beiden gewähren.

Sie wollten nach London, in der Hoffnung, in der Großstadt unbehelligt leben zu können, doch die damalige Straße von Holyhead, wo auch damals schon die Fährschiffe aus Irland ankamen, führte durch das idyllische Llangollen. Die heutige Autobahn A 5 folgt übrigens der alten Postkutschenstraße, nur sieht es nicht mehr ganz so idyllisch aus. Zudem hatten sie bereits gehört, dass das Leben in London viel teurer war als in Wales, und sehr viel Geld hatten sie nicht – beide verfügten durch Erbschaften über ein kleines Kapital, mit dem sie sehr bescheiden leben konnten, nachdem sie ein Haus gekauft hatten, das sie ausbauten und Plâs Newydd nannten, den »neuen Palast«. In späteren Jahren verdienten sie sich etwas dazu durch den Verkauf von Honig und Obst aus ihrem Garten. Sie lasen weiterhin viel, ihre Bibliothek war berühmt, da sie neben wissenschaftlichen und literarischen Werken aus vielen Jahrhunderten auch eine Sammlung von Kuriositäten enthielt, wie ein Medaillon mit Haaren von Maria Stuart. Auch die romantische Geschichte ihrer Flucht aus Irland und ihre exzentrische Kleidung zogen Neugierige an: Sie trugen kurze Haarschnitte und kleideten sich mit Vorliebe in dunkle, fast wie Männeranzüge geschnittene Reitkostüme und trugen dazu hohe schwarze Hüte (Beaverhats genannt, die waren damals in Mode, zugleich aber ähnelten sie sehr den walisischen Trachtenhüten, s. Grund 74). Auch ihre Gastfreundschaft war berühmt, und die Prominenz ihrer Zeit gab sich sozusagen die Klinke in die Hand. Hier einige Beispiele: Sir Walter Scott, Lord Byron, William Wordsworth, der Herzog von Wellington, der Porzellanfabrikant Josiah Wedgwood und die englische Königin Charlotte, die übrigens ihren Gemahl überredete, den Damen eine staatliche Pension auszusetzen, worauf ihre Geldsorgen ein Ende hatten und sie ihre Gäste noch reizender versorgen konnten.

Nicht alle Gäste wollten explizit die Damen besuchen, aber wenn man nach Irland wollte, lag Llangollen ja auf dem Weg, also warum nicht vorbeischauen? So ein Besucher war Fürst Pückler, der in diesem Buch eigentlich nicht erwähnt werden sollte – er behauptete, die kymrische Sprache klinge wie »Krähengekrächze« –, er machte 1828 auf dem Weg nach Irland dort Station. Er äußerte sich positiv über die Bildung und die feinen Manieren der Damen, vor allem aber interessierte ihn ihr Garten, über den er ebenfalls nur Gutes zu sagen weiß, offenbar haben die drei Gartenbegeisterten hemmungslos gefachsimpelt. Der Fürst wohnte allerdings in einem der Gasthöfe des Ortes und schwärmte in einem Brief an die Gattin daheim vom Frühstück, das auf einem damastenen Tischtuch serviert ward und bestand aus köstlichen Kaffee (auf den britischen Inseln noch heute nicht überall eine Selbstverständlichkeit), Perlhuhneiern, dunkelgelber Gebirgsbutter, Toast, Sahne, Muffins und »zwei lebend gefangenen Forellen mit sehr roten Flecken«. Gasthäuser gibt es in Llangollen noch heute, aber das Frühstück fällt wohl nicht mehr ganz so üppig aus. Der Ort hat noch eine Menge an Attraktionen zu bieten, hier findet das internationale Eisteddfod statt (s. Grund 41), hier gibt es eine der selbst im brückenreichen Wales als Wunder der Technik bestaunte Brücke (die über den Fluss Dee führt), es gibt einen bei Ruderern überaus beliebten Kanal, es gibt Dinas Brân, eine Burg aus dem Mittelalter, errichtet im 13. Jahrhundert durch den Fürsten Madog ap Gruffydd Maelor, und Archäologen suchen nach der kleinen Kirche des Ortsgründers, eines irischen Mönchs namens Collen, nach der der Ort noch heute heißt (sehr enttäuschend, wenn man bedenkt, dass Collen auf Kymrisch Haselnuss heißt und man sich sofort weite Haselnusswälder vorstellt!). Aber die größte Attraktion von Llangollen ist natürlich der Plâs Newydd, der heute ein Museum ist und viele Erinnerungsstücke an die Damen von Llangollen enthält.

Lesetipp: Ein Buch, das den Mythen über die Damen auf den Grund geht, ist: Elizabeth Mavor: *Die Ladies von Llangollen. Eine Studie über romantische Freundschaft*. Verlag Krug & Schadenberg, 1994

87. Grund

Weil walisische Ärzte so gute Ratschläge geben

Es geht hier natürlich um ganz besondere Ärzte – auch wenn wir keinen Grund haben, die Ratschläge heutiger walisischer Ärzte anzuzweifeln. Die Ärzte, von denen hier die Rede ist, lebten im sagenhaften Mittelalter, und sie waren weit und breit wegen ihrer Heilkunst berühmt. Mit dieser Heilkunst und mit den Ärzten überhaupt hatte es eine besondere Bewandtnis. Ihre Mutter war nämlich eine Schwanenfrau. Man kennt das ja … diese Wesen kommen gern mal an Land, legen dabei ihre Schwanenhaut ab und laufen in menschlicher Gestalt umher, oder sie baden ohne Gefieder oder Fell (auf den Britischen Inseln sind nämlich Seehundwesen verbreiteter als Schwanenfrauen). Ein Mensch kommt des Weges, verliebt sich in die schöne Frau oder den schönen Mann, je nach Geschichte, und stiehlt die Haut. Das Liebesobjekt kann sich nicht zurückverwandeln, sondern muss mit dem Menschen gehen – bis es eines Tages das Versteck der Haut findet oder sich durch eine List befreien kann.

In unserem Fall geriet die Schwanfrau also an einen armen Viehhirten aus Myddfai in Carmarthenshire. Sie versprach, ihn reich zu machen, hielt ihr Wort, aber der Mann liebte sie so sehr, dass sie zur List greifen musste, um wieder in ihr Schwanenreich zurückkehren zu können. Doch sie war nicht nur glücklich, als ihr die Flucht gelang, den Mann hatte sie durchaus leiden können, die drei gemeinsamen Söhne Cadwgan, Gruffudd und Einion aber liebte sie über alles. Nur waren die Menschen durch und durch und konnten sie nicht begleiten. Als Abschiedsgeschenk gab ihnen die Mutter die Heilkunst, und die drei wurden berühmt als die »Ärzte von Myddfai«. Im 13. Jahrhundert entstand ein Buch, das jahrhundertelang in Wales als Synonym für Heilkunde überhaupt stand, in viele Sprachen übersetzt und nach Erfindung der Buchdruckerkunst noch einmal weit verbreitet wurde. In Wales sind die Ärzte noch heute präsent in Erzählungen und sprichwörtlichen Redensarten. In ihrem Buch *Meddygon Myddfa*i finden wir die mittelalterliche Heilkunst auf dem damals neusten Stand beschrieben, dazu Kräuterrezepte, die heute wieder brandaktuell wirken, und allerlei hochinteressante Tipps zur Lebensgestaltung, von denen hier eine kleine Auswahl folgt:

»Ein kalter Mund und warme Füße bringen langes Leben.«

»Zu reichhaltige Abendessen töten mehr Menschen, als die Ärzte von Myddfai heilen können.«

»Wer unbedingt sterben will, sollte im August Kohl essen.«

»Wie bringt man jemanden zu einem Geständnis? Man hole einen lebenden Frosch aus dem Wasser. Man schneide ihm die Zunge heraus und lasse ihn dann frei. Legt man die Zunge auf die Brust des schlafenden Mannes, wird er im Schlaf seine Missetaten gestehen.«

»Wie man Dinge sieht, die für andere unsichtbar sind: Man nehme die Galle einer Katze und das Fett einer Henne und mische beides. Wenn man sich damit die Augen bestreicht, wird man Dinge sehen, die für andere unsichtbar sind.«

»Wie man schmerzlos Zähne zieht: Man nehme einige Molche oder Eidechsen und diese scheußlichen Käfer, die man im Sommer im Farn findet, glühe sie in einem Eisentopf aus und zermahle sie zu Pulver. Wenn man den rechten Zeigefinger anfeuchtet und in dieses Pulver steckt und dann viele Male den Zahn damit bestreicht, ohne auszuspucken, wird der Zahn schmerzlos herausfallen. Das ist bewiesen!« Es steht nicht jedes Mal »Das ist bewiesen« dabei, aber dass die Ratschläge der Ärzte von Myddfai nicht zu verachten sind, beweisen jedenfalls die hier angeführten Beispiele!

88. Grund

Weil in Wales der würzigste Lavendel wächst

Zugegeben, das mit dem Lavendel klingt erst mal nicht überzeugend. Lavendel, da denkt man doch an die Provence, an endlose lila Felder unter warmer Sonne … Und hier hilft auch der Blick auf die Landkarte nicht. Nichts lässt annehmen, dass Wales besonders für Lavendelanbau geeignet ist. Aber Wales ist Lavendelland, und wenn man das kymrische Wort für Lavendel ausspricht, Lafant, dann glaubt man es sofort und vergisst die Provence. Eigentlich kann man überall Lavendelprodukte aus lokaler Herstellung bekommen: Seife, Lavendelkissen für den Schrank, die garantiert die Motten fernhalten, Lavendelschokolade, Lavendel als Gewürz, Lavendelöl, das einfach gegen alles hilft (wenn man den überzeugendsten Lavendelaposteln Glauben schenken will, dann kann man auch gleich sterben, wenn man ein Gebrechen erwischt hat, das mit Lavendelöl nicht geheilt werden kann), Lavendel als Parfüm, vor allem als Parfüm.

Das Zentrum der walisischen Lavendelproduktion ist die nur zweieinhalb Quadratkilometer große Insel Caldey vor der walisischen Südküste, nicht weit von der Stadt Tenby. Im Frühling und Sommer gibt es eine Fährüberfahrt von Tenby nach Caldey, ansonsten kann man nur hoffen, dass gerade ein Insulaner Gäste mitnehmen mag, wenn er aus irgendwelchen Gründen in Tenby zu tun hatte. Caldey ist der wikingische Name der Insel und bedeutet »kalte Insel«, was irgendwie uncharmant ist, denn es ist dort auch nicht kälter als anderswo in Wales. Auf Kymrisch heißt sie St. Byr, auch nicht viel besser, denn dieser Name bezieht sich auf einen Mönch, der im 6. Jahrhundert dort gelebt hat, aber über dessen Abenteuer nichts weiter bekannt ist. Vielleicht hat er als Erster auf Caldey Lavendel angebaut, wir lesen jedenfalls, dass Mönche im frühen Mittelalter die ersten Pflanzen aus der Provence, natürlich, mitgebracht haben. Heute gibt es auf Caldey ein Trappistenkloster, dazu etwa 40 sesshafte weltliche Inselbewohner. Sie alle leben von den Touristen, bzw. vom Lavendelanbau und vom Verkauf der Lavendelprodukte.

Aber auch sonst hat Caldey eine Menge Sehenswürdigkeiten zu bieten. Es gibt dort einen Leuchtturm aus dem Jahre 1828, es gibt Tropfsteinhöhlen, es gibt archäologische Ausgrabungsstätten (hier wurden über 6000 Jahre alte Menschenskelette gefunden), es gibt eine normannische Kapelle, und es gibt einen Oghamstein aus dem 6. Jahrhundert. Ogham ist eine vermutlich in Irland entwickelte Schrift, eine Mischung aus Runen und lateinischem Alphabet, die meisten erhaltenen Oghamsteine stehen in Irland, aber wie so oft – auch wer Oghaminschriften sehen möchte, braucht nicht den ganzen Weg nach Irland zu reisen. Auch in Wales gibt es welche. Der von Caldey enthält die rätselhafte Botschaft, dass hier ein gewisser Magl Dubr Spenden gesammelt hat. Was er damit gemacht hat, wissen wir nicht, vielleicht die Lavendelproduktion angekurbelt?

Es gibt außerdem eine Menge Vögel zu beobachten, und die größte Kormorankolonie von Wales befindet sich auf dem Caldey vorgelagerten Inselchen St. Margaret's.

Wenn man genug gesehen hat, kann man in den Dorfladen gehen, wo die lokalen Produkte verkauft werden und das auch als Postamt dient. Denn auch das ist eine Attraktion der Insel: Caldey hat das Recht, eigene Briefmarken zu drucken. Im Kloster gibt es die Möglichkeit zu Exerzitien, was im Jahr etwa 750 Besucher zur Einkehr nutzen. Dass die Mönche auch weltlichen Genüssen offen sind, zeigt die Information, dass sie sich im Jahre 2005 einen Fernseher anschafften, offiziell, um die Beerdigung von Papst Johannes Paul II. miterleben zu dürfen (aber wir wollen doch hoffen, dass sie sich auch ab und zu einen walisischen Krimi ansehen). Die anderen Bewohner der Insel haben da ganz andere Amüsements: Am Pfingstsonntag kommen die Nachbarn aus Tenby auf die Insel und treffen sich mit ihren Freunden und Verwandten dort zur Jagd auf Kaninchen und Papageientaucher. Darauf folgen dann Picknicks und, wie einige Beobachter indigniert anmerken, »unmäßiger Alkoholgenuss.«

Aber zurück zum Lavendel: Der Lavendel von Caldey ist der würzigste von ganz Europa. Das sagen nicht wir, das sagt der Physiker Luca Turin, der als die größte lebende Autorität auf dem Gebiet der Riechstoffbranche gilt (das heißt wirklich so!), also als Parfümpapst sozusagen. Deshalb kommen jedes Jahr Parfümfabrikanten aus aller Welt auf die kleine Insel, um sich dort mit frisch geerntetem Lavendel einzudecken.

89. Grund

Weil man eigentlich ganz Wales auf einer Insel erleben kann

Zugegeben, das ist ein bisschen übertrieben, so würzigen Lavendel wie auf Caldey (s. Grund 88) gibt es hier nicht, aber dennoch, diese Insel hat alles: hohe Berge, breite Strände, tiefe Täler, wunderbare Kneipen, geheimnisvolle Gräber, nirgendwo außerhalb von Irland stehen so viele Oghamsteine in der Gegend herum, fast überall wird kymrisch gesprochen, es gibt köstliches Lobsgaws (s. Grund 21). Die Rede ist von Anglesey oder Ynys Môn. Wie bedeutend diese Insel, die offenbar einst das Hauptquartier der Druiden war, einmal gewesen sein muss, zeigt sich daran, dass die Stadt Caernarvon, heute ein wichtiger zentraler Ort auf dem walisischen Festland, wo in der

Burg der jeweilige Prince of Wales in sein Amt eingeführt wird, eben so heißt: »Stadt gegenüber von Môn«. Der Prince of Wales kann uns hier egal sein, aber für alle mit Interesse an höfischem Klatsch kann erwähnt werden, dass der älteste Sohn des derzeitigen Fürsten von Wales einige Jahre auf Ynys Môn gelebt hat. Damals war Prinz William frisch vermählt mit Catherine und hieß offiziell William of Wales (weil die Royals im Alltag keinen bürgerlichen Nachnamen benutzen, sondern eben einen Titel, und der junge William hatte noch keinen). Dann wurde er zum Herzog von Cambridge ernannt und verließ Ynys Môn. Wenn sein Vater irgendwann doch König wird, wird William Fürst von Wales und kehrt vielleicht zurück, wer weiß? Ob er inzwischen Kymrisch gelernt hat, wissen wir leider auch nicht.

Es gibt so viel über Ynys Môn zu erzählen, es wäre leicht, 111 Gründe vorzustellen, aus denen man diese Insel lieben muss. Die meisten Reisenden fahren aber einfach durch, auf dem Weg nach Irland oder von Irland, denn die Fähre nach Dublin bzw. Dun Laoghaire geht von der Ynys Môn vorgelagerten Insel Holy Island ab, wo der Hafen Holyhead liegt. Und die Reisenden wollen eilig weiter, entweder auf die Fähre oder aufs Festland, die Lust, in Wales zu verweilen, stellt sich immer erst ein, wenn eine gewisse Entfernung zurückgelegt worden ist.

Man merkt, das muss nun gleich gesagt werden, oft nicht so ganz, dass man sich auf einer Insel befindet. Ynys Môn ist 714 km^2 groß und damit nach der Isle of Man die zweitgrößte britische Insel. Vom restlichen Wales aber ist sie nur durch die Straße von Menai getrennt, und die ist arg schmal, eher wie ein breiter Kanal, bei den ersten Besuchen auf Ynys Môn fährt man über eine Brücke und wartet gespannt darauf, dass endlich die Insel auftaucht. Nach ungefähr einer halben Stunde begreift man dann doch, dass man schon längst dort ist. Noch besser getarnt, was das Inseldasein angeht, ist Holy Island, da ist man plötzlich in Holyhead, und wenn man vorher nicht wusste, dass man abermals auf eine neue Insel überwechseln muss, wird man es nie erfahren.

Ynys Môn ist also reich an Sehenswürdigkeiten, und da wir nicht wussten, wo wir überhaupt anfangen sollten, haben wir eine hilfsbereite Insulanerin um Tipps gebeten. Die Dichterin und Theatermacherin Ness Owen (s. Grund 21) schlägt vor, erst einmal dem Wanderweg zu folgen, der um die ganze Insel herumführt, allerdings ist der ziemlich lang mit seinen ca. 200 km. Und da sei vielleicht ein Aufenthalt an einem der vielen Strände angenehmer? Bei gutem Wetter kann man baden oder einfach herumliegen und ein Buch über walisische Geschichte lesen, es gibt auf der ganzen Insel wunderbare Strände, aber die schönsten sind auf Ynys Gybi, was der kymrische Name von Holy Island ist. Diese kleine Insel heißt so nach dem Heiligen Cybi, der hier begraben ist. Cybi kam aus Cornwall, war aber vor allem in Nordwales tätig und brachte es sogar zum Bischof, in einigen Chroniken steht, er sei auch kurzfristig König gewesen, aber jedenfalls starb er am 8. November 555 auf der später nach ihm benannten Insel und wurde noch später heiliggesprochen, er war bestimmt ein frommen Mann, sonst hieße die Insel ja nicht Holy Island, aber uns interessieren die Strände jetzt mehr. Ness Owen verrät uns ihre Lieblingsstrände, die natürlich, wir sind schließlich in Wales, wunderbare Namen haben:

- Trearddur
- Porth y Pwll
- Porth y Post
- Porth Dafarch

Alle sind über dieselbe um Ynys Gybi herumführende Straße zu erreichen, und alle haben eine abenteuerliche Geschichte: Die Einheimischen zündeten hier Feuer an, um vorüberfahrende Schiffe, durch diese falschen Signale in die Irre geleitet, auf die Felsen zu locken, um sie dort ausplündern zu können. Angeblich passiert das heutzutage aber nicht mehr, Sie können also getrost, wenn Sie per Boot unterwegs sind, an Ynys Gybi vorübersegeln.

Ein weiterer Lieblingsort sind die beiden Felsbögen Bwa Gwyn und Bwa Du (was einfach Weißer Bogen und Schwarzer Bogen bedeutet), zwei riesige vom Meer geschaffene Felsbögen, einer ist weiß, einer schwarz. Sie sind allerdings schwer zu finden; wenn man den Weg nicht kennt, kann man sie leicht übersehen – eine gute Landkarte kann Abhilfe schaffen. Der Bwa Gwyn besteht aus schwer verwittertem Quarzgestein, früher wurde dort Tonerde zur Porzellanherstellung abgebaut, der Weg auf die Oberseite des Bogens ist vorhanden, aber die Begehung ist nur für Schwindelfreie zu empfehlen, es geht sehr steil nach unten und kann durchaus gefährlich sein, zumal das Gestein durch die starke Verwitterung eben arg rissig ist.

Der ganz in der Nähe gelegene Bogenzwilling, der Bwa Du, sieht unheimlich aus, weil er eben schwarz ist und tief in die Felsen hineinführt, man kann sich gut vorstellen, wie irgendein Druide hier ganz besonders geheime Beschwörungen vorgenommen hat. Aber auch hier waren dann die in Wales so emsigen Heiligen am Werk, und so liegt ganz in der Nähe der Brunnen Ffynnon Wenfaen, St. Gwenfaens Brunnen. Die Heilige Gwenfaen war eine Einsiedlerin, die im 6. Jahrhundert hier lebte, Ruinen einer uralten Kirche sind noch vorhanden, und eben der Brunnen. Zu ihren Lebzeiten stand Gwenfaen im Ruf, Geisteskrankheit heilen zu können. Die Druiden von Ynys Môn waren begreiflicherweise nicht entzückt von dieser christlichen Konkurrenz und beschlossen, Gwenfaen von ihrer Insel zu vertreiben. Doch Gwenfaen kletterte einfach auf den nächstgelegenen Felsen, hob die Hände – und Engel kamen und trugen sie davon. Das stärkte natürlich Gwenfaens Ruf als Wundertäterin noch weiter. Nach ihrem Verschwinden wurde der Brunnen deshalb zum Wallfahrtsziel, angeblich funktioniert das noch heute: Wenn man einen schönen Quarz mitbringt (besonders gut macht sich ein Rosenquarz) und in den tiefen Brunnen fallen lässt, wird man angeblich jeglichen Irrsinn verlieren. Am Tag der heiligen Gwenfaen, dem 4. November, gibt es deshalb eine kleine Wallfahrt von der Kirche von Rhoscolyn aus zum wundertätigen Brunnen.

Weil auch auf Ynys Môn köstlich gekocht wird.

So viel sind wir nun gewandert, nun müssen wir einfach eine Pause machen und die lokale Küche testen. Natürlich wird auch auf Ynys Môn mit Porree gekocht, und das Nationalgericht der Insel heißt Eier von Ynys Môn: Wyau Môn oder Anglesey Eggs. Dieses Rezept ist angeblich für vier Personen, doch so köstlich es auch schmeckt und so herzhaft man zulangt, es bleibt immer etwas übrig, allein wegen der vielen Eier.

Man nehme:

- 16 hart gekochte Eier
- 3 Pfund gekochte und zermatschte Kartoffeln
- 6 Porreestangen, in Ringe geschnitten und gekocht
- Butter
- Soße: 50 g Butter, 50 g Mehl, 1/2 l Milch, 175 g geriebener Käse, am besten Cheddar
- Salz, Pfeffer, Senf nach Belieben

Zubereitung:

- Den Backofen auf 200 Grad vorheizen.
- Kartoffeln mit Porree und Butter vermischen, gut quirlen, um eine lockere hellgrüne Mischung zu erhalten.
- Käsesoße anrühren. Butter zerlassen, Milch hinzugeben, langsam Mehl einrühren. Dann würzen und 100 Käse dazugeben. In einer vorgewärmten Auflaufform verteilen. Eier in Scheiben schneiden und in die Mitte legen. Mit Käsesoße übergießen, mit dem Rest des geriebenen Käses bestreuen. Für 20 Minuten in den Backofen stellen, dann servieren.

Weil Ynys Môn das Toffeezentrum der Welt ist

Wirklich, so ist das. Und weil auf Ynys Môn so wunderbarer Toffee hergestellt wird, wird er auch zu allen möglichen Gelegenheiten verschenkt. Vor allem zu Neujahr, wird uns erzählt. Mein Neujahrsgeschenk von Ynys Môn heißt Taffi Triog und ist braun und knusprig. Ich war total entzückt von diesem schönen Geschenk, machte ein Foto und schickte es auf Facebook herum. Die Reaktionen waren umwerfend! Alle Bekannten aus Wales, die nicht auf Môn wohnen, warnten: Es ist gefährlich für die Zähne, nie im Leben geht das gut, pass ja auf deine Plomben auf. Man will ihnen ja nicht unterstellen, dass sie nur neidisch waren, weil sie nichts bekommen hatten, aber dennoch … Von Môn her kam ganz einfach der Rat: Im Mund zergehen lassen, dann passiert nichts. Stimmt. Und köstlich ist es auch, und hilft gegen Husten.

Weshalb hier nun ein Toffeerezept von Ynys Môn kommt!

Man nehme:

- ¾ Tasse geschälte Mandeln
- 2 Tassen ungesalzene Butter
- 3 Tassen Rohrzucker
- 1/3 Tasse Wasser
- ¼ Tasse Zuckerrohrsirup
- 500 Gramm Zartbitterschokolade

Zubereitung:

- Die Mandeln auf einem Backblech auf Backpapier auslegen und für ca 10 Minuten in einen auf 200 Grad vorgeheizten Backofen stellen. Alle 3 Minuten durchschütteln, herausnehmen, wenn sie dunkel werden und nach Mandel riechen. Abkühlen lassen, dann klein hacken.

- Butter, Zucker, Wasser, Sirup und Salz bei Mittelhitze in einem Gusseisentopf köcheln lassen. Regelmäßig umrühren, damit Zucker und Butter schmelzen. Dann das Ganze einmal zum Kochen bringen. Danach bei häufigem Umrühren köcheln lassen, bis sich das Toffee in spe auf 150 Grad abgekühlt hat. Falls es sich zu zersetzen droht (mit einer Schicht aus zerlassener Butter ganz oben), heftig rühren, bis alles wieder miteinander verschmolzen ist. Und immer wieder umrühren, weil die Masse in diesem Stadium leicht anbrennt.
- Wenn es aussieht wie Toffeemasse, in eine mit Alufolie ausgelegte Auflaufform packen. Oben glatt streichen. Einige Minuten warten, bis das Toffee anfängt, fest zu werden, dann in Vierecke schneiden. Abkühlen lassen. Danach auseinanderbrechen, weil trotz Schneidens die Vierecke gern weiter aneinanderkleben.
- Nun kann man sie essen – oder z.B. in geschmolzene Schokolade tunken, mit Mandeln bestreuen, mit Gummibärchen oder Marzipanherzen belegen, ganz nach Belieben.

Ein Tipp: Wenn Sie »Sweetshops on Anglesey« googeln, finden Sie eine wöchentlich aktualisierte Hitparade der Toffeeläden auf der Insel, die Sie natürlich sofort besuchen werden, hilft alles nix.

Noch ein Tipp, oder auch nicht: Neuerdings wird auf Ynys Môn Wodka mit Toffeegeschmack hergestellt, wir haben ihn nicht probiert, geben aber, ohne Garantie auf irgendwas (außer vielleicht auf einen gewaltigen Kater) den Werbeslogan der Hersteller wieder: Our toffee vodka is strong (27.5%), it's not too sweet, it's not too sickly and it has a crystal clear golden colour. It's **TOFFOC.**

Iechyd da, sagen wir da nur (und das ist Kymrisch und heißt »Prost!«)

Weil wir auf Ynys Môn unseren Vorfahren ganz nah sein können

Es ist sehr lange her, dass diese Vorfahren gelebt haben. Wir wissen nicht, wer sie waren, wie sie aussahen, welche Sprache sie gesprochen haben, wir werden es auch nie wissen – aber eins wissen wir: Sie haben sich für Himmelskunde interessiert. Oder vielleicht haben sie sich auch kringelig gelacht bei der Vorstellung, dass ihre fernen Nachkommen sich den Kopf zerbrechen und zu diesem Ergebnis kommen werden, während sie ganz andere Zwecke mit der Anlage von Bryn Celli Ddu verbanden. Bryn Celli Ddu, der Hügel im schwarzen Wald, das klingt abenteuerlich. Bryn Celli Ddu ist eine steinzeitliche Anlage, deren älteste Teile an die 4000 Jahre alt sind. Im archäologischen Fachvokabular ist es ein Ganggrab, und angeblich das besterhaltene von Wales. Man betritt den Hügel durch eine Art Tor, das in das Erdwerk eingelassen worden ist – vermutlich war hier ursprünglich einfach ein Loch, der Steinbogen wurde zur Bequemlichkeit heutiger Gäste angelegt. Danach geht man durch einen furchtbar engen Gang und will schon einen klaustrophobischen Anfall kriegen, aber dann steht man in der Grabkammer. Wer hier begraben war und ob es überhaupt eine Grabkammer war, wissen wir allerdings nicht. Immerhin wurde ein Stück eines menschlichen Ohrs gefunden – vielleicht haben unsere Vorfahren nur Ohren bestattet und den Rest ins Meer geworfen? Was wir wissen, ist, dass jemand die Bewegungen der Himmelskörper genau studiert hat und dass die steinzeitlichen Baumeister wirklich Ahnung von ihrem Handwerk hatten. In der Kammer steht ein großer Oghamstein, wenn auch ohne Oghaminschrift, dafür aber mit einem verwinkelten Schlangenmuster – der Stein ist beeindruckend, aber eine Kopie, das Original befindet sich im National Museum of Wales in Cardiff. Übrigens steht draußen auch noch ein Oghamstein, abermals ohne Inschrift, nur mit seltsamen Vertiefungen. Unsere Vorfahren bleiben also ein Rätsel – aber jedenfalls, zur Sommer- und Wintersonnenwende fällt das Sonnenlicht (falls die Sonne scheint, wohlgemerkt) genau durch einen Schlitz in der Decke, und die gesamte Kammer füllt sich mit Licht. »Es ist etwas ganz Besonderes und einfach magisch«, sagt die Dichterin Ness Owen. Und auch ohne dieses Licht ist die Kammer etwas Besonderes, man hat plötzlich das Gefühl, den fernen Vorfahren doch ganz nahe zu sein und zu verstehen, warum sie gerade hier diese Anlage haben wollten. Als 1906 die ersten Archäologen das mit dem Licht zur Sommersonnenwende beschrieben, wurden sie von den Kollegen ausgelacht. Diese primitiven Steinzeitmenschen, hieß es, könnten doch unmöglich so viel über Himmelskunde gewusst haben, es müsse also ein purer Zufall sein. Aber später wurden ähnliche Anlagen auf den Britischen Inseln entdeckt, und heute zweifelt niemand mehr daran, dass unsere Vorfahren genau wussten, was sie taten, und vermutlich viel mehr über die Bewegungen der Gestirne erzählen könnten, als wir heute noch wissen.

10. Kapitel

Gräber und Greifvögel, ein Blick in Flora und Fauna

93. Grund

Weil in Wales sogar Hunde prachtvolle Gräber bekommen

Ganz ehrlich, wie viele berühmte Hundegräber fallen Ihnen so ein? Die der Hunde Friedrichs des Großen in Sanssouci, klar, macht man sich auf die Suche nach Hundegräbern, dann findet man diese und dann ganz lange keine anderen. Und wenn doch, dann ist nicht der dort begrabene Hund berühmt, sondern der Bildhauer, der aus welchen Gründen auch immer das Grab geschaffen hat. In Dublin galt für kurze Zeit das Grab des Lieblingshundes der Tochter des damaligen britischen Vizekönigs als Sehenswürdigkeit – wie der Hund hieß, ist offenbar nicht verzeichnet. Der Hund verstarb 1906 und erhielt einen prachtvollen Grabstein. Nach der irischen Unabhängigkeit interessierte sich aber niemand mehr für englische Schoßhunde, und das Grab geriet in Vergessenheit. Vor nur wenigen Jahren musste der irische Präsident Michael J. Higgins zugeben, dass er keine Ahnung hatte, welche Kostbarkeit sich da unter vielen wild wuchernden Pflanzen im Park seines Amtssitzes befindet. (Wenn wir anfangs behauptet haben, man brauche gar nicht bis nach Irland zu reisen, in Wales finde man eigentlich schon alles, was man suchen kann, dann ist das hier noch ein Beweis.) Im Dorf Beddgelert im Snowdownia-Nationalpark befindet sich das vermutlich berühmteste Hundegrab der Welt – und der Hund ist sogar namentlich bekannt, er hieß Gelert. Bedd ist Kymrisch für Grab, der ganze Ort heißt also »Gelerts Grab«.

Leider versuchen die Gelehrten immer, uns den ganzen Spaß zu verderben, und erklären, das sei alles ein Missverständnis, der Ort sei viel älter als das Grab und gegründet worden von dem frommen Einsiedler und Missionar Gelert oder Cilert, der sich im 8. Jahrhundert hier niedergelassen habe. Aber das glauben wir natürlich nicht, sondern halten uns an die Geschichte von Gelert, dem Heldenhund. Irgendwann im späteren Mittelalter lebte danach der Fürst Llewelyn (man kann durchaus den Eindruck gewinnen, dass alle walisischen Fürsten damals Llewelyn hießen), und der hatte einen getreuen Hund, Gelert genannt. Nun musste der Fürst eines Tages irgendwelchen Verwaltungskram erledigen und ließ Gelert in seinen Gemächern zurück, wo Gelert sich bei der Wiege des nur wenige Monate alten Llewelyn junior zum Schlafen legte. Doch dann kam ein böser Wolf und wollte den kleinen Fürstensohn als Zwischenmahlzeit verschlingen. Es folgte ein wilder Kampf, Hund gegen Wolf, und am Ende trug Gelert, wenn auch erschöpft und aus vielen Wunden blutend, den Sieg davon.

Nun kehrte der Fürst von seinem Tagewerk zurück, wollte zur Entspannung eine Runde jagen gehen und deshalb seinen Hund holen. Doch wie erschrak er, als er das Gemach verwüstet vorfand, die Wiege umgekippt, den Hund mit blutigen Lefzen. Voller Wut griff Llewelyn zu seinem Schwert und tötete den Hund, der sich gerade zu ihm geschleppt hatte und ihm die Hand leckte.

Und dann entdeckte er den toten Wolf und fand unter der umgestürzten Wiege sein unversehrtes, quicklebendiges Söhnlein. Voller Entsetzen musste er erkennen, dass er den Retter seines Kindes getötet hatte. Das war ihm natürlich eine Lehre, und hinfort fällte er nie wieder ein Urteil, ohne sich über den Sachverhalt genau informiert zu haben. Das interessiert uns hier aber weniger, wichtiger ist, dass er Gelert in allen Ehren begraben und ihm einen prachtvollen Grabstein aufstellen ließ. Das Grab ist noch vorhanden, der Grabstein musste im Laufe der Jahrhunderte mehrmals ausgetauscht werden, der aktuelle ist eher schlicht gehalten, aber das ändert nichts daran, dass Gelerts Grab einer der meistbesuchten Orte in Wales ist. Aus aller Welt zieht es vor allem Hundebesitzer – samt Hunden – hierhin, und das macht Beddgelert zu einer Art Santiago de Compostela für Hunde. Von Wunderheilungen oder spontanen Bekehrungen ist zwar nichts bekannt, aber der fromme Einsiedler Gelert oder Cilert kann trotzdem zufrieden sein damit, was aus seiner einstmals einsamen Klause geworden ist. In Sagensammlungen zeigt sich eine interessante Entwicklung. Die älteren Fassungen sind viel länger als die moderneren, sie schildern den Kampf Hund gegen Wolf in allen Einzelheiten. Die modernen machen an dieser Stelle gern einen Sprung, der Fürst geht regieren, und in der nächsten Szene steht er wieder da, sieht den blutverschmierten Gelert und hebt sein Schwert. Für den heutigen Geschmack wirkt das natürlich dramatischer, es ist sozusagen die Hollywood-Version. Ein Harfner vor 400 Jahren dagegen wusste, dass sein Publikum eine lange ausgeschmückte Erzählung erwartete, also wurde das Hauptgewicht auf den Kampf der Tiere gelegt, und dann später auf die tiefe Reue des voreiligen Hundekillers. Es ist eine wunderschöne Beschäftigung für einen nebligen Herbstabend, die Geschichte im Stil des (zweifellos blinden und schlohweißen) Harfners zu erzählen und dabei im Hintergrund Harfenmusik aus Wales zu hören!

94. Grund

Weil in Wales sogar hässliche Häuser als Sehenswürdigkeiten gelten

Eigentlich klingt es gar nicht verlockend, wenn ein Wegweiser verkündet: Ugly House, soundsoviel Kilometer. Wer will schon ein hässliches Haus sehen, noch dazu mitten in Wales, weit weg von der nächsten größeren Stadt, wo man mit Fug und Recht die Spuren der Kahlschlagsanierung aus den 70er-Jahren mit anschließender Betonbebauung erwarten kann? Aber das Ugly House in der Nähe von Betws-y-Coed ist alles andere als hässlich, wie immer frühere Generationen das gesehen haben mögen. Es ist auch nicht ganz klar, wie das arme Haus an seinen Namen gekommen ist, aber vermutlich verdankt es ihn dem Fluss Llugwy, der ganz in der Nähe vorüberfließt. Tŷ Llugwy, Haus am Llugwy, wäre dann der ursprüngliche

Name, und das leuchtet doch ein. Für die englische Zunge war das zu kompliziert, und so wurde aus Llugwy »ugly«. Viel später klang der Name dann charmant, und er wurde ins Kymrische zurückübersetzt, sodass das Haus heute ganz offiziell »hässlich« heißt: Tŷ Hyll.

Eine andere Erklärung ist, dass es von Wegelagerern als Unterschlupf benutzt wurde, die Wegelagerer aber seien von der Bevölkerung der Umgebung als »Uglies« bezeichnet worden, aber das überzeugt nicht. Das eine ist, dass die Leute aus der Gegend sich zweifellos einen kymrischen Namen überlegt hätten, doch wir wissen ja – s. Grund 101 –, dass man als Wegelagerer in Wales nur schwer ein Auskommen fand.

Wir wissen aber gar nicht, wie alt das Haus überhaupt ist. Es sieht aus, als stünde es seit Jahrhunderten am Hang über dem Fluss Llugwy, aber erstmals erwähnt wurde es erst um die Mitte des 19. Jahrhunderts in Reiseberichten – vielleicht haben also irgendwelche romantischen Menschen des viktorianischen Zeitalters ein Haus gebaut, das aussieht, als ob dort der letzte walisische Drache hause (ob Dai Blatchford an dieses Haus gedacht hat, als er ein solches Haus in einem Krimi auftreten ließ – s. Grund 38 –, wissen wir auch nicht).

Das Hässliche Haus ist aus groben Feldsteinen erbaut, es muss früher, ehe es ein festes Dach bekam, wirklich ziemlich zusammengeschustert ausgesehen haben. Das weist auf ein ziemliches Alter hin, denn bis ins 16. Jahrhundert konnte man sich in Wales ein kleines Stück Land sichern, wenn man auf Allmendegrund über Nacht ein Haus baute und am nächsten Morgen Rauch aus dem Schornstein quoll. Dann gehörten das Haus und der Grund, auf dem es stand, den Erbauern – kam kein Rauch, war alle Arbeit umsonst gewesen. Wenn es so war, dann ist das Ugly House der einzige Zeuge dieses alten Brauchtums und verdient allein deshalb, gehegt und gepflegt zu werden.

Über frühere Bewohner wissen wir nichts, nachweislich haben hier um 1820 irische Wanderarbeiter logiert, die eine Brücke über den Llugwy bauten. Um 1900 wohnte im Haus ein Schäfer namens

John Roberts mit seiner Frau. Das klingt romantisch und nach Schäferstündchen und Poesie, war aber sehr prosaisch und primitiv, denn das Haus bestand aus einem Raum mit einem offenen Feuer, dazu gab es eine Art Hängeboden zum Schlafen. 1921 zogen Lilian und Edward Riley hier ein, bauten das Haus von innen aus und installierten sogar ein Badezimmer. Die Rileys waren berühmt als Geschichtenerzähler, und immer wieder fanden sich Besucher ein, um sich die Geschichten anzuhören – und wenn die Rileys nichts erzählen mochten, dann ergriff ihr Kakadu das Wort (was er erzählte, ist leider nicht aufgezeichnet worden). Heute gehört das Haus der Snowdonia Society, die sich um Natur und Geschichte der Gegend bemüht. Das Hässliche Haus ist nun eine Art Bienen-Refugium, der naturbelassene Garten und überhaupt die Umgebung bieten den Bienen Tummelplätze genug, eine hohe Honigproduktion ist der Lohn. Es gibt im Haus ein einzimmriges Honigmuseum, in dem wir alles über die Bienen, ihr Leben und ihre Arbeit erfahren, und ihre Produkte können wir auch mitnehmen. Das andere Zimmer im Haus ist nämlich eine kleine Teestube, genannt Pot Mêl (»Honigtopf«), wo es Honig zu kaufen gibt, es gibt aber auch Kuchen und andere Köstlichkeiten, die gleich vor Ort verzehrt werden können. Der Pot Mêl ist allerdings sehr klein, klar, das ganze Hässliche Haus ist ja klein, und die Teestube ist nur ein Teil davon. Bei größeren Gruppen empfiehlt sich also die Voranmeldung. Aber auch wenn kein Platz zum Teetrinken ist – Honig kaufen kann man immer, und es gibt auch Pflanzen für den eigenen Garten, solche, die die Bienen besonders gern mögen, »bestäubungsfreundlich«, wie das umwerfende Adjektiv heißt. Die Umgebung von Tŷ Hyll ist übrigens ideal für Wanderungen – und eben zum Bienenbeobachten, und wenn es hier jemals Wegelagerer gegeben hat, so haben sie ihr erfolgloses Handwerk längst an den Nagel gehängt und verdienen sich heute ihr Honigbrot als ehrsame Imker im Dienste von Tŷ Hyll.

Wenn Sie sich aber gar nicht für Honig begeistern können und trotzdem etwas Süßes möchten: Betws-y-Coed ist berühmt für seine

Schokoladenmanufakturen. Wir empfehlen einen Besuch im Riverside Chocolate House!

95. Grund

Weil Wales Pferdeland ist

Das ist es wirklich. Welsh Ponies gehören inzwischen überall in Europa zu den beliebtesten Reitpferden, aber es gibt viele andere Pferderassen, die sich in Wales ebenso wohlfühlen. Und es gibt große Gestüte und dann wieder kleine Höfe, wo vielleicht neben dem Nutzvieh auch einige Pferde gehalten werden. Pferdemenschen erzählen gern von ihren Tieren, und in Wales kommt man leicht ins Gespräch, wenn man sich nach den jeweiligen Rössern auf der Weide erkundigt.

Marion betreibt mit ihrem Mann einen Hof in Carmarthenshire. Dass sie (studierte Grafikerin) irgendwann bei Pferden enden würde, lag eigentlich auf der Hand. Sie war so ein Kind, das die Sagenbücher verschlang, aber nicht für die edlen Ritter und deren Abenteuer schwärmte, sondern Listen mit den Namen ihrer Schlachtrösser anlegte. Als wir von unserem Buch erzählen, meint sie, 111 Gründe seien ja ganz schön viele. »Mir fallen so schnell höchstens 101 ein. Allerdings kenne ich nur diese südwestliche Ecke von Wales wirklich gut.«

Aber dann erzählt sie vom vergangenen Winter in dieser südwestlichen Ecke, der gar nicht lustig war. »Es war ein wirklich harter Winter für uns, aber wir haben ihn heil überstanden. Allerdings blieb einfach wenig Zeit für anderes, als die 13 Pferde durchzubringen, und wir haben nun auch Kühe, und unser erstes Kalb wurde genau zur kältesten Zeit, Ende Februar, geboren und wollte zuerst nicht von der Mutter trinken, und wir mussten es erst mit der Flasche aufziehen. Dann kam endlich der Frühling, aber da gibt es auch wieder jede Menge zu tun. Es ist schwer zu beschreiben, wie chaotisch es in unserer Küche zugeht, wenn wir nicht draußen bei den Tieren sind. Uns gefällt das Leben hier und auch die viele Arbeit, aber manchmal gibt es halt monatelang kaum Zeit für irgendetwas anderes, als die Tage durchzustehen und vielleicht kurz vorm Einschlafen ein paar Seiten zu lesen. Wir haben keinen Fernseher, und Lesen und Musik in der Küche sind meine einzige Unterhaltung.«

Aber eigentlich bieten die Tiere ja Unterhaltung genug. Es gibt 13 Pferde auf dem Hof, Cleveland Bays, Warmblüter, die eigentlich aus Yorkshire stammen. Aber wie gesagt, Wales ist ein echtes Pferdeland. »Hier findest du alles: wilde Ponys, die auf gemeinfreiem Land frei herumlaufen, Gipsy Ponies, Welsh Mountain Ponies, Warmblüter und Hunters, Shetlandponys, die früher in den Bergwerken arbeiten mussten, und die sehr beliebten Welsh Cobs. Aber es gibt auch vornehme Gestüte, die Vollblüter und Araber züchten. Und leider gibt es auch jede Menge verantwortungslose Pferdebesitzer, die ihre Tiere vernachlässigen. Pferde kommen mit Kargland gut zurecht, und Kargland gibt es hier in Wales jede Menge.«

Marion ist gerade schwer lädiert, Hand verbunden und so, blieb im Halfter hängen, als ein Shetlandpony bei der Hufpflege anfing zu zappeln, und so ein Halfter ist hart und zäh, sie hatte also Glück, dass sie sich nicht den Arm gebrochen hat. Aber lästig ist es natürlich, denn sie fällt bei der Arbeit aus.

»Alles hier ist mehr oder weniger improvisiert, nicht wie auf den großen kommerziellen Farmen, die ungeheuer große Subventionen bekommen und die mit den neuesten Maschinen arbeiten. Unsere Traktoren stammen aus den 50er-, 60er- und 70er-Jahren und haben keinerlei Elektronik an Bord. Dadurch sind sie jedoch auch leichter zu reparieren. Erst heute kam ein Bote mit einem relativ kleinen, aber sehr schweren Paket für Gary. Er war neugierig, was da wohl drin sei. Well, ein Starter Motor für unseren kleinen Ferguson-Traktor, secondhand auf Ebay erstanden. Also das ist so ein kleiner Einblick in unseren Alltag hier.«

Wenn man so vor dem Haus sitzt und die Sonne scheint und man gar an einem Glas Cider nippen kann, wirkt das Leben in Wales wie Freizeit überhaupt. Aber so sieht es nur in den Augen der Gäste aus, und Marion geht da noch einmal genauer drauf ein:

»Freizeit gibt es nur in kleinen Portionen, die oft von unvorhergesehenen Ereignissen unterbrochen werden. Egal, wie oft ich versuche, Ordnung ins Haus zu bringen oder wenigstens in unsere Küche, der Küchentisch ist fast immer unter Werkzeugen und allem möglichen Farmkrempel begraben. Daher meine Flucht hinaus an den Campingtisch im Hof, um endlich Platz zum Schreiben zu haben. Einmal in der Woche geht's nach Carmarthen zum Shopping. Zum Glück ist Carmarthen eine Farming Town, und der Anblick von Leuten in Gummistiefeln und verdreckter Farmkleidung ist nicht ungewöhnlich. Ab und zu versuche ich, mein Äußeres etwas herzurichten, aber es ist viel Aufwand für nichts, jedenfalls scheint es so. Vor drei Jahren war ich in Carmarthen mit einer Freundin shoppen und habe ein sehr schönes blau-weiß gestreiftes Sommerkleid gekauft. Bis zu diesem Tag habe ich es nicht einmal getragen, und nun ist es mir sowieso viel zu groß, wie alle meine Sachen. Der letzte Winter hat den Speck weggezehrt. Aber ohne Speck lebt es sich leichter.

Zwischen den Margeriten blüht der rosa Ragged Robin, und er wird von Bienen und Hummeln besucht. Die Sonne scheint durch die Blüten, und ich kann mir nicht vorstellen, dass es mir irgendwo auf der Welt besser gefallen würde als hier in unserem Hinterhof.«

Den Pferden scheint es auch zu gefallen, inzwischen sind es nur noch zehn, denn ab und zu wird eins verkauft. Und so ist das Leben der Cleveland Bays in Carmarthenshire: »Wir haben das große Privileg, eine kleine, natürlich gewachsene Herde zu halten, die sich frei über mehrere Felder und Waldland bewegen kann. Solange keines der Pferde krank ist, sind sie alle Sommer und Winter über im Freien. Im Winter sind sie völlig auf uns und ihre tägliche Heuration angewiesen. Da halten wir sie in einem Feld, damit die hinteren

Felder nicht zerstört werden. Pferdehufe richten auf nassem Boden kolossale Schäden an. Anyway, jetzt ist unsere zehnköpfige Herde wieder in ihren Sommergefilden. Sie haben endlich ihr dichtes, langes Winterfell abgestreift. Im Frühjahr gibt es immer diese juckige Zeit, wenn sie sich im Schlamm auf den Rücken rollen, damit die langen Winterhaare darin stecken bleiben. Die Stellen, wo sie sich gerollt haben, sehen dann aus wie Langhaarteppiche. Die Herde besteht aus sieben Stuten und drei Wallachen. Nache, kurz für Penrose Panache, ist die Leitstute und sie hat das absolute Sagen in der Herde. Hier läuft alles in strenger Hierarchie ab. Eigenartigerweise geht es dabei nicht darum, wer am stärksten ist, sondern wer das stärkste Selbstbewusstsein hat. *Swagger* nenne ich das. Natürlich kann ein Pferd seinen *Swagger* verlieren, durch Verletzung oder Krankheit oder Trauma. Dann ist sofort ein neuer Anwärter zur Stelle für dessen Posten in der Hierarchie. Untereinander sind die Pferde in ihrer Persönlichkeit genauso verschieden wie wir Menschen. Einige vermeiden Konfrontation um jeden Preis und treiben sich lieber am Rande der Herde herum, als am Hierarchiekampf teilzunehmen. Andere haben einen Mittel-Hierarchie-Swagger, der ihnen erlaubt, relativ stabil ihren Platz zu halten, und wieder andere sind einmal oben (obwohl nie ganz oben, denn dort thront Nache), einmal unten, einmal ganz unten, sodass wir im Winter aufpassen müssen, dass sie genug Heu bekommen und nicht lahm werden. Wir sind außerhalb der Hierarchie, und solange Nache uns als Boss ansieht, haben wir mit den anderen auch nicht viel Ärger.«

Neben den Wallachen gab es auch einmal einen Deckhengst, dessen einzige Aufgabe es war, für Nachwuchs zu sorgen, und der ansonsten in der Hierarchie sehr weit unten stand, wenn auch knapp über den Wallachen. Deckhengste aber haben ihre Zicken, und eigentlich ist es einfacher und billiger, ab und zu einen auszuleihen. Wir lernen bei Marion nämlich auch etwas über die Kastration von Pferden. So ein Eingriff ist sehr teuer, unter 150 Britische Pfund läuft da gar nichts. Eine Pferdekastration ist eine Operation mit Antibiotika und Betäubung und Schmerzspritzen später, klar, das kostet. »Bullen sind da kostengünstiger«, sagt Marion und schenkt Cider nach. »Ein Gummiring um die Hoden kurz nach der Geburt reicht.« So genau wollten wir das gar nicht wissen, aber zum Glück sehen wir nur Pferde und grüne Wiesen und die Berge in der Ferne und den Cider im Glas.

96. Grund

Weil es nur in Wales das Mari Lwyd gibt

Für Menschen aus Gegenden mit aktiven Karnevalstraditionen ist es natürlich nichts Besonderes, wenn sich eine oder mehrere Personen als Pferd verkleiden oder mit einem künstlichen Pferdekopf durch die Gemeinde ziehen. Im Pferdeland Wales ist es erst recht … na ja, nicht alltäglich, aber doch alljährlich, wenn auch nicht zu Karneval. Das Mari Lwyd geht zwischen Weihnachten und Neujahr um, vor allem in Südwales. Seine Wanderungen sind verbunden mit einem Heischebrauch, die Mari Lwyd-Darsteller sagen einen Spruch auf, den wir in seiner ganzen Schönheit hier wiedergeben:

Wel dyma ni'n dwad
Gy-feillion di-niwad
I ofyn am gennad, i ofyn am gennad
I ofyn am gennad i ganu!

(»Also, hier kommen wir, nichts ahnende Freunde, und bitten um Erlaubnis, und bitten um Erlaubnis, und bitten um Erlaubnis zu singen« – und wer würde das verwehren!)

Mari Lwyd, das bedeutet »Graues Pferd« (wir sehen im Mari das althochdeutsche Wort *Marah*, was »Pferd« bedeutete, und von dem Wörter wie »Mähre« oder »Marschall« abgeleitet sind). Im heutigen Kymrisch heißt Pferd eigentlich *ceffyl*, was einige Forscher zu der Ansicht gebracht hat, es gehe hier ursprünglich gar nicht um ein

Pferd, sondern um die Jungfrau Maria. Da der Marienverehrung überall in Großbritannien durch die Reformation ein jähes Ende gesetzt wurde, sei diese Bedeutung in Vergessenheit geraten und mit einem älteren Wort für Pferd verbunden worden (im Bretonischen heißt Pferd noch heute *marc'h*). Andere wiederum meinen, dass es genau umgekehrt war. Demnach geht das Mari Lwyd auf einen uralten keltischen Pferdekult zurück, der aber in Vergessenheit geriet, weshalb der Name Mari Lwyd mit der Jungfrau Maria in Verbindung gebracht wurde. Und natürlich kann alles so gewesen sein: Erst wurde der Pferdekult vergessen, und als nach der Reformation die Jungfrau Maria in Vergessenheit geriet, wurde der Name Mari Lwyd abermals mit einem Pferd zusammengebracht. Das Problem bei all diesen aufregenden Deutungen ist, dass das Mari Lwyd zum ersten Mal um 1800 schriftlich erwähnt wurde, aber das ist eigentlich schön, weil jede Deutung gleichermaßen zutreffen kann und unserer Fantasie keine Grenzen gesetzt sind. In der Beschreibung, die ein gewisser J. Evans in einem im Jahre 1800 erschienenen Reisebericht über seine Wanderungen durch Nordwales veröffentlichte, machte er einen Abstecher nach Südwales und berichtete, dass dort ein Mann sich einen Pferdekopf aufsetzt und mit seinem Gefolge von Haus zu Haus zieht und Bewirtung verlangt (also noch ohne das heute übliche Steckenpferd).

Der Mari-Lwyd-Umzug geht ungefähr so: Man nehme eine Stange und befestige daran einen Pferdekopf, aus Stoff, Pappe, was immer gerade zur Hand ist, und der muss natürlich grau sein und dann schön geschmückt werden, mit Bändern, Orden, Ohrringen, was auch immer, und setzt Glasstücke als Augen ein. In manchen Dörfern gibt es ein Mari Lwyd, das schon lange Dienst tut und das restliche Jahr über sorgsam weggeschlossen wird – in einem Dorf auf der Gower-Halbinsel wurde es angeblich sogar vergraben und zur Weihnachtszeit wieder ausgegraben (wie in der Eifel der Kirmesknochen, aber wir wollen hier keine Theorien über ähnlichen Ursprung oder so aufstellen). Die Leute, die mit dem Mari Lwyd losziehen, tragen an manchen Orten Kostüme, an anderen nicht. Sie gehen dann zu einem Haus und sagen ihren Spruch auf. Der gute Mari-Lwyd-Benimm verlangt, sie erst einmal nicht einzulassen, dreimal ihren Spruch aufsagen müssen sie jedenfalls. Wenn die Leute im Haus gut in Form sind, antworten sie ihrerseits mit einem Spruch, so ungefähr: »Hier kriegt ihr nix, geht zum nächsten Haus.« Am Ende aber werden sie eingelassen, und dann gibt es was zu trinken. Manchmal auch etwas zu essen, was nur gut ist, damit der Umzug nicht gar zu früh im Straßengraben endet (alles schon vorgekommen). Vor dem Essen aber muss das Mari Lwyd noch ein bisschen Unterhaltung liefern, es muss wiehern und versuchen, die Leute im Haus zu beißen. Im frühen 20. Jahrhundert schien der Mari Lwyd-Brauch auszusterben, weil einerseits altes Brauchtum nicht hoch im Kurs stand, man wollte doch modern sein, und weil andererseits viele Geistliche dagegen wetterten, da die Herumlauferei in Verbindung mit dem Alkoholkonsum zu furchtbarer Sittenlosigkeit Anlass bieten könnte (leider drückten sich die geistlichen Herren so vage aus, statt uns diese entsetzlichen Schandtaten zu schildern, was uns doch wirklich interessiert hätte, aus historischem Interesse natürlich nur). Es gibt übrigens vereinzelte Hinweise darauf, dass in einigen abenteuerlustigen Dörfern bisweilen versucht wurde, statt eines Pferdes einen Stier loszuschicken, so ein Stier hieß dann aber nicht Mari Lwyd, und diese Neuerung konnte sich auch nicht durchsetzen. Was nur gut ist, schließlich ist Wales Pferdeland und nicht Stierland!

97. Grund

Weil walisische Schafe so schöne Namen haben

Klar, Wales ist Pferdeland, nicht Schafland, und das ist eigentlich auch richtig so. Ein Schaf macht in vielen Zusammenhängen nicht so viel her: Der Prinz ritt auf seinem edlen Schaf zum Tjost, das geht nun mal nicht. Auch hier aber sagt ein Blick auf die Landkarte mehr als tausend Worte: Wales ist für Schafe wie gemacht. Die vielen Berge, die Hänge, die Weiden, das alles lädt doch zur Schafzucht geradezu ein. Und folglich haben sich in Wales auch wunderschöne Schafrassen herausgebildet. Die typischen walisischen Schafe sind robust, damit sie sich auch in höheren Berglagen wohlfühlen können. Ihr Fell ist zumeist weiß, wobei Stirn und Wangen ebenso wollelos sind wie die unteren Teile der Beine. Die Böcke haben meistens geschwungene Hörner, die Schafdamen sind hornlos. Ihr Fell ist dicht und recht lang, und das macht ihre Wolle natürlich beliebt (und Wales-Reisende, die gern stricken, geraten meistens außer sich vor Begeisterung und legen ein Vermögen in echter walisischer Wolle an). Ein so feiner Schafbestand erregt den Neid des bösen Nachbarn, und um 1880 beschrieb ein englischer Beobachtet das walisische Schaf als »winziges missgestaltetes Tier, dessen strähniges Fell eher an Haare erinnert denn an Wolle«. Der englische Agrarwissenschaftler Arthur Young (1741–1820) schließlich behauptete, das walisische Schaf sei »das verachtenswerteste aller Arten«. Selber verachtenswert!, möchten wir ihm da zurufen. Aber vielleicht haben sich die walisischen Schafe ja in den vergangenen zwei Jahrhunderten zu ihrem Vorteil verändert? Die heutigen, wie gesagt, bestechen durch ihr dichtes Fell und ihre schmal gezeichneten, edlen Züge. Insofern könnte sich so ein Prinz durchaus mit einem Schaf sehen lassen.

Doch welche Rasse sollte unser Prinz wohl aussuchen? Schön ist das Balwen-Schaf (was »Weißer Blitz« bedeutet!, so prachtvolle Namen haben nur walisische Schafe!), es hat ein schwarzes Fell und ist an Beinen und am Schwanz weiß, es sieht aus wie ein wandelnder Pullover, einfach zauberhaft. Ein anderes Schaf heißt Dachsgesicht, was aber ungerecht ist, sein Profil ist so aristokratisch wie das aller anderen walisischen Schafe. Dachsgesicht tritt in zwei Varianten auf, Torddu (Schwarzbauch) und Torwen (Weißbauch). Hier ist das Tier zweifellos schöner als der Name, während sich beides sonst zumeist die Waage hält. Dann haben wir das Llanwenog, das heißt einfach so nach einer ausgestorbenen Rasse namens Llanweni, es ist schwarz und hat sehr lange Wolle. Den schönsten Namen aber hat Beulah mit dem gesprenkelten Antlitz – dieses Schaf hat wirklich eine Art schwarzer Sommersprossen im Gesicht!

Das sind nur einige Beispiele für schöne walisische Schafsnamen. Wenn man »Welsh Sheep« googelt, kann man sich darin festlesen. Walisische Autoren nehmen gern Schafsnamen, wenn sie ihre Romanhelden benennen. J. D. Oswald, der Verfasser einer gewaltigen Drachensaga (s. Grund 46), belegt zwei ganze Dynastien mit Schafsnamen, und die interessanteste Person von allen ist natürlich Beulah mit dem gesprenkelten Antlitz.

Dass die hier erwähnten und alle anderen walisischen Schafe hervorragend schmecken, braucht vielleicht nicht extra erwähnt zu werden?

Erwähnt werden muss jedoch der skandalöse Umstand (das noch zum Stichwort »der böse Nachbar«), dass englische Bekannte, wenn sie von der Leidenschaft ihrer kontinentalen Freunde für Wales hören, immer wieder darauf hinweisen, dass die Waliser mit ihren Schafen allerlei unappetitliche Dinge anstellen. Aber das ist natürlich alles gelogen. Die Erklärung für diese gemeine Verleumdung ist historisch:

Als im ausgehenden Mittelalter in Wales englische Gesetze eingeführt wurden, stellten die Waliser erstaunt fest, dass Unzucht mit einem Schaf viel geringer bestraft wurde als der Diebstahl eines Schafes. Ein geklautes Schaf kostete den ertappten Dieb eine Hand, im anderen unaussprechlichen Fall kam er oft mit einer Geldbuße oder einer Runde Pranger davon. Und da die Armut in der ländlichen Bevölkerung in Wales immer größer wurde, je mehr sich dort die neuen englischen Herren breitmachten, umso mehr Grund sahen viele, diesen Herren auch mal ein Schaf zu entwenden. Was lag dann näher, als, wurde man erwischt, mit Unschuldsmiene zu beteuern: »Nein, gestohlen habe ich das Schaf nicht, ich wollte nur mal kurz …« Die Frage ist natürlich, wieso englische Gesetzbücher solche perversen Bestimmungen aufwiesen, aber wir schreiben hier ja schließlich über Wales. Und möchten nur, wie schon im Fall des verachtenswerten Mr Young, rufen: »Selber!«, wenn das nächste Mal englische Bekannte solche uralten Vorurteile weitertragen.

98. Grund

Weil in Wales heftig gestrickt wird

In Wales gibt es viele Schafe, das wissen wir nun, und wo es viele Schafe gibt, gibt es auch viel Wolle. Wo es aber viel Wolle gibt, wird viel gestrickt, heute sowieso, wo Stricken gerade gewaltig in Mode ist, aber eigentlich immer schon (solange überhaupt gestrickt wird, aber wir wollen uns hier nicht auf die teilweise wütenden Auseinandersetzungen zu der Frage einlassen, wie lange denn überhaupt der Menschheit die Technik des Strickens bekannt ist).

Aus dem 19. Jahrhundert haben wir eine Vielzahl von fotografischen Aufnahmen, die damalige Waliserinnen beim Stricken zeigen, sie trugen dabei immer Tracht: den hohen Hut, das rote Umschlagtuch (soweit man das bei Schwarz-Weiß-Bildern sehen kann), Bluse und Rock. Auf den Fotos stricken sie Strümpfe, aber das kann daran liegen, dass die nicht so viel wogen und deshalb beim Posieren die Hände nicht zu müde machten. Strickende Männer wurden nicht oder nur selten abgebildet, aber wir wissen aus schriftlichen Quellen, dass in Wales alles strickte, Frau, Mann und Kind. Es war für viele eine dringend notwendige Einkommensquellen, die kleinen Bauernhöfe mit dem kargen Boden warfen nicht genug ab, für Fischerfamilien war es eine willkommene Beschäftigung in fangarmen Zeiten. Im Winter wurden Socken, Jacken und Decken gestrickt, im Frühling wurden sie abgeholt und dann über Großhändler weitervertrieben. Die Strickenden in der Heimindustrie bekamen nur einen Bruchteil vom Erlös ab (wir kennen das System von den

Webern in Schlesien), aber für die armen Familien war selbst das ein Geschenk des Himmels.

Doch trotz der ganzen Strickerei sind walisische Strickmuster eigentlich wenig bekannt. Sie fallen sozusagen zwischen die Stühle der irischen Aranmuster und der schottischen Shetland- und Fair-Isle-Muster. Und wenn wir sie genauer betrachten, sind die walisischen Muster wirklich eher zurückhaltend. Wir sehen schon, dass viele von keltischen Ornamenten inspiriert waren, aber sie wirken eher geometrisch, sozusagen klarer, fester, gleichsam destilliert. Das liegt sicher zum Teil daran, dass gerade aus der walisischen Heimindustrie viele Wolldecken kamen, oft zusammengesetzt aus vielen Vierecken. Klar, wenn z.B. der Schäfer beim Schafehüten strickt, ist eine zu große Strickarbeit hinderlich, oder wenn in einer Familie jedes Kind seine Lappen strickt, dann ist ein geometrisches Muster mit klaren Linien einfacher zu bewältigen, die Decke sieht nachher trotz allem gleichmäßig aus. Bei verschlungenen Mustern sind die Unterschiede in der Strickhaltung zu deutlich, zudem sind sie, wenn man sich verstrickt hat, schwerer aufzuriffeln. Das ist ein Teil der Erklärung für die eher dezenten walisischen Strickmuster. Wenn Sie »Welsh knitting« googeln, stoßen Sie auf sehr schöne Beispiele – und einige Strickwerkstätten in Wales bieten auch an, Strickmuster gratis herunterzuladen.

Wir sehen dann, dass längst nicht mehr nur Kleidungsstücke und Decken gestrickt werden. Allerlei Zierrat wird angeboten, man kann die roten Drachen aus dem Wappen von Wales stricken, und auch Strickpüppchen in walisischer Tracht sind im Angebot, rot das Schultertuch, schwarz der hohe Hut, weiß die Bluse, schwarz der Rock. Auf den Bildern sehen diese Püppchen so hinreißend aus, und eigentlich auch ganz einfach nachzustricken, dass wir es auch versuchen wollten. Aber ach, die heruntergeladene Strickanleitung war so kompliziert und so unbegreiflich, dass wir uns an diese Aufgabe dann doch nicht heranwagten und lieber zwei Expertinnen fragten, Strickmeisterinnen mit eigenen Blogs und überhaupt. Die

Antworten, die beide unabhängig voneinander gaben, waren niederschmetternd und lauteten ungefähr so: »Was schickt ihr uns da eigentlich? Seid ihr sicher, dass es eine Strickanleitung ist und keine Bauanleitung für etwas ungeheuer Gefährliches?«

Deshalb haben wir es lieber mit dem nächsten Angebot versucht, einem walisischen Schaf, und das geht so:

Man nehme Wolle und Nadeln Stärke 3 ½. Hellgraue Wolle ist gut, dann wird das Schaf nicht so schnell dunkel, man kann natürlich auch weiße nehmen, oder wechseln: graue Beine, weißer Rumpf, grauer Schwanz, weißer Kopf, graues Mützchen auf dem Kopf – oder eigentlich jede Farbe, Schaf ist schließlich Schaf.

Es wird nur rechts gestrickt, und es geht los, indem man 36 Maschen aufnimmt.

Dann strickt man zehn Reihen, kettet auf jeder Seite acht Maschen ab, strickt wieder acht Reihen, nimmt auf jeder Seite acht neue Maschen auf und hat dann wieder 36 Maschen auf der Nadel. Man strickt noch einmal zehn Reihen, nimmt dann auf jeder Seite zwölf Maschen ab, und strickt 24 Reihen. Dann wird abgekettet, und man hat etwas, das ein bisschen aussieht wie ein Tigerfell auf dem Fußboden einer englischen Aristokratin (allerdings ohne Stolperkopf). Man sieht also, was was ist, und kann mit Zusammennähen anfangen. Als Erstes die Beine (die dann mit Watte, alten Socken, oder was immer zur Hand ist, ausgestopft werden), dann den Bauch, schließlich den Kopf, wobei Ohren abgenäht werden können. Am Ende kann man ein Schwänzchen häkeln oder an den Rumpf stricken. Und als Krönung wird ein Gesicht aufgestickt, also Augen und eine Art Anker, der Nase und Mund darstellt.

Welche walisische Schafrasse das ist, verrät die Anleitung nicht. Aber wenn man für den Kopf helle Wolle nimmt und dann ab und zu einen Stich mit dunkler Wolle einarbeitet – die dunkle Wolle brauchen wir ja dann ohnehin für die Gesichtszüge –, erhält man ein feines Exemplar der Gattung Beulah mit dem gesprenkelten Gesicht.

Wenn Sie walisische Strickkunst in freier Wildbahn erleben wollen, empfehlen wir einen Ausflug in den kleinen Ort Llwyngwril in Gwynedd, das sich selbst »Knitting Village« nennt, und wirklich, das ganze Dorf ist vollgestrickt. Auf der Facebookseite des Strickdorfes sehen wir einen freundlich lächelnden Riesen, vermutlich in rechten Maschen rundgestrickt, der über eine Gartenmauer schaut und dabei ein ebenfalls gestricktes Hündlein im Arm hält. Ursprünglich sollte durch des Strickevent Geld für die Beibehaltung des Gemeindezentrums aufgebracht werden, die Sache war aber ein so großer Erfolg, dass die Strickerei sich sozusagen verselbstständigte, jedes Jahr kommen neue Verstrickungen dazu, inzwischen oft zu einem bestimmten Thema, wie mythologische Figuren oder Schäferhunde. Es gibt Dorfpläne, mit deren Hilfe man bestimmte Wege gehen kann, auf denen eine Geschichte in gestrickten Bildern erzählt wird, und wer nun auf den Geschmack kommt, wird sofort in die Gemeinschaft der Strickenden aufgenommen und erhält eine Aufgabe zugeteilt, und sei es nur ein Blümchen, das bei einem kurzen Aufenthalt entsteht.

99. Grund

Weil Wales ein Vogelparadies ist

Wagen wir, es auszusprechen? Dass schon der Blick auf die Landkarte zeigt, dass Wales ein Vogelparadies ist? So viel freie Natur, so viel Meeresnähe, so viele Berge, und dazu drei riesige Nationalparks (Snowdonia, Brecon Beacons und Pembrokeshire Coast)? Es kann doch gar nicht anders sein! Wenn wir im Internet Listen der in Wales vorkommenden Vogelarten aufrufen, können wir nur staunen – es gibt einfach alles, und was nicht mehr vorhanden ist, wird neu angesiedelt. Sogar Adler, die seit 100 Jahren als ausgestorben galten – das letzte Seeadlerweibchen wurde 1916 gesichtet –, werden aus Norwegen importiert und langsam in Wales wieder heimisch. An der langen Küste gibt es ein reiches Angebot an Seevögeln: Tordalken, Papageientaucher, Dreizehenmöwen, Basstölpel und Schwarzschnabelsturmtaucher, um nur einige zu nennen. Der Schwarzschnabelsturmtaucher heißt auf Englisch übrigens viel einfacher: Manx Shearwater, aber seine heimatliche Insel ist ihm zu groß, lieber lässt er sich auf Inselchen vor der walisischen Küste nieder, wo er keine Ratten oder ähnliche kleine Raubtiere zu fürchten hat. Auf Kymrisch heißt er Aderyn-Brycin Manaw, das heißt so ungefähr dasselbe, Manaw bezieht sich auf die Isle of Man. Erstaunliches liest man, wenn man erst mal anfängt – eigentlich will man mehr über Dreizehenmöwen und die lustigen knallbunten Papageientaucher erfahren (Hier ein kleiner Tipp: Besonders abenteuerlustige walisische Köche servieren gern mal geräuchertes Papageientaucherfleisch, oft auch als Vorspeise in einer Art Salat. Aber Vorsicht: diese Vögel schmecken ganz schrecklich, und wenn man dann noch bedenkt, wie schön sie aussehen, wenn sie auf ihren Felsen herumturnen dürfen, dann bleibt dem arglosen Gast die Vorspeise wirklich im Hals stecken!), aber dann liest man, dass drei Viertel des britischen Bestandes an Alpenkrähen in Wales beheimatet sind. Alpenkrähen in Wales klingt unlogisch, aber offenbar gefällt es ihnen da sehr gut. Kurzum, welchen Vogel man auch immer sucht, Wales hat mindestens eine Kolonie zu bieten. Zugvögel machen dort gern Station, ausgebüxte Papageien und Wellensittiche rotten sich zusammen, wie man es in Deutschland nur aus Düsseldorf kennt, Fasanen, Rebhühner und Moorhühner können wir beobachten, und bei etwas Glück finden wir sogar eine Fasanenfeder auf unserem Wanderweg. Der König von allem aber ist der Rote Milan. Wenn wir mit Ornithologen sprechen, egal, ob sie das Vogelbeobachten als Hobby oder als Beruf betreiben, alsbald haben sie Sterne in den Augen und erzählen vom Roten Milan (auch Gabelweihe genannt). Der Rote Milan ist ein wirklich prachtvoller Greifvogel aus der Habichtfamilie, ungefähr so groß wie ein Mäusebussard, aber viel bunter und schöner, mit einem in vielen

Rottönen leuchtenden Gefieder. Trotz seiner Schönheit war er in früheren Jahrhunderten unbeliebt, galt als Wäscheräuber (angeblich klauten Milane Wäsche von der Leine, um sich damit ihr Nest zu polstern), und Shakespeare lässt seinen König Lear den englischen Namen (Red Kite) sogar als Beschimpfung verwenden. Ihr schlechter Ruf hing auch damit zusammen, dass sie wie alle Greifvögel gern Aas fressen. Was für die Menschen aber ein Segen war, denn so hielten sie die Gassen frei von faulenden Fleischresten und verhinderten damit die Ausbreitung von Krankheiten. Als sich in der Öffentlichkeit hygienische Maßnahmen mehr und mehr durchsetzten, während eine fesche Feder am Hut in Mode blieb (und die armen Vögel angeblich auch noch ziemlich gut schmecken, ein bisschen wie Fasanen), schmolz der Bestand dahin, und gegen Ende des vorigen Jahrhunderts galten sie weithin als ausgerottet, zumal in Wales. Dort aber wurden energische Versuche unternommen, aus anderen Gegenden (Schottland, Schweden, dem Harz) importierte Milane heimisch zu machen, und das gelang so gut, dass der Rote Milan heute als walisischer Nationalvogel gilt. Deshalb verraten wir auch, wie er auf Kymrisch heißt: Barcud Coch. Das ist einfach zu merken, *coch* heißt rot, und *barcud* folglich Milan.

Hier ist eine nützliche Adresse: www.welshkitetrust.blogspot.com

Dort gibt es aktuelle Nachrichten über den Bestand an Gabelweihen, über Orte, wo sie beobachtet werden können, über Wanderwege, die durch die bevorzugten Aufenthaltsgebiete dieser prachtvollen Vögel führen. Aber wie gesagt, in Wales gibt es so gut wie alle Vögel! Deshalb noch eine wichtige Adresse. Der walisische ornithologische Verband hat eine Website auf Englisch und Kymrisch, wo man sich wirklich festlesen – und über die Vielfalt der walisischen Vogelwelt immer von Neuem staunen kann. Die Welsh Ornithological Society – oder, klangvoller und leichter zu merken auf Kymrisch: die Cymdeithas Adaryddol Cymru – listet sogar Termine auf, wo man Gleichgesinnte treffen und mit ihnen gemeinsam Vögel beobachten kann: https://birdsin.wales.

100. Grund

Weil in Wales viel für alternative Technologien getan wird

1973, mitten in der Ölkrise, wollte eine Gruppe von Umweltaktivisten ihre Prinzipien in die Praxis umsetzen. Sie fanden ein stillgelegtes Schieferwerk in der Nähe von Machynlleth in Mittelwales und versuchten, dort ohne Leitungswasser und Stromhauptleitung zu wohnen. Die Einheimischen sahen sie mit einer gewissen Skepsis (wenn nicht Feindseligkeit) an – denn nur Verrückte würden doch ein solches Leben ohne die Bequemlichkeiten der modernen Gesellschaft führen wollen? Die bleiben nicht lange, dachten – und sagten – sie.

Nach zwei Jahren aber gründete die Gruppe das Zentrum für Alternative Technologie – sofort von den guten Bürgern und Bauern der Gegend in »the Hippy-Centre« umbenannt. Sie experimentierten mit Sonnen- und Windenergie, konstruierten ihre eigenen Abwassersysteme, bauten Häuser aus allerlei Baumaterialien (inklusiv Strohballen, genau wie die drei kleinen Schweinchen). Sie zeigten, wie man mit guter Isolierung Energie und Geld sparen kann. Sie bauten ohne künstlichen Dünger und Insektizide Gemüse und andere Pflanzen an.

Es war ein Kollektiv: Wenn es Geld gab, bekamen alle dasselbe. Das Geld kam von den Eintrittsgeldern der vielen interessierten Besucher und später durch Subventionen und Beratungshonorare.

Und es ist zum Erfolg geworden: Was 1973 verrückt wirkte, ist heute allgemein akzeptiert (außer von Dinosauriern wie Präsident Trump und der Ölindustrie). Das Hippie-Zentrum ist jetzt eine Universität – The Wales Institute for Sustainable Education –, und Studierende kommen aus der ganzen Welt hierher. Die Mitarbeiter sind überall als Berater gefragt – obwohl es manchen von ihnen gewissermaßen komisch erscheint, dass sie, um von der Benutzung fossiler Energieträger abzuraten, manchmal nach Japan oder anderweitig um die Welt fliegen. Aber bis es Sonnenkraftflugzeuge gibt, muss es wohl so sein.

Und man kann das Zentrum immer noch besuchen und sich den Spaß machen, mit der Wassergewichtsseilbahn vom Eingang bis zum eigentlichen Zentrum hochzufahren.

11. Kapitel

Liebe und Leibesübungen – und immer das passende Lied!

101. Grund

Weil der walisische Robin Hood viel robinhoodiger ist als der englische

So oft haben wir schon gesagt, dass ein Blick auf die Landkarte irgendeinen walisischen Sachverhalt deutlich macht. Aber der Blick auf die Landkarte kann auch einen vollkommen falschen Eindruck vermitteln. Nehmen wir die Geschichte von Twm Siôn Cati, dem walisischen Robin Hood. Die Karte zeigt, dass Wales für die Wegelagerei geradezu perfekt geeignet ist: Einsame Bergwege, tiefe Täler, schwarze Seen, tosendes Meer, tausend Hinterhalte, in denen sich der Strauchritter verstecken kann, um sich dann auf sein Opfer zu stürzen: »Geld oder Leben!«, und das Opfer wirft einen Blick in die schwindelerregende Tiefe, möchte lieber nicht in den Abgrund gestoßen werden und blecht. Das ist die Theorie. Die Praxis jedoch sah anders aus, und gerade die walisische Geografie bedeutete ein großes Problem für den jungen aufstrebenden Straßenräuber.

Denn wer hatte in den Jahrhunderten, in denen man anderswo als Wegelagerer Karriere machen konnte, in Wales Geld? Einige wenige Adelige, und die saßen in ihren stark befestigten Burgen. Wenn sie über Land ritten, was sie oft nicht einmal nötig hatten, denn die Burgen waren ja vielfach durch unterirdische Tunnel miteinander verbunden (s. Grund 65), dann nur in Begleitung von anderen Rittern, Knappen und Kriegsknechten. Der Wegelagerer hätte also seinerseits ein ganzes Heer gebraucht, um einem Reichen sein Geld abzuknöpfen, und das Heer hätte an der Beute beteiligt werden wollen, und es wäre nichts mehr übrig geblieben, um den Armen etwas abzugeben. Wer nicht in den Burgen wohnte, war in den meisten Fällen bitterarm; seinen Lebensunterhalt als walisischer Robin Hood zu fristen, war also so gut wie unmöglich.

Wobei englische Quellen erzählen, dass der dortige Robin Hood offenbar zu seinen Lebzeiten auch nicht dafür berühmt war, den

Armen etwas von seiner Beute abzugeben, das wurde ihm erst Jahrhunderte später angedichtet. Sein walisisches Pendant hatte den schönen Namen Twm Siôn Cati. Er stammte aus der Nähe von Tregaron in Ceredigion, und sein mutmaßlicher Vater hatte den umwerfenden Namen Siôn ap Dafydd ap Madog ap Hywel Moetheu, davon gingen jedenfalls alle in der Gegend aus, nur der Mann selbst wollte mit der Vaterschaft nichts zu tun haben. Also wurde der kleine Twm nach seiner Mutter Siôn Cati genannt (auf Englisch würde dieser Name sehr langweilig Cathy Jones ergeben). In Chroniken lesen wir, dass der junge Twm eine Karriere als Wegelagerer anstrebte, und dass er, sehr stereotyp, von den Reichen nahm und den Armen gab. Belege dafür fehlen allerdings, und manchmal fügte der Chronist dann resigniert hinzu: »Meistens vergaß er das mit den Armen allerdings.« Er brauchte auch nicht allzu lange wegezulagern, denn eine reiche Witwe warf ein Auge auf ihn, und dann wurde geheiratet, und sie untersagte ihrem Gatten das Wegelagern, das ja ohnehin nicht viel eingebracht hatte.

Geschichten über Twm gibt es viele, doch darin erscheint er nicht als Robin Hood, sondern als eine Art walisischer Eulenspiegel, auch wenn Eulenspiegel in Wales eigentlich unbekannt ist. Wenn man seinen Namen übersetzt, Drych Dylluanod, ist die Antwort ein verdutztes Stirnrunzeln. Dies ist eine typische Twm-Geschichte:

Eines Tages wurde Twm von einem Wegelagerer überfallen. Es war an einem kalten Wintertag, Twm war gekleidet wie ein armer Bauer, und er hatte seine Satteltaschen mit Muscheln und Seesand gefüllt (was das alles sollte, verraten die Chroniken nicht). Auf einer Anhöhe sprang der Wegelagerer hinter einem Felsbrocken hervor und schrie:

»Geld oder Leben!«

Twm flehte um sein Leben (natürlich nur zum Schein, selbstverständlich hätte er jeden Wegelagerer mit dem kleinen Finger zu Boden ringen können) und schleuderte seine Satteltaschen dann in den Abgrund. Der Wegelagerer kraxelte fluchend hinterher, Twm gab seinem Ross die Sporen und galoppierte von dannen. Als der Wegelagerer endlich unten ankam und seine Beute inspizieren wollte, musste er feststellen, dass er eben nur Sand und Muscheln erbeutet hatte.

Ein anderes Mal (wir wollen hoffen, dass das vor seiner Eheschließung war) stahl Twm einen Stier. Dem band er einen buschigen künstlichen Schwanz um, trieb ihn auf den Markt und verkaufte ihn seinem ursprünglichen Eigentümer für einen Wucherpreis.

Der Autor George Borrow, der um die Mitte des 19. Jahrhunderts Wales bereiste, berichtet einen Schwank aus Twms Leben, den er in Llandovery gehört hatte. Twm ging dort eines Tages in einen Laden und bat um einen Kochtopf. Der Ladenbesitzer legte ihm allerlei Töpfe vor, damit Twm seine Wahl treffen könnte. Twm hielt einen ins Licht und sagte: »Der hat ja ein Loch!« Der Ladenbesitzer untersuchte den Topf. »Ich sehe aber kein Loch«, sagte er, tief in seiner Krämerehre getroffen. »Komm mit zur Tür«, sprach Twm, »und jetzt halte dein Gesicht dichter daran, dann wirst du es sehen.« Dann haute er auf den Topf, und der rutschte dem armen Kaufmann über den Kopf. Der konnte nun gar nichts mehr sehen und schlug verzweifelt und blind um sich. Twm aber raffte die anderen Töpfe zusammen und rannte davon. Einmal drehte er sich dabei noch um und rief: »Mein Freund, wenn der Topf kein Loch gehabt hätte, hättest du den Kopf doch gar nicht reinstecken können!«

Wie gesagt, eher Eulenspiegel statt Robin Hood. Angeblich führte Twm in seiner neuen Karriere als Gatte dann aber ein sittlich einwandfreies Leben und endete als Friedensrichter.

Auf Dinas Hill zwischen Ystrad-Ffin und Rhandir-Mwyn in Cartmarthenshire gibt es eine sehr schwer erreichbare Höhle, die Twm Siôn Catis Höhle genannt wird. Natürlich hat er dort der Sage nach einiges von den zusammengeraubten Schätzen versteckt (obwohl wir ja nicht wissen, wen er denn beraubt haben könnte), und natürlich ist die Höhle zum Teil eingestürzt, was die Schatzsuche ungemein erschwert. In seinem Geburtstort Tregaron wird jedes

Jahr am 17. Mai der Twm Siôn Cati-Tag gefeiert. Ein Kind, das die Grundschule von Tregaron besucht, bekommt an diesem Tag einen Preis für eine besonders gute Tat. Den darf es dann behalten und muss ihn nicht an Arme verschenken, also geschieht alles im Sinne des angeblichen walisischen Robin Hood.

102. Grund

Weil Amerika von Walisern entdeckt wurde

1492. Kolumbus entdeckt Amerika – oder eher die Karibik, jedenfalls war er der erste Europäer, der südlich der kleinen Wikingersiedlung in Kanada in der neuen Welt Fuß fasste. Sagen die Spanier – und viele andere auch. In Wales aber weiß man es besser.

Im Jahre 1170 setzte Madoc ap Owain Gwynedd in Llandrillo in Nordwales Segel. Er hatte es satt, dass seine Brüder und Halbbrüder nach dem Tode ihres königlichen Vaters Owain Gwynedd so bitter gegeneinander kämpften – ein Kampf, der zu dem Mord am edelsten und begabtesten der Brüder, dem Dichter und Liebhaber Hywel ap Owain Gwynedd (siehe Grund 108), führte.

Also segelte Madoc gen Westen, wo er ein neues Land entdeckte, und zwar in Nordamerika. Er kehrte nach Wales zurück, um zur Besiedlung des neuen Landes Frauen, Männer und Vorräte zu holen, und zwei Jahre nach der ersten Fahrt stachen er und seine Flotte in See – und danach wurde keine Spur mehr von ihm und seinen Gefährten gefunden.

Oder vielleicht doch?

Im 16. und 17. Jahrhundert erreichten Berichte Britannien, dass Reisende in Amerika unter den Ureinwohnern ein Volk gefunden hatte, das blaue Augen und eine blasse Hautfarbe hatte – und Kymrisch verstand. Ein walisischer Geistlicher behauptete sogar, er habe den »Indianern« auf Kymrisch gepredigt. Später wurden die Mandanen als Objekt dieser Beschreibung vermutet (allerdings sollen für andere Forscher die Mandanen Nachkommen der wikingischen Siedler in Nordamerika gewesen sein und wunderbar Isländisch verstanden haben) – vermutlich weil der Stammesname auch mit einem ›M‹ anfing, wie Madoc.

Und das alles muss natürlich wahr sein, weil es in den Geschichtsbüchern steht. In seiner Cronica Wallie (1559) berichtet Humphrey Llwyd, dass er in Mexico landete und diese Menschen traf, und David Powels Historie of Cambria enthält die ganze Geschichte von dem Bruderzwist in Gwynedd.

Im 19. Jahrhundert lebte die Geschichte weiter – der englische Hofdichter Southey schrieb ein langes Epos über Madoc, und Madocs Ruhm reichte bis nach Russland, wo kein Geringerer als Alexander Puschkin ein Madoc-Gedicht verfasste. Der amerikanische Künstler Catlin war es, der 1841 die Mandanen als Nachkommen Madocs vorgeschlagen hat: Er fand, dass ihre runden Boote dem walisischen *cwrwgl* ähnlich waren, und dachte, dass die elaborierte Architektur ihrer Dörfer europäischem Einfluss zugeschrieben werden musste. Seitdem aber wurden weitere »elaborierte« Bauten gefunden, die nachweislich von den Einheimischen stammten.

Leider sind die modernen Geschichtswissenschaftler unverfrorene Zyniker und halten Madocs Geschichte deshalb für eine Mischung aus Romantik und politischer Propaganda. Das Romantische basiert auf älteren keltischen Traditionen von Seefahrten ins Blaue, wie die des Iren St. Breandán. Und Propaganda? Ja, im 16. Jahrhundert versuchten die Engländer, in Amerika als Kolonisten in Konkurrenz mit den Spaniern (und später auch den Franzosen) Fuß zu fassen. Die frühere Ankunft der Waliser und die Gründung ihrer Siedlungen als auch die Tatsache, dass ihre Nachkommen noch aufzufinden waren, gab Königin Elisabeth I., als Abkömmling Owain Gwynedds, angeblich das Urrecht, in Nordamerika zu herrschen: Die Tudor-Dynastie stammte aus Anglesey, einem Teil von Gwynedd (s. Grund 51).

Leider musste die 1953 von den Töchtern der Amerikanischen Revolution errichtete Tafel in Fort Morgan an der Mobile Bay, Alabama, entfernt werden. Darauf stand: Im Andenken an Fürst Madoc, ein walisischer Entdecker, der 1170 am Ufer der Mobile-Bucht landete und den Indianern die walisische Sprache hinterließ.

103. Grund

Weil walisische Femmes fatales fataler sind als anderswo

Irgendwer hat einmal gesagt: »Leute vom Kontinent haben Sex, Engländer haben eine Wärmflasche.« Wir wollen hier nicht über die Wahrheit dieser Aussage spekulieren, aber was für England gilt, gilt eben nur selten auch für Wales – auch hier sind die Berge eine unbezwingliche Grenze. Wir möchten nur an Tom Jones in der Leopardenunterhose erinnern, an die unternehmungslustige königliche Sippe der Tudors oder an die Amouren der artusianischen Tafelrunde, kurzum, Wales und Sex ist sozusagen ein Synonym. Und natürlich gibt es in der walisischen Geschichte auch große Frauen, die sich wenig Zwang angetan haben und für ihre Nachkomminnen ein leuchtendes Vorbild sind. Eine solche ist Catrin o Ferain, auf Englisch Katheryn of Berain, 1535 bis 1591. In einigen Quellen wird sie auch Catrin Tudor genannt, aber sie hatte nicht direkt mit dem Königshaus zu tun und war also keine Cousine von Elisabeth I., oder vielleicht doch, die Quellen wissen auch nicht, was sie wollen. Ihr Großvater war möglicherweise ein unehelicher Sohn von Henry VII., dem ersten Tudorkönig, ihr Vater hatte den schönen Namen Tudor ap Robert Vychan, der vielleicht an den unehelichen Opa erinnern sollte. Die Mutter hieß Jane Velville, das klingt leider gleich viel weniger romantisch. Ob Catrin wirklich so romantisch geneigt war, oder ob sie lieber ihr Vermögen vergrößerte, wissen wir nicht, aber warum soll sie nicht das Angenehme mit dem Nützlichen verbunden haben? Sie heiratete viermal, und bei jeder Eheschließung vergrößerte sie ihr Vermögen und ihren Landbesitz. Natürlich gab es immer Neider und sicher auch Neiderinnen, und so wurde ihr nachgesagt, sie habe ihren zweiten Gatten vergiftet. Dieser Mann war der reiche Kaufmann Sir Richard Clough, mit dem sie einige Jahre in Antwerpen lebte, wo sein wichtigstes Kontor lag. Inzwischen aber ist nachgewiesen, dass sie mit seinem Tod rein gar nichts zu tun hatte – zumal Richard in Hamburg seinen Geist aufgab, zwar vergiftet, aber das, weil er als Spion in Diensten von Catrins (möglicherweise) Cousine Elisabeth tätig war und irgendwelchen von ihren Feinden zu genau auf die Finger gekuckt hatte.

Es gibt ein berühmtes Porträt von Catrin o Ferain, es stammt von dem flämischen Meister Adriaen van Cronenburgh und wurde während ihrer Zeit in Antwerpen gemalt (heute hängt es im National Museum in Cardiff), darauf ist sie seriös und dunkel gekleidet, hat die eine Hand auf einen Totenschädel gelegt, in der anderen hält sie ein Büchlein – oder eine Brieftasche? Sie schaut auch sehr ernst, aber ihre Augen scheinen aus dem Bild herauszublicken, und ihr Mundwinkel zuckt ein wenig – als ob sie denkt: Ich sehe vielleicht brav und bieder aus, aber da draußen geht gerade einer vorbei, der könnte der nächste Gatte werden.

Oder der nächste Liebhaber? Denn zwischen den Gatten war ja immer noch Zeit, und auch während der Gatten, zum Beispiel, wenn Sir Richard gerade anderweitig als Spion im Einsatz war.

Es gibt eine schöne und sehr bekannte Geschichte über Catrin. Gerade wurde ein verstorbener Gatte beigesetzt, Catrin weilte zum Trauergottesdienst in der Kirche. Als sie vor die Kirchentür trat, stand dort ein vornehmer Herr, der schon auf sie gewartet hatte. Und mit leisen, wohlgesetzten Worten trug er ihr Herz, Hand und Brieftasche an. Doch Catrin schüttelte bedauernd den Kopf und sprach: »Es tut mir leid, guter Mann, aber Ihr kommt zu spät. Eben in der Kirche hat mich bereits Sir Watkyn gefragt.«

Die Anekdote verrät nicht, was sie Sir Watkyn geantwortet hat. Der zu spät gekommene Bewerber hat zweifellos gedacht, sie habe Sir Watkyns Angebot angenommen. Doch wenn wir die Liste von Catrins Gatten durchgehen, dann hießen sie John, Richard, Maurice und Edward, nirgendwo ist ein Watkyn vermeldet. Aber die Liste der abgewiesenen Bewerber oder die der nicht geheirateten Liebhaber war zweifellos sehr viel länger.

Das Porträt geriet im 20. Jahrhundert noch einmal in die Weltgeschichte. Die damaligen Besitzer, die keine direkten Nachkommen von Catrin waren und außerdem Geld brauchten, boten es 1938 zum Verkauf an. Gekauft wurde es dann von Walter Andreas Hofer, der im Auftrag von Hermann Göring durch die Weltgeschichte reiste und Bilder aufkaufte, weil Göring die größte Kunstsammlung aller Zeiten zusammenbringen wollte. Es ging dabei nicht um Catrin o Ferain, von der die Herren zweifellos nicht die geringste Ahnung hatten, sondern um das Werk des flämischen Meister Cronenburgh. Nach Kriegsende wurde es dann dem Museum in Cardiff übereignet.

104. Grund

Weil walisische Frauen tapferer sind als französische Soldaten

Wir schreiben das Jahr 1796. Frankreich und die Briten führen Krieg gegeneinander. Irland ist kurz davor, sich gegen die englische Regierung zu erheben. Für den französischen General Lazare Hoche ist es ein Selbstläufer: Er wird in Irland landen, um die Rebellen zu unterstützen, und zusammen werden sie dann viel stärker sein und England in die Knie zwingen. Hoche versucht, sein Endziel (Irland) zu tarnen, indem er zur selben Zeit sekundäre Truppen gegen Nordost- (Newcastle) und Westengland (Bristol) schickt. Im Dezember wird seine Hauptflotte zu seinem Unglück vor der Bantry Bay in

Irland von einem Sturm auseinandergerissen, und er muss seinen Plan aufgeben. Die dritte Flotte segelt trotzdem im Februar 1797 los, und da die Winde ungünstig sind, beschließen sie, Kurs nach Bristol in Richtung Wales zu nehmen, wo hoffentlich die Einheimischen die Gelegenheit benutzen werden, um sich mit französischer Hilfe vom englischen Joch zu befreien.

Früh am Morgen des 23. Februar landen über 1.200 französische Soldaten mit mehr als genügend Waffen, Pulver, Granaten und Kartuschen in der Nähe von Fishguard. Das ist das letzte Mal, dass ausländische Truppen auf britischem Herrschaftsgebiet landen.

Die Briten waren auf eine solche Invasion total unvorbereitet. Unter dem Kommando des Lord Cawdor fingen sie an, die lokale Bürgerwehr zusammenzurufen und so viele reguläre Soldaten wie möglich aus dem naheliegenden Milford Haven zu holen – im Endeffekt hatten sie ungefähr 400 Soldaten gegen die 1.200 der Franzosen.

Ungewöhnlicherweise waren auch Frauen dabei – ob sie normale Mitglieder der Bürgerwehr waren oder nur in diesem extremen Notfall helfen wollten, ist nicht ganz klar, aber die lokale Sage erzählt, dass die Franzosen, als sie aus der Ferne die roten Flanellunterröcke und die schwarzen Hüte der Waliserinnen sahen, glaubten, es mit einem Regiment der britischen Armee (die zu der Zeit alle rote Uniformen trugen) zu tun zu haben und den Mut verloren. Mindestens eine der Damen aus Fishgard hat mit ihrer Heugabel jedenfalls heftig zugelangt. Jemima Nicholas hieß die Amazone. Eine zeitgenössische Chronik beschreibt ihre Taten: »Bei ihrer Ankunft sah sie ungefähr zwölf Franzosen in einem Feld: Unverdrossen ging sie auf sie zu, und entweder weil sie von ihrem Mut erschrocken waren oder sich von ihr zur Kapitulation überreden ließen, führte Jemima die Franzosen zur Wache in Fishguard, um sie einzusperren.«

Die übrigen Franzosen ergaben sich am Nachmittag des 24. Februar und wurden nach Haverfordwest geführt, wo sie als Kriegsgefangene inhaftiert wurden. Als Fußnote ist es amüsant zu lesen, dass eine kühne Gruppe dieser Gefangenen später aus dem Golden

Prison in Pembroke entkam, indem sie Cawdors Jacht stahl und damit wegsegelte. Als weitere Fußnote ist vielleicht zu bedauern, dass Lazare Hoche nicht selbst an Land ging. Denn er galt als ungemein charmanter und gut aussehender Mann mit großem Erfolg bei den Damen. Eine Zeit lang war er der Liebhaber von Joséphine Beauharnais; erst, nachdem er die Irlandsache verbockt hatte, zog sie ihm endlich seinen inzwischen politisch erfolgreicheren Rivalen Napoleon Bonaparte vor! Und da wäre doch auch Jemima Nicholas schwach geworden, und die Weltgeschichte hätte einen ganz anderen Verlauf genommen!

105. Grund

Weil aus Wales bedeutende Frauenrechtlerinnen stammen

Die Frage muss ja irgendwann kommen: So viele wichtige Leute kommen aus Wales, werden englische Könige oder römische Kaiser, entdecken Amerika und prägen die englische Politik – aber wie sieht es denn mit den Suffragetten aus, kam da wirklich keine aus Wales? Die Antwort ist, doch, natürlich, und wie. Nehmen wir doch nur Rachel Barrett (1874–1953), doch der Blick auf sie – weil Wales eben so leicht zu übersehen ist, s. Grund 105 – ist verstellt durch die übergroßen Gestalten der englischen Damen Pankhurst. Mit denen sie übrigens eng zusammenarbeitete. Rachel Barrett kam aus Carmarthen, kymrisch Caerfyrddin. Sie war eine der ersten Frauen, die an der Universität von Aberystwyth studierten, und dann gleich noch Mathematik und Physik. Nach dem Studium arbeitete sie zunächst als Lehrerin, gab ihre Stellung dann aber auf, um sich dem Kampf um das Frauenstimmrecht zu widmen, sie ging nach London, traf dort die Pankhurst-Damen und andere führende Suffragetten und wurde zur Chefredakteurin der neuen Zeitschrift *The Suffragette*. Sie wurde mehrmals auf Demonstrationen festgenommen und lebte 1913/14 unter falschem Namen, weil sie nicht noch einmal ins Gefängnis wollte. Als nach Ende des Ersten Weltkriegs Britinnen, die 30 Jahre alt waren, das Stimmrecht erhielten, verlangte sie, dass Frauen ebenso wie Männer mit Erlangung der Volljährigkeit wählen dürften, ein entsprechendes Gesetz wurde 1928 erlassen, aber es war noch immer weit bis zur vollständigen gesetzlichen Gleichstellung von Männern und Frauen – die Rachel Barrett auch nicht mehr erlebte. Kurz nach ihrer Übersiedlung nach London lernte sie dort die australische Autorin Ida Alexandra Ross Wylie (1885–1959), deren erfolgreichster Roman, *The Keeper of the Fire* mit Spencer Tracy und Katharine Hepburn verfilmt wurde. Wylie hatte vorher einige Jahre in Deutschland verbracht und schrieb u. a. ein Wanderbuch über den Schwarzwald und erregte 1918 mit dem Roman *Towards Morning* in England die Gemüter, da sie darin die Behauptung aufstellte, nicht alle Deutsche seien blutrünstige Imperialisten. Mit Wylie reiste Barrett sehr viel, vor allem in die USA, wo nicht weniger als 30 Romane und Erzählungen aus Wylies reichhaltigem Werk verfilmt wurden. Sie kam einfach nicht mehr dazu, sich in Wales ein Haus zu kaufen und längere Zeit dort zu verbringen, und so ist es zu erklären, dass in Carmarthen bis heute kein Gedenkstein an die große Tochter der Stadt erinnert. Das Denkmal für Generalleutnant Sir Thomas Picton, der in der Schlacht von Waterloo fiel, ist da irgendwie kein richtiger Trost.

106. Grund

Weil man in Wales irische Geschichte hautnah erleben kann

Dass Reisende auf dem Weg nach oder von Irland gewissermaßen über Wales stolpern und dann dort bleiben, haben wir in diesem Buch ja schon mehrmals erwähnt (s. z.B. Grund 87). Dass es nicht immer nötig ist, nach Irland zu reisen, weil man das Gesuchte auch in Wales finden kann, ebenfalls. Stellen Sie sich vor, Sie wollten sich über den irischen Osteraufstand 1916 informieren, nicht nur aus Büchern oder aus dem Repertoire der Dubliners eben, sondern an mindestens einem Originalschauplatz. Warum dann den weiten Weg nach Irland auf sich nehmen und vor Kilmainham Gaol Schlange stehen? Frongoch in Wales ist genau der richtige Ort für Sie.

Frongoch liegt im Norden von Wales an der A4421 in der Nähe des Ortes Bala (s. Grund 77). Das heute wenig aufsehenerregende Dorf blickte zu Beginn des Ersten Weltkriegs auf eine illustre Karriere zurück – das ganze 19. Jahrhundert hindurch war es das Zentrum der walisischen Whiskeyproduktion gewesen. Zu Kriegsbeginn wurde es in ein Internierungslager für Kriegsgefangene umgewandelt, in einer stillgelegten Brennerei und in eilig errichteten Hütten wurden deutsche Kriegsgefangene untergebracht. Sie wurden dann aber verlegt, als Platz für irische Häftlinge gebraucht wurde, die nach dem Osteraufstand 1916 festgenommen worden waren. Ungefähr 1.800 irische Gefangene wurden in Fron Goch interniert, allesamt Männer – die Frauen, die sich am Aufstand beteiligt hatten, wurden in Dubliner Gefängnisse gesteckt, denn Frauen und Männer zusammen in einem Lager? Die britischen Behörden wollten es nicht auf sich sitzen lassen, dass sie ihren Gefangenen Gelegenheit zu unmoralischem Treiben gaben (und Zeitungen, die von Misshandlungen der Internierten berichteten, wurden kurzerhand verboten). Auf den ersten Blick wirkt es riskant, irische Rebellen in Wales unterzubringen, einem Land also, das selbst zu Unabhängigkeitsbestrebungen neigte. Aber die Lokalbevölkerung hatte mitten im Krieg andere Sorgen und reagierte eher gleichgültig.

Unter den Gefangenen in Fron Goch waren so illustre Namen wie Michael Collins, W. T. Cosgrave, wenige Jahre später der erste Ministerpräsident des irischen Freistaates, und der spätere Hollywoodstar Arthur Shields. Collins nutzte die Haft, um seine später so erfolgreiche Guerillataktik zu entwickeln, und so kann mit Fug und

Recht behauptet werden, dass der irische Unabhängigkeitskampf ohne Fron Goch wohl kaum ein solcher Erfolg geworden wäre, weshalb das Internierungslager den Beinahmen »Ollscoil na Réabhlóide« bekam, »Hochschule der Rebellion«.

Nach Kriegsende standen die Baracken und die Brennerei erst einmal leer, dann wurde alles abgerissen. Es sollte verhindert werden, dass Frongoch zum Wallfahrtsort für irische Revolutionäre oder deren Anhänger würde – von den Einfällen der wilden Iren hatte man in Wales schließlich seit mindestens einem Jahrtausend die Nase voll (s. Grund 1) Heute steht dort, wo einst Baracken standen, die lokale – kymrischsprachige – Grundschule, die Ysgol Bro Tryweryn. Eine Gedenktafel auf Irisch, Kymrisch und Englisch erinnert an das Internierungslager.

Frongoch bietet sonst keine umwerfenden Sehenswürdigkeiten, aber das nahe gelegene Bala ist mehr als eine Reise wert.

Lesetipp: W. J. Brennan-Whitmore: *With the Irish in Frongoch*; Mercier Press, Cork, 2013

107. Grund

Weil die Universität von Wales als Volksuniversität gegründet wurde

Als Owain Glyndŵr am Anfang des 14. Jahrhundert in Wales die Oberhand hatte, versuchte er, einen walisischen Staat zu gründen. Er korrespondierte mit dem Papst und mit dem König von Frankreich und plante die zukünftige Verwaltung seines Reichs. Er wollte zwei Universitäten gründen, eine im Süden, eine im Norden. Leider war sein Versuch, Wales vom englischen Joch zu befreien, erfolglos, und Waliser, die eine Universitätsbildung haben wollten, mussten wie vorher Oxford oder Cambridge besuchen. Und so blieb es bis zum 19. Jahrhundert. Als er zum Bischof von St Davids ernannt wurde, erkannte Thomas Burgess eine Lücke im Bildungssystem in Wales: Nicht alle hatten das Geld, ein Studium in Oxbridge zu bezahlen. Sein Interesse war natürlich, junge Männer als Geistliche für die anglikanische Kirche ausbilden zu lassen. Immerhin war es ein Anfang, und 1822 öffnete St David's College, Lampeter, seine Türen den ersten Studierenden. 1828 bekam das College seinen königlichen Stiftungsbrief und 1852 das Recht, akademische Grade zu verleihen – es war nun die viertälteste universitäre Einrichtung in Großbritannien, nach Oxford, Cambridge und Durham. Das war ja schön und gut, aber für die nicht-anglikanischen Waliser – und sie waren die Mehrheit – gab es immer noch keine Universität im eigenen Land.

In den 1860er-Jahren setzten Bestrebungen ein, eine Universität für das ganze Land zu gründen. 1867 wurde das Castle Hotel in Aberystwyth gekauft: Als *Yr Hen Goleg* (Das alte College) ist es immer noch ein Teil der Universität. Vorlesungen wurden gehalten, aber der Fortschritt wurde durch Geldmangel verhindert. Nichtsdestotrotz nahmen im Oktober 1872 26 Studenten ihr Studium auf – es gab nur zwei Professoren und einen Registrar-Bibliothekar! 1875 kam dann jemand auf die Idee, die Bevölkerung um das nötige Geld zu bitten. Die methodistischen und anderen protestantischen Gemeinden erklärten den letzten Sonntag in Oktober zum »Universitätssonntag«. Mehr als 70.000 Menschen – Landarbeiter, Bergarbeiter, Hüttenarbeiter, Ladengehilfen und andere – haben ihr Scherflein beigetragen. Von nun an gab es die »Volksuniversität«, es folgten dann Colleges in Bangor, Cardiff, und 1893 vereinigten sie sich als die föderative Universität von Wales.

Seitdem hat es viele Veränderungen in der universitären Landschaft gegeben. Weitere Colleges wurden gegründet, St David's College wurde zum Teil der Föderation – und seit 2007 sind die ursprünglichen Colleges unabhängige Universitäten. Aber eines ist klar: Für Wales ist Bildung eine Priorität, und in Wales (wie in Schottland) dürfen Einheimische umsonst studieren – selbst wenn sie ihr Studium im Ausland (England) absolvieren, werden die Gebühren von der walisischen Regierung bezahlt.

108. Grund

Weil ganz Wales von der Liebe träumt

Für Außenseiter kann die kymrische Metrik etwas kompliziert erscheinen – für manche Insider auch. Sie basiert auf dem System des *cynghanedd* (Einklang, Konsonanz), wo Endreim, Binnenreim und Stabreim sich nach verschiedenen Gesetzen verflechten.

Y*r* wy*l*a*n* *d*eg a*r* *l*a*n*w *d*i**oer**	Die schöne Möwe auf der Flut, weiß Gott
U*nll*iw ag eiry neu we*nll***oer**	Dieselbe Farbe wie Schnee oder weißer Mond
*D*ilwch yw *dy* *d*egwch *d*i	Makellos deine Schönheit,
*Darn fel haul, dyrnfol hel***i**	Wie ein Stück Sonne, Fehdehandschuh auf der See

Hier wird Stabreim durch *Kursivschrift*, Binnenreim durch Unterstreichung und Endreim durch **fette Schrift** gezeigt.

Das kommt aus einem Gedicht des Dafydd ap Gwilym, von dem wir später mehr berichten, an eine Möwe gerichtet, die er als Botin an seine Geliebte schicken will. Wie man hier sieht, führt die Suche nach Alliteration gelegentlich zur Wahl von Wörtern, die nicht allzu logisch erscheinen: Sieht eine auf dem Meer treibende Möwe wirklich wie ein hingeworfener Fehdehandschuh aus?

Ein Bruder des Madoc, der Amerika entdeckt haben soll, Hywel ap Owain Gwynedd, war nicht nur Krieger, sondern auch Dichter. Leider hat nicht viel von seiner Dichtung überlebt, aber das wenige, was wir haben, genügt, um seine Persönlichkeit ins Licht zu bringen. Oder wenigstens die Persönlichkeit, die er uns vorstellen will. Als Prinz und später – obwohl nur für wenige Monate 1170 – König von Gwynedd war Hywel kein gewöhnlicher Barde, denn die waren auch Hofschranzen, deren Pflicht es war, den König so kunstvoll und ausgeklügelt wie möglich zu loben. Hywel hatte bei den besten Dichtern seines Vaters studiert, aber er musste niemanden loben (außer vielleicht sich selbst).

In dem manchmal wohl selbstironisierenden Bild, das aus seinem Werk hervorkommt, finden wir einen Mann, der seinem Heimatland und dessen Landschaft sehr verbunden ist:

Ich liebe seine Seeküste und seine Berge,
Seine Burg am Wald, seine schöne Flächen,
Seine wasserreichen Täler und seine Niederungen,
Seine weißen Möwen und schönen Frauen,
einen Krieger, der am Kampf seine Freude hat:
Ich liebe das Land, das mich mit Met sättigt,
Ich liebe seine Gefolge und seine kräftigen Gehöfte,
Nach dem Willen seines Königs zum Kampf bereit,

und einen Abenteurer: Im selben Gedicht erzählt er von einer Reise zu Pferde von Nordostwales nach Carlisle im Nordwesten von England, teilweise durch verfeindete walisische Gebiete, teilweise durch noch verfeindeteres englisches Land.

Seine Beziehung zu den Frauen ist, wie es bei manchen Dichtern der Fall ist, kompliziert: Auf der einen Seite, will er sich als Frauenheld (wenn nicht gar Schürzenjäger) vorstellen:

Ich hatte eines Tages ein Mädchen, entgegenkommend;
Ich hatte zwei, desto größer sei ihr Lob;
Ich hatte drei und vier und Glück;
Ich hatte fünf – schön ihr weißes Fleisch –
Ich hatte sechs, ohne Sünde zu vermeiden;
Eine Klare von der schönen Burg war mein Los;
Ich hatte sieben mit ernster Mühe;

Ich hatte acht als Lohn für meinen Lobgesang.
Zähne sind gut, um die Zunge zurückzuhalten.
Andererseits erzählt er ironischerweise von seinen Misserfolgen:
Die schöne Gweirfyl, meine Gabe, bekam ich nicht …
Die reine Generys, die meine Gier nicht heilte,
Lass ihre Jungfernschaft von kurzer Dauer sein …
Er kann aber auch sehr zärtlich sein:
Meine Wahl, eine hübsche, zärtliche Magd,
Aufrecht und weiß in ihrem heidefarbenen Kleid,
Die Lehre meiner Wahl auf Weiblichkeit zu schauen,
Die ganz leise geziemende Gedanken äußert,
Vertraulich zusammen mit geheimen Gaben,
Weis' und wohlhabend, edel deine kymrische Sprache.

Er war, scheint es, sehr beliebt. Obwohl seine Mutter eine irische Konkubine war, hatte ihn sein Vater, Owain Gwynedd, als Thronfolger erwählt. In der keltischen Gesellschaft Irlands und Wales' waren uneheliche Kinder nicht von der Erbfolge ausgeschlossen. Bei seiner Stiefmutter, der Ehefrau Owains, und ihren zwei Söhnen, war er nicht so beliebt. Sie konspirierten gegen ihn, trieben ihn aus Gwynedd nach Irland und töteten ihn und seine sieben Ziehbrüder in einer Schlacht auf der Insel Mona im Jahr 1170, weil er versuchte, sein Königreich zurückzuerobern.

Zwei Jahrhunderte später, nach der englischen Eroberung von Wales, lebte unser zweiter Dichter in der Nähe von Aberystwyth. Dafydd ap Gwilym war ganz anders als Hywel: Bestimmt weder Krieger noch Held, er gehörte eher zum ländlichen Kleinadel Ceredigions. Anders als bei Hywel sind uns nur wenige biografische Daten bekannt, nicht einmal sein Geburts- und Todesdatum sind belegt. Aus seinen Gedichten können wir entnehmen, dass er in der Mitte des 14. Jahrhunderts aktiv war. Ironischerweise sind die einzigen Dokumente, die auch nur flüchtig mit ihm zu tun haben, Akten, die die Namen der Ehemänner von Frauen, mit denen er Beziehungen hatte (oder haben wollte), nennen. Gerüchten zufolge soll er in der Zisterzienserabtei Strata Florida südlich von Aberystwyth begraben sein.

Dafydd ist ohne Zweifel der bedeutendste walisische Dichter des Mittelalters – wenn nicht der bedeutendste aller Zeiten. So gut, dass vieles, was er nicht schrieb, ihm zugeschrieben wird. Und unser alter Freund, Iolo Morganwg (s. Grund 41 und 43), war so von seinem Geist erfüllt, dass er in seiner Ausgabe von Dafydds Werken 1789 ghostgeschriebene Gedichte aus seiner eigenen Hand einfügte. Das war aber nicht nötig, da wir schon 171 von Dafydd haben, die ein breites Themenspektrum behandeln. Es gibt Liebesgedichte, meistens an zwei junge Frauen gerichtet: die schöne, aber spröde Morfudd, die nach Dafydd seine Geliebte war, als sie beide jünger waren, und die ihn noch liebt, allein schon weil sie mit dem herzlosen Bwa Bach (kleiner Bogen – wohl ein Buckliger Zwerg) verheiratet ist; und die unerreichbare Adelstochter Dyddgu. Es wäre vielleicht zu weit hergeholt, hier den uralten Gegensatz zwischen Hure und Heilige zu sehen, besonders da die Darstellung der Morfudd, außer dass sie Dafydd nicht immer wieder abweist, sehr positiv und liebevoll ist. In einem seiner berühmtesten Gedichte vergleicht er sie mit der Sonne:

Wie die Sonne, lebendige Hilfe dem Lande,
Nährerin des Reichs der Wärme,
Lobenswert ihr feiner Dienst,
Maklerin des glänzenden, großzügigen Mai,
Großartig die Vigil der blendenden Morfudd,
Strahlender Spiegel der reinen Magd Maria.

Viele seiner Liebesgedichte sind der Liebe im Freien gewidmet – mit einer Reihe von unbenannten und wohl nur imaginären Mädchen. In diesen finden wir oft eine Mischung der nächsten zwei Kategorien – Lob der Natur im wunderschönen Monat Mai und Klage über die Natur, wenn sie zu Katastrophen neigt.

Naturgedichte: Obwohl die Vögel und Tiere, die er beschreibt, sehr oft als *llateion* (Liebesboten) benutzt werden, ist es klar, dass er die Natur sehr genau beobachtet und ihre Erscheinungen geliebt hat.

Mächtige Stunden der Lerche,
Die sich jeden Tag aus ihrem Haus emporschraubt
Gen Himmel mit sprudelndem Goldschnabel
Der Welt Morgenmann, Torhüter Aprils,
Gütiger Gesang, du Lenker der Verse,
Einen schönen Pfad, eine herrliche Arbeit hast du,
wenn du Gedichte webst über dem Haselhain.

Komische Gedichte, eher Schwänke, wo er entweder von einem Mädchen gehänselt wird oder wo ein geplantes Rendezvous schiefgeht – einmal ist es eine Gänseschar, die ihn und seine Geliebte im Freien überfällt; ein anderes Mal kriecht er nachts durch eine Kneipe, um das Zimmer der Magd zu erreichen – und stolpert über eine große Bronzeschüssel. Der Lärm weckt das ganze Haus, und seine Liebschaft ist vorbei.

Meditationen über die Vergänglichkeit – des Menschen und seine, Schöpfungen, der Schönheit, nicht nur von Frauen – das letzte Gedicht in der Sammlung ist ein Klagelied nicht über den Schnee von gestern, sondern den Verlust seiner eigenen goldenen Locken, mit denen er die Mädchen locken konnte. Es gibt auch Gedichte über Freundschaft und religiöse Meditationen – eine Anrede an das Kreuz, die in einem wichtigen Manuskript gefunden wurde, ist vermutlich von ihm selbst dort aufgeschrieben worden.

Und endlich ein Gedicht, das wegen der traditionellen Zimperlichkeit der walisischen Gelehrten nicht in der Ausgabe seiner Werke erschien. (Unser Dafydd würde nie so was Unflätiges schreiben!) Sein *Cywydd y Gal* (Schwanzgedicht) redet sein Glied an:

Mein Gott, Schwanz! Man muss dich
Mit Auge und Hand bewachen,
Wegen dieses Gerichtsfalls, straffköpfige Stange,
Sorgfältiger als je.
Man müsste einen Zaum auf deine Schnauze setzen
Um dich zurückzuhalten, dass du nicht mehr vor Gericht geschleppt wirst,
Hab acht, du Bardenverzweiflung!

Und dann 40 Zeilen, die die Stärke, Größe und Ausdauer desselben beschreiben. Das hat ein Gegengedicht von weiblicher Seite hervorgerufen: Gwerful Mechain, eine der wenigen Dichterinnen des walisischen Mittelalters – vermutlich gab es viel mehr Dichterinnen, aber ihre Werke haben nicht überlebt –, hat das *Cywydd y Cont* (Mösengedicht] geschrieben, wo sie zeigt, dass der warme, weiche Frauenteil jedes männliche Glied mühelos verschlingen kann.

Glücklicherweise sind die heutigen Akademiker weniger prüde, und beide Gedichte sind jetzt in gedruckter Form zu lesen.

109. Grund

Weil Wales das Land der Gesangvereine ist

Schon im 12. Jahrhundert hat Giraldus Cambrensis (s. Grund 59) die Sangesfreudigkeit der Waliser erwähnt und gelobt:

»Wenn sie musizieren, singen sie nicht einstimmig, wie anderswo, sondern vielstimmig, und daher, wenn eine Gruppe singt, wie es hierzulande die Sitte ist, wirst du so viele verschiedene Stimmen hören, wie es Mitglieder gibt, die sich endlich zu einem organischen Ganzen im süßen B-Ton zusammenfügen.«

Manche denken, dass diese Tradition dann ununterbrochen bis heute überlebt hat. Keineswegs, sagt Gareth Williams in seinem Buch *Let the People Sing,* einer Geschichte der Männergesangvereine in Wales.

In Wirklichkeit war das, was in Wales im 19. Jahrhundert geschah, absolut unerhört. Die Bevölkerung verdoppelte sich in 50 Jahren und noch einmal über die nächsten 50: Sie vervierfachte sich von kaum einer halben Million 1811 auf mehr als zwei Millionen 1901.

Diese ökonomischen und gesellschaftlichen Faktoren waren es nach Williams, die zur Chorbewegung führten. Tausende zogen um, um in den Bergwerken und Eisenwerken in Wales zu arbeiten, weil die Löhne viel besser waren als die in der Landwirtschaft. Dort wurden auch Infrastruktur-Arbeiter benötigt: Polizisten, Ärzte, Anwälte, Krämer, Gastwirte …

Bald gab es in den Industriegebieten viel mehr Männer als Frauen, und auf der Suche nach Freizeitbeschäftigungen fanden sie die vielstimmige Musik, den Chor – und wegen des Männerüberschusses den Männerchor.

Jedes Dorf, jede Kapelle, jede Kohlengrube hatte einen eigenen Chor. Dann, mit der Entfaltung der Eisteddfod-Bewegung, gab es Wettbewerbe: Der erste fand im Nationalen Eisteddfod 1883 in Swansea statt. Es gab auch pan-britische Chorwettbewerbe, und ab den 1880er-Jahren gewannen dort immer häufiger die Chöre aus Wales. Und dann kam der internationale Erfolg: 1894 gewann ein Chor aus dem Rhonddatal einen Wettbewerb auf der Weltausstellung in Chicago. Danach wurden Tourneen in den USA und auch in Europa für größere Chöre arrangiert.

Was sangen sie? Am Anfang, besonders natürlich für die einer religiösen Gemeinschaft verbundenen, waren es Choräle und andere fromme Lieder. Dann kamen auch Volkslieder und Oratorienchöre: Händel war besonders beliebt. Im 20. Jahrhundert kamen Lieder dazu, die man rückblickend als gefühlsduselig (oder sogar kitschig) beschreiben konnte: z. B. *God Bless the Prince of Wales* oder *We'll keep a welcome in the hillside.*

Möglicherweise führte dieser Aspekt des Chorwesens dazu, dass im späten 20. Jahrhundert das Durchschnittsalter der Mitgliedschaft der Chöre allmählich immer weiter anstieg. Natürlich gab es auch andere Faktoren: kulturelle, wie die Allgegenwart des Fernsehens oder Änderungen in dem musikalischen Geschmack der jüngeren Generation; und gesellschaftliche, wie die absichtliche Zerstörung der Kohlenindustrie durch Maggie Thatcher.

Aber dann kam im jetzigen Jahrhundert eine Wende, und der Grund war der kitschigste von allen: der Fernsehwettbewerb. 2008 gewann ein walisischer Chor *Only Men Aloud* – ein Wortspiel auf *aloud* (laut) und *allowed* (erlaubt) – den Preis bei dem Wettbewerb *Last Choir Standing* der BBC. Dieser Erfolg hatte Nachwuchs: 2012 gewann ein Jugendchor *Only Boys Aloud* bei dem noch kitschigeren *Britain's Got Talent* den dritten Preis. Der Sieger war ein Hund, Pudesy, mit seiner Trainerin! Immerhin stieg ihre Version der schönen walisischen Hymne *Calon Lân* (Reines Herz) zur Nummer 1 in der klassischen Hitliste von iTunes. Vielleicht beginnt also jetzt eine neue große Zeit der walisischen Chöre!

110. Grund

Weil Wales eine ganz besondere Religion hat

Mitten in der Hauptstadt Cardiff steht der Tempel der wichtigsten Religion in Wales. Der Tempel heißt »The Principality Stadium« und die Religion ist … Rugby. Rugby, das Spiel mit dem eiförmigen Ball. Das Spiel, wo man den Ball auch in die Hand nehmen darf. Außerhalb der wenigen Länder, wo es gespielt wird, ist Rugby eher ein Geheimnis – und nicht mit dem American Football zu verwechseln. In Wales werden die Spieler des Letzteren eher als Weicheier angesehen – wozu die ganzen Panzerausrüstungen und die ewig langen Pausen?

Obwohl die Situation in den letzten Jahren sich geändert hat (sogar Frauen dürfen jetzt spielen!), war Rugby in England, wo es seinen Ursprung hatte, eher eine Sportart für Jungen der Oberklasse. In Wales (oder eher in Südwales) dagegen ist es immer schon der Sport der Arbeiter (die in den Kohlenbergwerke, Stahl- und Eisenwerke arbeiteten) gewesen. Und zwar, weil ein Professor des St David's College, Lampeter, Rugby dort einführte und die an diesem College ausgebildeten Geistlichen das Spiel in ihren eigenen Kirchgemeinden im industriellen Süden verbreiteten – genau wie die Männerchore (s. Grund 109) sollte es ein Zeitvertreib für die unverheirateten Arbeiter sein, damit sie nicht auf unzüchtige Gedanken kämen.

Die ersten Vereine wurden in den 1870er-Jahren gegründet, und die nationale Rugby-Union 1881. Das erste Länderspiel – gegen England – wurde im selben Jahr ausgetragen. Seitdem sind diese alten Rivalen 131-mal gegeneinander angetreten: England führt mit 62 Siegen zu Wales' 57, dazu kommt zwölfmal unentschieden.

Der Höhepunkt des Jahres in Cardiff ist jedes zweite Jahr das Heimspiel gegen England. Tausende Fans beider Seiten (das Stadion hat fast 75.000 Plätze) strömen schon Stunden vorher ins Stadion. Anders als bei Fußballspielen werden sie nicht abgesondert, sondern sitzen gutmütig untereinander. Und es wird gesungen: nicht blöde Fußball-Slogans, sondern echte Lieder und besonders Hymnen: Wer nicht *Calon Lân* in Cardiff von 40.000 Stimmen gesungen gehört hat, weiß nicht, was Chorsingen ist. Heutzutage gibt es auch andere Lieder, wie zum Beispiel Tom Jones' *Delilah* (s. Grund 55), die ebenso inbrünstig gesungen werden. Und wenn das Spiel vorbei ist, geben die Fans einander die Hand, und gehen zusammen in einer der Cardiffer Kneipen einen heben.

Es gibt viele Volkshelden, die für Wales gespielt haben – oder noch spielen, hier einer als Beispielfall für den Eifer, mit dem Rugby gespielt wird.

Shane Williams ist nur 1,70 Meter groß und wiegt lediglich 80 Kilo. Bei einem Sport, wo der größte Spieler 2,08 Meter groß ist und der schwerste fast 140 Kilo auf die Waage bringt, wurde ihm gesagt, er sei viel zu klein – also spielte er Fußball. Aber fast zufällig nahm er an einem Rugbyspiel teil, wo rasch seine Begabung entdeckt wurde. Er war schnell und stark, und die Großen konnten ihn nicht erwischen. Am Ende hat er mehr Spiele geschafft als alle anderen walisischen Spieler und ist Vierter in der Weltrangliste. Man muss nur den Willen haben – je größer die anderen sind, desto tiefer ist ihr Fall.

Ein Grund für walisischen Stolz ist, dass Wales, obwohl es eine ganz kleine Nation (etwa 3 Millionen Einwohner) ist, an dritter Stelle auf der Rugbyweltrangliste steht. Neuseeland (4,75 Millionen) ist auf dem ersten Platz und Irland (4,78 Millionen) auf dem zweiten.

England (fast 54 Millionen) ist nur auf dem vierten Platz, was den keltischen Nachbarn sehr erfreut. Zum Vergleich: Die USA sind nur Zwölfter – und Deutschland landet auf Platz 26.

Für Außenseiter kann Rugby sehr gefährlich wirken, aber jemand hat den Unterschied zwischen Rugby und Fußball (dem normalen, nicht dem amerikanischen) wie folgt beschrieben: Rugby ist ein Spiel für Hooligans, das von Gentlemen gespielt wird; Fußball ist ein Spiel für Gentlemen, das von Hooligans gespielt wird.

2013: Schlagzeilen in den Zeitungen. Ein Fußballspieler aus Wales wechselte für 102 Millionen Euro von Tottenham Hotspur nach Real Madrid, was zu der Zeit ein Weltrekord war. Für Tottenham war das eine umwerfende Summe, da Gareth Bale 2007 nur ca. 8,5 Millionen gekostet hatte.

In seiner Schule (Whitchurch High School, Cardiff) hatte er an vielen Sportarten teilgenommen – Feldhockey, Rugby, Leichtathletik (100 Meter in 11,4 Sekunden) und natürlich auch Fußball. Dabei war er so gut, dass der Sportlehrer neue Regeln für ihn entwickeln musste, unter anderen, dass er seinen linken Fuß nicht benutzen durfte.

In April 2006, im Alter von 16 Jahren und 275 Tagen, fing er an, für Southampton zu spielen, wo er nur ein Jahr blieb, bis Tottenham Hotspur ihn im Mai 2007 kaufte. Inzwischen spielte er auch für die walisische Nationalmannschaft: Mit 16 Jahren und 315 Tagen war er der damals jüngste Nationalspieler aller Zeiten. Trotz allem ist er jedoch für seine Bescheidenheit bekannt und beliebt. Er hätte für England spielen können, weil seine Großmutter Engländerin war, aber er sagte: »Mir wäre es egal, wenn ich mich nie [für Europa- oder Weltmeisterschaft] qualifizieren könnte, ich würde nie für England spielen.« Obwohl die meisten Mannschaftsangehörigen keine großen Stars sind, wie die in der englischen, wollte er lieber mit ihnen spielen, selbst wenn es international keinen großen Erfolg dafür gab.

Und 2016 bekam er dafür den Lohn, als Wales das Europa-Halbfinale erreichte, nachdem der große Nachbar von Island hinausgekegelt wurde.

Es liegt wohl ein Zauber in der Wasserleitung der Whitchurch High School: nicht nur unser Fußballheld Gareth Bale, sondern auch Sam Warburton, bis vor Kurzem Captain der nationalen Rugbymannschaft – und auch auf der Tour in Neuseeland Captain der British und Irish Lions, einer Mannschaft mit Mitgliedern aus allen vier Nationen der Britischen Inseln) sind Alumni der Schule. Und dazu kommt ein Dritter, der jetzt weltberühmt ist: Geraint Thomas, der im Jahr 2018 die Tour de France gewonnen hat.

1996 trat er mit nur zehn Jahren seinem ersten Verein bei, den Maindy Flyers in Cardiff. Seine Laufbahn begann im Velodrom, wo er viele Jugendpreise gewann. 2005 wurde er eingeladen, Mitglied der Olympischen Akademie in Großbritannien zu werden, und er gewann in Beijing 2008 die Goldmedaille in der Mannschaftswertung. Da die olympischen Regeln es nicht erlauben, die Fahnen von nicht offiziell existierenden Nationen zu tragen, war er sehr enttäuscht: »Es wäre eine große Ehre gewesen, mit der walisischen Fahne eine Ehrenrunde zu machen …« Er wurde zudem dreimal Weltmeister und gewann eine Goldmedaille in London 2012.

Sein Erfolg kam nicht ohne persönliche Kosten: Ein schwerer Unfall 2005 in Australien führte zu inneren Blutungen, deshalb musste seine Milz entfernt werden; 2009 brach er sich Becken und Nase. Aber nichts davon konnte ihn entmutigen, wie wir nun wissen.

Seine erste Tour de France fuhr er 2007; als jüngster Fahrer endete er auf Platz 140 unter 141. Danach ging es bergauf. 2010 wechselte er zu Team Sky und verhalf als *Hilfsfahrer* seinen Kollegen Bradley Wiggins und Chris Froome zu mehreren Aufenthalten auf dem Siegertreppchen – immer die Brautjungfer, nie die Braut! Das hat sich jedoch 2018 geändert. Thomas und Froome starteten als gemeinsame Führer der Team Sky in der Tour de France, aber da Froome nach Etappe 10 auf dem achten Platz lag, während Thomas Zweiter war, wurde klar, dass er die besseren Siegeschancen hatte. In den Pyrenäen zeigte er seine Stärke und Ausdauer und endete mit einem Vorsprung von fast zwei Minuten. Uns Nicht-Experten mag das als wenig erscheinen, aber es genügte: Er wurde der dritte Brite und der erste Waliser, der auf den Champs Élysées das gelbe Trikot als Sieger der Tour de France trug.

111. Grund

Weil es noch mindestens 111 x 111 weitere Gründe gibt, Wales zu lieben

Oder noch mehr? Problemlos könnten wir noch 111 gruselige und unerforschte Tunnel vorstellen, und auch bei den Burgen haben wir uns gewaltig zurückhalten müssen. Es gibt zudem noch prachtvolle Paläste und Landhäuser des englischen Adels, von denen viel mehr zu besichtigen sind als die gefälschten von Grund 59. Die Älteren unter uns erinnern sich sicher daran, dass man früher immer kurz vor (oder hinter) der walisischen Grenze in eine andere Bahn umsteigen musste, weil es in Wales nur Schmalspurbahnen gab. Die gibt es heute noch, jetzt aber als Touristenattraktionen, einige werden sogar mit Kohle angetrieben, man kann im Stil des frühen 20. Jahrhunderts durch die walisischen Berge gondeln, Ruß im Auge inklusive. Wir könnten noch allerlei interessante Heilige und entbehrungsreiche Wallfahrtswege nennen. Wir haben nichts über Richard Burton gesagt (der bei seiner zweiten Trauung mit Elizabeth Taylor übrigens walisische Tracht trug), es gibt eine Fülle an sehenswerten Industriedenkmälern, und neben Harfe und Tom Jones gibt es noch allerlei Musik –im Black Metal z.B. kann Wales es durchaus mit Finnland und den Färöern aufnehmen, und entsprechend gibt es eine Szene junger Leute überall in Europa, die nur deshalb Kymrisch lernen, weil sie die Texte ihrer Lieblingsbands verstehen wollen. Es gibt wunderbare Leuchttürme, überall an der Küste, von denen viele ihr Dasein als primitive Blüsen begonnen haben. Und es gibt die Geschichte, die Stoff für mehr als 111 Gründe bieten würde, weil sie so ungeheuer verworren und kompliziert ist. Kurzgefasst kamen immer wieder Invasoren, die zurückgeschlagen wurden, oder auch nicht (dass es bei den Engländern noch nicht so ganz geklappt hat, haben wir ja schon einige Male erwähnt), kleine walisische Königreiche verbündeten sich miteinander, um die Fremdlinge zu vertreiben, weil sich aber einige dann auch mit den Fremdlingen verbündeten, wurde die Lage sehr oft sehr unübersichtlich. Und es gibt so interessante Helden wie Owain Glyndŵr oder, englisch, Owain Glendower, der im Jahre 1400 zum letzten großen Aufstand gegen die englische Herrschaft aufrief und der, obwohl der Aufstand niedergeschlagen wurde, noch heute als walisischer Nationalheld gilt.

Und wenn das alles gesagt wäre, würden uns noch 111 Gründe einfallen, und damit die Sache nicht allzu sehr ausufert, machen wir an dieser Stelle Schluss.

ORTS- UND PERSONENLISTE

(Die Nummern beziehen sich auf die jeweiligen Gründe)

Aberdyfi: 24
Abertawe: 10
Aberystwyth: 31, 35, 37, 64, 70, 78,81, 105, 107, 108
Aeron: 76
Aethelbald: 15
Amroth: 2
Anglesey: 10, 13, 20, 24, 51, 89, 90, 102
Arthur, Prince of Wales: 51
Artus: 14,15, 24, 31, 39, 51, 52, 60, 63, 67, 73, 79, 82, 103
Bala: 24, 77, 78, 106
Bale, Gareth: 110
Bangor: 54, 80, 105
Barmouth: 47
Barrett, Rachel: 34, 105
Basingworth Abbey: 15
Bassey, Shirley: 55, 56
Beddgelert: 92
Bendigidfran fab Llyr: 13
Bethania: 29
Bethesda: 80
Betws-y-Coed: 94
Blatchford, Dai: 37, 52, 94
Booth, Richard: 36
Bosherton: 24
Blue Lake: 47
Borth, 78
Bracchi, Giacomo: 28
Brecon: 59
Brecon Beacon: 99
Burges, William, 80
Bridgend: 35
Brynbuga: 16
Bryn Celli Ddu: 2, 64
Burton, Richard: 76, 111
Butler, Eleanor Charlotte: 86
Bwrdd Arthur: 24
Byr, St.: 88
Cadwaladr: 51
Caerfyrddin: 4, 24, 105
Caer Gai: 24
Caerfilly: 63
Caerhun: 63
Caerleon: 63, 82
Caerllion: 24
Caernarvon: 4, 10, 50, 62,63, 68, 80
Caerphilly: 8, 52
Caerwent: 63
Caerwys: 41
Caldey: 27, 53, 88, 89
Cardiff: 13, 26, 27, 28, 42, 55, 56, 58, 4, 66, 72, 80, 92, 105, 110
Cardigan: 18, 41
Cardiganshire: 74
Carmarthenshire: 4,24, 45, 67, 74, 95,101, 105
Carreg Cennen: 67, 68
Catrin o Ferain: 103
Ceolwulf: 53
Ceredigion: 29, 44, 18, 70, 76, 101
Cernydd Carmel: 78
Charles, Prince: 7, 10, 50
Charles I: 13, 44
Charles, Thomas: 77
Chepstow: 2
Chester: 2
Cilert: 92
Clawdd Offa: 15
Clawdd Wat: 15
Clough, Sir Richard: 103
Cockerill, Pamela: 17
Coleman, Douglas: 42
Conwy: 13, 28, 68
Corris Uchaf: 24
Crichton-Stuart, John: 80
Cybi, St.: 89
Cynan Meriadec: 62
Dafydd ap Gwilym: 108
Dafydd ab Llywelyn: 50
David, St: 2, 22, 33, 41, 70, 72, 81
Davies, Richard: 57
Davison, Emily: 34
Dawkins-Pennant, George Hay: 69
Dee, 84
Dinas Hill: 101
Dolaucothi: 63
Dolgellau: 47
Dwynwen, St: 20
Dwyryd: 80
Edward I: 2, 50, 68
Edward II: 37, 50, 51, 52
Edwards, Emyr: 28
Evans, J: 94
Evans, Richard: 60
Fairbourne: 47
Ffagan, St: 2
Finch, Catrin: 81
Finch, Peter: 66
Fishguard: 104
Fitz-Osbern, William: 68
Fron Goch: 73, 106
Fulleylove, Miranda: 42
Fychan, Ednyfed: 69
Gelert: 92
George V: 18
George, David Lloyd: 34
Geraint ab Erbin: 24
Giraldus Cambrensis: , 59, 109
Glamorgan: 61
Gower: 47, 53, 64
Gwbert: 18
Gwent: 3, 63
Gwerful Mechain: 108
Gwynedd: 4, 24, 53, 64, 68, 69, 80, 98, 102
Hall, Augusta: 74
Harlech: 25, 68
Haverford West: 58, 104
Hay: 27
Hay-on-Wye: 36
Heinrich I: 59
Heinrich II: 38, 59

Heinrich IV: 51
Heinrich VIII: 41
Holyhead: , 63, 84, 89
Holy Island: 89
Hopkin, Mary: 55
Hopper, Thomas: 69
Howatch, Susan: 37
Hughes, Tristan: 39
Hultmark, Torbjorn: 42
Huws, Daniel: 54
Hwyfordd: 58
Hywel ap Owain Gwynedd: 102, 108
Iwan, Dafydd: 51, 56, 662
Jenkins, Thomas: 32
John, Augustus: 39, 58
John, Gwen: 39, 58
Jones, Arthur Llewelyn: 82
Jones, Diana Wynne: 57
Jones, Gwyneth: 56
Jones, Inigo: 13
Jones, Mary: 77
Jones, Nansi Richard: 44
Jones, Tom: Vorwort, 1, 28, 55, 56, 103, 110, 111
Kazzer, Claas: 38
Keye: 24
Knighton: 15
Knusson, Kenneth: 42
Lampeter: 107, 110
Larne: 40
Laugharne: 38, 39, 40, 76
Lawgoch, Owain: 11
Lawrence, Thomas Edward: 58, 61
Lewis, Andrew:42
Lewis, Richard: 85
Lewis, Sara Lyanne: 42
Linklater, Eric: 61
Llandeilo: 7, 78
Llandrillo: 102
Llandudno: 64
Llanfihangel Abercwyn: 77
Llafinhangel-y-Pennant: 77
Llandwyn: 20
Llandygai: 69
Llanfair-Mathafarn-Eithaf: 10
Llanfairpwllgwyngyllgogery-chwyrndrobwllllantysilio-gogogoch: 10
Llangollen: 86
Llanon: 17, 76, 81
Llanrhaedaeadr-ym-Moch-nant: 10
Llanrwst: 13, 41
Llanystumdwy: 27, 34
Llenbedrgoch: 53
Llugwy: 94
Llwyd, Humphrey: 102
Llwyngwril: 98
Llyn Barfog: 24
Llyn Dinas: 24
Llyn Llydaw: 24
Llyn Ogwen: 24
Llyn Tegid. 78
Llywelyn ab Iorwerth: 50
Llywelyn ap Gruffydd: 50
Llywelyn, der Große: 11, 68
Llewelyn, Richard: 71
Machen, Arthur: 82
Machynlleth: 4, 56, 100
Macsen Wledig: 49, 62
Madog ab Owain Gwynedd: 102, 108
Maelon Dafodrill: 20
Maesbury: 15
Madog ap Gruffydd Maelor: 84
Martin, George R. R.: 7
Matthews, Cerys: 55
Maddwy: 83
Melangell, St: 75
Menai: 13, 43, 89
Mercia: 3, 15
Merlin: 24,45, 51, 63, 64
Merthyr Tudful: 85
Merthyr Tydfil: 85
Metcalf, John: 42
Metselaer, Carlijn: 42
Milford Haven: 51
Mo, Philippa: 42
Moel Arthur: 24
Monmouth, Geoffry of: 24, 51, 64
Monmouthshire: 2, 82
Moorcraft, Gareth: 42
Morgan, Eluned: 12
Morganwg, Iolo: 41,43, 54, 108
Morris, Caleb: 18
Mumbles, 28
Myddfai: 22, 87
Mynyddog Mwynfawr: 57
Myrddin: 24, 51, 63
Nest ferch Rhys: 59
Newborough: 20
New Quay: 76
Nicholas, Jemima: 104
Non, St.: 2, 70, 81
Offa: 3, 15
Offa's Dyke: 15, 74
Ogwr: 35
Ogmore: 35
Orford, John: 42
Oswald, J. D.: 45, 97
Owain ap Cadwgan: 59
Owain Glyndŵr: 32, 36, 106, 111
Owen, Ness: 20, 39, 89
Owens, Trefor M: 19
Palser, Maja: 42
Pant Glas: 56
Pant-y-Llyn: 78
Parker, Ianto: 85
Parkin, Michael: 42
Parry, John: 44
Patrick, St.: 1, 70
Pembrokeshire: 4, 24, 51, 59, 64, 70, 89
Penarth: 61
Pencader, 5
Penderyn, Dic: 85
Penmon: 53
Pendlebury, Sally: 42
Pennant: 75
Penybont: 13
Pen-Y-Bont ar Ogwr: 35
Pen-Y-Bont-Fawr: 44
Plowman, Lynne: 42
Ponsonby, Sarah: 86
Pontardawe: 13
Pontnewydd: 56
Pontrhydfendigaid: 70
Pontypool: 56
Pontypridd: 13, 55
Portmeirion: 34, 80

Povey, Meic: 7
Powel. David: 102
Power, Steph: 42
Powys: 3, 15, 75
Pryderi, Guto: 42
Pückler, Fürst: 84, 86
Pullan, Richard: 80
Queensferry, 2
Rafferty, Michael:42
Rhandir-Mwyn: 101
Rhiwabon, Parri Dall: 44
Rhitta Gawr: 24
Rhodri Mawr: 53
Rhondda-Valley: 109
Rhoscolyn: 89
Rhygyfarch: 70
Rhys ap Gruffydd: 41
Richard III: 51
Riley: Edward und Lilian: 94
Roberts, John: 94
Roberts, Rhian: 28
Roberts, William Owen: 12
Robin Hood: 16, 101
Ruthin: 24
Sarn Helen: 3
Severn: 15
Shakespeare, William: 7, 32, 63, 99
Shakin' Stevens: 55
Shaw, Joanna: 42
Skerett, Richard: 81
Sir Fynwy: 16
Snowdonia: 13, 24, 25, 68, 92, 94, 99
South Stack: 49
St. Davids: 2,59, 70, 106
St. Dogmaels, 2
St. Fagans: 26
St. Margarets: 88
St. Seriol: 53
St. Nons: 70
Strata Florida: 70, 108
Svein Gabelbart: 4, 53
Swansea: 10, 27,52, 53, 64
Taff: 72
Talacharn: 40
Taliesin: 33, 79
Talybont: 13, 35
Tawe-Valley: 56
Tegid Foel: 78
Telford, Thomas: 2, 13, 43
Tenby, 28, 88
Terfel, Bryn: 41, 56, 57
Thomas, Aerony: 39, 76
Thomas, Dylan: 38,39, 40, 76, 81
Thomas: Caitlin: 39, 76
Thomas, Geraint: 35, 110
Thomas, Llewelyn: 39
Thomas, R. S: 31, 38
Trap: 67
Tref-y-Clawdd: 15
Tregaron: 101
Trelawney, Edward John: 16
Trelawney, Edward: 16
Tremadog: 61
Treorchy: 28
Tre Taliesin: 33
Tudor-Dynastie: 32, 51,59, 69, 102, 103
Twm Siôn Cati: 101
Tyfi: 18
Usk: 16, 17, 63
Wakeford, Lucy: 42
Warburton, Julian: 42
Warburton, Sam: 110
Wat's Dyke: 15
Welshpool: 68
Whight, Michael: 42
Williams, Edward: 43
Williams, Evan: 44
Williams, Shane: 110
William-Ellis, Clough: 34, 80
Winning, Fiona: 42
Wye: 68
Y Gelli Glandell: 36
Ynys Gybi; 89
Ynys Lawd: 49
Ynys Môn: 10, 13, 20, 43, 49, 53, 63, 89, 90, 91, 92
Ynys Werin: 47
Ystrad-Ffin: 101
Ystrad-Manach: 28
Y Wladfa: 12

QUELLENANGABEN

Wenn nicht anders vermerkt, stammen alle Übersetzungen von der Autorin:

Grund 12: William Owen Roberts: aus: Saludos de Patagonia, in: Sonderband Wales, Literaturzeitschrift Eiswasser, Eiswasser Verlag, Vechta, 2004

Grund 19: zitiert nach: Trefor M. Owens: Welsh Folk Customs, Gomer Press, Llandysul,1987

Grund 21: zitiert nach: Ness Owen: Lobsgaws, in: Mslexia, Sept. 2018

Grund 32: zitiert nach Shakespeares Werken, Projekt Gutenberg, Ü: Schlegel/Tieck

Grund 38: Claas Kazzer, zit. nach Mail vom 20.11.2018

Grund 40: Levi Henriksen, zitiert nach Mail vom 29.11.2018

Grund 43: Tacitus: Annals, zitiert nach http://classics.mit.edu/Tacitus/annals.html

Grund 47: Dylan Thomas, zitiert nach www.dylanthomas.com

Grund 59: Giraldus Cambrensis, zitiert nach: https://archive.org/details/historicalworksc00gira/page/n4

Grund 83: Mark Asadowskij zitiert nach: Eine sibirische Märchenerzählerin, Folklore Fellows Commission Band 2, Helsinki, 1926

Grund 86: Fürst Pückler zitiert nach: Fürst Pückler reist nach England, DVA, Stuttgart, 1958

Grund 87: Meddygon Myddfai, zitiert nach: Trefor M. Owens: Welsh Folk Customs, Gomer Press, Llandysul, 1987

Grund 92: Ness Owen: Mail vom 7.12.2018

Grund 101: George Borrow: zitiert nach: Wild Wales, Bibliobazaar, Charleston, 2008

Grund 102: Jemima Nichols, zitiert nach: www.fishguardonline.com/

Grund 108: Hywel ap Owain Gwynedd, zitiert nach: Kathleen Anne Bramley et al. (gol.), Gwaith Llywelyn Fardd I ac eraill o Feirdd y Ddeuddegfed Ganrif, Caerdydd, 1994/Dafydd ap Gwilym: zitiert nach http://www.dafyddapgwilym.net/

Grund 109: Giraldus Cambrensis, zitiert nach: www.visionofbritain.org.uk/text/contents_page.jsp?t_id=Cambrensis_Desc

Grund 110: Geraint Thomas, zitiert nach: www.geraint-thomas.com

BILDNACHWEIS

Coverfotos: © samot, linke Bildleiste von oben nach unten: © peresanz, © peresanz, © rixipix/, © chris2766, © m.iacobucci.tiscali.it, © Lukassek (alle: www.depositphotos.com)

Bildteil 1: Depositphotos (Depositphotos.com): S. I: © cbe12@sky.com; S. II oben: © fatmanphoto, unten: © phil_bird; S. III: © themightyshrub; S. IV oben: © anizza, unten: © m.iacobucci.tiscali.it; S. V oben: © cbe12@sky.com, unten: © lenschanger; S. VI: © gabros20; S. VII unten: © photoweges; S. VIII/IX oben: © Canonfodder; S. VIII unten: © RogerUtting; S. IX unten: Bild rechte Spalte unten: © EBFoto; S. X oben: © Canonfodder, unten: © bridgendboy; S. XI: © lenschanger; S. XII-XIII: © acceleratorhams; S. XIV: © vverve; S. XV oben: © razvanphoto, unten links: © bossmoss, unten rechts: © Twocoms; S. XVI: © Cornfield. | © **Privat:** S. VII oben; S. IX unten, Bild linke Spalte, Bild rechte Spalte oben.

Bildteil 2: Depositphotos (Depositphotos.com): S. I: © macinlondon; S. II-III oben: © chris2766; S. II unten: © Michael6882; S. III unten: © Valegorov; S. IV oben: © peresanz, unten: © photoweges; S. V: © calavision; S. VI-VII: © flotsom; S. VIII oben: © damnura, unten: © lenyvavsha; S. IX oben: © Debu55y, unten: © fatmanphoto; S. X oben: © samot, unten: © Lukassek; S. XI oben: © fatmanphoto, unten: © lenschanger; S. XII-XIII: © asiastock; S. XIV oben links: © accept001, unten: © fanfon; S. XV oben: © MarkB, unten: © fatmanphoto; S. XVI: © OllyH. | © **Privat:** S. XIV oben rechts.

Bilder im Innenteil des Buches: S. 13: © Annykos/depositphotos.com, S. 39: © JEGAS_RA/depositphotos.com, S. 63: © AP-images/depositphotos.com, S. 81: © arizona--dream/depositphotos.com, S. 109 © vepar5/stock.adobe.com, S. 133: © lucidwaters/depositphotos.com, S. 159: © peresanz/stock.adobe.com, S. 191: © Gail Johnson/stock.adobe.com, S. 209: © gilbertdestoke/stock.adobe.com, S. 243: © Liliya Trott/stock.adobe.com, S. 267: © Ian/stock.adobe.com

111 GRÜNDE, ENGLAND ZU LIEBEN

EINE LIEBESERKLÄRUNG AN DAS SCHÖNSTE LAND DER WELT,
DAS WIR AUCH IN UNSICHEREN ZEITEN BEWUNDERN

111 GRÜNDE, ENGLAND ZU LIEBEN
EINE LIEBESERKLÄRUNG AN DAS SCHÖNSTE LAND DER WELT
Von Christophe Fricker
248 Seiten | Premium-Paperback
mit zwei farbigen Bildteilen
ISBN 978-3-86265-714-8 | Preis 14,99 €

Wir lieben England halt. Die Metropole London begeistert uns, und die Cotswolds, Cornwall oder der Lake District sind ein idyllischer Sehnsuchtsort. Und das Heilmittel für alle Leiden haben die Engländer auch: die gemeinsam getrunkene Tasse Tee, mit Milch.

Dieses Buch eröffnet den Lesern Einblicke in kleine Eigenheiten und Ausblicke auf große Landschaften. Es gibt vieles, was wir über das vermeintlich bekannte Nachbarland noch nicht wissen.

Christophe Fricker jedenfalls kommt aus dem Staunen nicht heraus, wenn seine englischen Schwäger sich absurde Wortspiele um die Ohren hauen oder wenn er plötzlich merkt, dass ein gutes Ale ein wirklich gutes Bier ist.

Eine Liebeserklärung auch für unsichere Zeiten!

WWW.SCHWARZKOPF-SCHWARZKOPF.DE

GABRIELE HAEFS, geboren 1953 in Wachtendonk, hat Keltologie mit dem Schwerpunkt Irland und irische Sprache studiert. Doch mit jedem Besuch in Wales und mit jedem walisischen Schriftstück, das ihr in die Hand geriet, wuchs ihre Begeisterung zu diesem in Deutschland viel zu wenig bekannten Land und seiner Kultur.

Gabriele Haefs
111 GRÜNDE, WALES ZU LIEBEN
Eine Liebeserklärung an das schönste Land der Welt

ISBN 978-3-86265-754-4

VERLAG
Schwarzkopf & Schwarzkopf Verlag GmbH
Kastanienallee 32, 10435 Berlin
Telefon: 030 – 44 33 63 00
Fax: 030 – 44 33 63 044

INTERNET | E-MAIL
www.schwarzkopf-schwarzkopf.de
www.facebook.com/schwarzkopfverlag
info@schwarzkopf-schwarzkopf.de